JN410113

바람이
머무는 곳에

아메리카 이민자의 여정
(Journey to America)

윤봉춘 지음

머리말

해외로 이주한 이민자들의 여정(旅程)은 누구나 책 몇 권을 써도 부족할 정도의 파란만장 (波瀾萬丈)의 역사라고 할 수 있을 것이다. 입이 있어도 말 하지 못하였고 귀가 있어도 들리지 않던 답답한 이민생활의 응어리진 절규들을 모아 한 권의 산문집으로 엮어 보았다.

세상 물정 모르던 1947년 초등학교 첫 학년 때는 군정청(軍政廳) 학무국에서 편찬한 누런 갱지에 인쇄된 국정 교과서로 한글을 배웠다. 종이가 귀하던 시절의 책장의 지질은 조잡하기 이를 데 없는 불량품이었다. 그때 국어 교과서 표지에는 역대 대통령 휘장용으로 쓰였던 봉황무늬가 그려졌었는데 지금쯤은 역사박물관에서나 찾아 볼 수 있을까.

어느 날 담임선생님은 커다란 통 속에서 신문지로 만든 종이봉투에 빨강, 파랑, 보라, 노랑 등 형형색색으로 물든 미제 눈깔사탕을 학생들에게 한 봉지씩 나누어 주셨다. 그때 혓바닥에 전해진 눈깔사탕의 달콤하고 색깔마다 다른 그 향기는 평생 잊혀지지 않는 어린 시절의 첫 맛 기행이었다. 바다 넘어 어딘가에 미국이라는 나라가 있었고 그 나라는 달콤한 맛과 향기가 넘치는 눈깔사탕의 나라로 머리에 각인 되었다.

서 너 해가 지나 육이오 사변이 터지며 유엔군이 흘려준 C 레이션 박스 속에 든 야전 식량은 꽁보리밥도 귀하던 때라 별천지에서 보내준 먹거리였다.

미군이 보고나서 버린 만화책과, 고급 아트지에 꼬부랑글씨로 인쇄된 화려한 색상의 영문 잡지에는 유선형 고급 승용차 위에 아슬아슬한 비키니 수영복의 금발 미녀들이 폼을 잡고 있었고, 이름도 용도도 모르는 갖가지 상품들 천연색 광고사진과, 미 대륙을 횡단한다는 그들의 Pull Man 객차의 호화로운 화보 등, 전화(戰禍)로 찌들은 한국과는 너무나 대조적인 극과 극이었다. 당시 전라선(全羅線)기차는 화물칸을 개조하여 만든 딱딱한 나무 의자의 객차가 다닐 때였으니 미국은 이 세상에 존재하는 태평양 건너 동경하는 꿈의 나라였다.

전쟁동안 당시 공보처에서는 대한뉴스, 리버티뉴스가 제작한 <활동사진>을 시골 구석구석까지 찾아가 상영하였다. 시시로 오르내리는 전황을 알리는 흑백 뉴스를 본 후, 운 좋은 날은 총 천연색 디즈니 영화도 볼 수 있었다. 전기가 없던 때라 한쪽에선 발전기 돌아가는 소리와, 영사기의 타타타… 필림 돌아가는 소음과 활동사진에서 나오는 음악소리로 밤하늘의 별빛과 함께 여름밤의 축제를 즐길 때도 있었다.

장관들의 해외공무 출장 경비도 이승만 박사의 결재를 받아야 할 정도로 찢어지게 가난한 시절이었다. 강냉이가루 우유가루로 허기진 끼니를 때울 때도 있었다. 3.15 부정선거, 4.19혁명, 5.16 군사 쿠

테타로 얼룩진 피의 역사가 흘러가는 동안 합중국의 젊은 대통령 케네디는 우리에게도 이민의 물꼬를 터 주었다.

백인들만의 세상이었던 이 땅이 아시안의 이민자가 거침없이 밀려드는 멜팅팟이 되었고 그 중에 작은 이 한 몸이 바람에 날린 민들레 씨앗처럼 날려 와 형형색색의 <눈깔사탕의 나라> 아메리카 땅에 삶의 터전을 잡았다. 지나간 세월이 모질고 고생스러웠지만 지나고 보니 그래도 고생스러웠던 젊은 시절이 즐거운 때였나 보다.

이 나라는 강성하고 부자지만 서민들은 정말로 가난한 곳이 미국이 아닌가 싶다. 마켓에 가서 동전 한 잎(25 cent)을 아끼는 쿠폰이 부끄럼 없이 쩨쩨하게 사용되는 나라가 이곳이다. 지금은 한국의 아파트 한 채만 팔아 이민을 오면 이곳에 와서 교외에다 집을 사고 조그만 사업체라도 어렵지 않게 장만 한다.

지금 이 땅에 와 정착하는 사람들은 이민(移民)이 아니라 이주(移住)다. 본국의 부(富)를 그대로 가져와 풍요로운 삶을 즐기는 사람도 많다.

Korea는 부자나라가 되었으니 30월령 넘는 쇠고기는 저리 가라이고 살코기만 먹겠다고 농성을 한다. 광우병도 막아야 하고 조류독감도 예방하여야 한다. 콜레스톨이 많다고 사골국물을 싫어할 수도 있고 내장지방이 걱정되어 순대국을 안 먹을 자유도 있지만 하마터면 사라질 뻔한 나라를 구하여준 나라의 은혜를 잊지는 말아야 한다.

맥아더 장군 동상을 무너뜨리면 북한의 남침이 없었던 사실이 되는가? 남산 위의 이승만 박사의 동상을 무너뜨려 3.15 부정선거의 오욕이 도말(塗抹) 되었는가? 역사는 역사로 인정하여 후일의 자산이 되어야 한다. 일부 그릇된 여론에 휘말려 <들쥐>떼처럼 한 쪽으로만 쏠리는 우를 범하지 말아야 하지 않을까?

1970년대 초 이민 보따리를 미국 땅에 푼 가난한 한인 이민자들의 고달픈 역사는 조정래 씨의 대하소설 <아리랑>에 묘사된 사탕수수 농장 이민만큼이나 어려운 역경을 헤매고 살아와 누구나 소설 한두 권 쓸 만한 애환이 서려있다.

한국이나 미국이나 요즈음 청소년들은 물신주의에 빠져 푸르른 꿈을 저버린 채 눈앞의 향락에만 온 정신을 집중하고 있는 것 같다. 특히 한국의 TV나 영화는 폭력, 선정, 불륜으로 시청자를 사로잡고 있다. 책임은 기성세대의 오도(誤導)가 빚은 결과이다.

어른들이 그러하니 자라나는 청소년들이 무얼 보고 배울지 암울하기만 하다. 그러나 한국의 대다수 젊은이들이 음악, 미술, 체육 등 다양한 분야에서 한국의 위상을 세계에 알리고 있어 다행이다. 또한 그런 훌륭한 인재들이 많다는 것이 조국의 밝은 미래를 내다보게 한다.

지금의 한국 국력이 군수산업, 전자기술, 제철, 조선사업 등 공업 분야에서 세계를 주름잡고 있지만, 2차 대전 당시 아메리카 합중국을 상대로 선제공격한 일본의 국력만큼 성장하려면 아직도 요원한 생각이 든다.

그들은 우수한 항공기 조종사가 많았기 때문에 기고만장해져 겁 없이 세계를 지배하려는 야망을 가졌었다. 그때나 지금이나 잘 훈련된 항공인이 많음도 힘센 국력을 뒷받침하는 한 요소라고 본다.

본문 중 <파랑새의 꿈>은 자라나는 어린이들에게 창공의 꿈을 그려주려는 의도로 비행기 조종의 초보적 요소를 아마추어 수준으로 그려 보았다.

이제는 한국에도 경비행기 조종학교가 있다는 기사를 본 적이 있고, 엊그제 한국일보에 민간항공기 역사 이래 처음으로 여성기장이 나왔다는 기사를 접하고 나의 일처럼 기뻤다.

모국에서 살다가 온 세월보다 타향살이가 길어지다 보니 내가 태어나고 자라던 고국과 달라 한국적 사고(思考)의 폭은 좁아지고 일상대화에도 어휘의 선택이 줄어들었고, 이제는 고국의 젊은이들이 쓰는 신조어(新造語)는 모국어처럼 느껴지지도 않고 난해한 외국어 같기도 한 세상이 되었다.

그동안 지면을 할애하여 졸문(拙文)을 게재하여 주신 한국일보, 중앙일보, 세계일보에 감사드리고 원고 교정, 교열을 맡아 주신 이미희 씨에게도 감사드린다. 또한 책을 펴주신 초록낙타 출판사 사장님과 편집팀께도 감사를 드린다. 이민 초기 꼬맹이 아이들 데리고, 긴긴 고난의 터널을 지나며 오늘까지 함께 견디어 준 아내에게도 따뜻한 감사를 드린다.

윤봉춘

차 례

제3장 꿈과 낭만으로 낭만으로 떠난 여행…81

제4장 생활의 단상과 사색의 변주 …113

제5장　삶을 되돌아보며 읽는 꽁트 ……245

제1장

1979년 미주 한국일보
제1회 뉴욕 이민수기 당선작

(미국에산다/뉴욕이민체험수기)

step On It

석 달만의 변신(變身)

뉴욕에서 첫 핸들

"East 36, 47th St." (47가 동편 36번지)

"익스큐즈 미, 어디로 가신다고요?"

"포티 세븐 스트리트!"

넥타이로 단정히 정장을 하고 서류가방을 든 젊은 남자 승객, 그는 시간에 쫓기는 사뭇 바쁜 표정이었다. 택시 운전을 한답시고 가까스로 택시 운전 면허증을 얻어 첫날 만난 첫 번째 손님이었다. 자, 이제 생소한 직업의 첫 번째 시련과 모험이 시작되는 순간이다.

47가(街) 숫자대로만 따라 오르내리면 천하에 찾기 쉬운 번지와 거리가 맨해튼 시가가 아닌가. 하지만 세계 제일의 대도시라는 선입감에서보다 자동차로 이 시가를 다녀본 적이 없는 내게는 승객의 말이 떨어지기가 무섭게 목적지까지 모신다는 게 그리 쉬운 일이 아니었다. 기껏해야 지하철을 타고 몇 번인가 와 보았고, 어쩌다가 길을 잃으면 길거리에 붙은 표지판만 보며 몇 바퀴 돌다가 방향감각을 잃어버려 멍청히 서 있었던 생소한 거리였다.

거리마다 우뚝우뚝 솟은 우중충한 건물들, 화려하다 못해 후줄근히 젖은 빨래감 같은 옷을 걸치고, 짙은 화장을 하고, 개성미를 자랑하는 여인들의 차림차림들. 이것이 바로 세계의 대도시 뉴욕의 거리로구나 하는 생각이 들었다.

김포(金浦)공항을 출발한 지 3개월 뒤에 택시 운전사로 변모한 나의 모습.

그때는 나도 넥타이를 단정히 매고 엷은 초록색의 신사복을 입고 하얀 손수건까지 윗주머니에 꽂은 채 조국이여! 친지들이여! 안녕! 그리고 어머니, 형님, 누나, 동생, 조카 앞에서 손을 흔들며 부러운 눈길들의 환송 속에 떠났었다.

이제 막다른 일선의 노동자에겐 넥타이 정장이 필요 없다. 다만 뒤에 탄 젊은 친구가 넥타이를 매고 나의 상념을 뒤로 잠깐 돌려놓았을 뿐. 자, 이제는 47번가를 찾아가야 한다.

"저, 젊은 신사분! 미안하지만 나는 이제 처음 택시 운전을 시작하였소. 가장 빠른 길을 알면 나한테 가르쳐 주시겠소?"

운전석과 승객석의 유리창 칸막이 문을 열고 사정을 했더니 고개를 쑤욱 빼 밀고 길을 안내했다. 주객이 바뀐 셈이다. 첫 번째 손님이 무사히 내렸다. 이제 8시 30분, 출근 시간의 막바지다. 저 앞에서 날씬한 아가씨 한 사람이 손을 번쩍 들었다.

날렵한 동작으로 뒷문으로 올라타더니 뒷좌석에 몸을 기댄 채 행선지를 댄다. 어찌나 빨리 튀어 나오는 말인지 알아들을 수가 없었다. "익스큐즈 미" 를 거듭 두 번이나 연발한 다음에야 행선지를 알았으나 가다 보니 정반대 방향으로 가고 있지 않은가. (일방통행의 길을 잘못 들면 흔히 있는 일이다,)

초보자 운전사에게 흔히 있을 수 있는 일이었다. 하지만 뒤에 앉은 아가씨 승객은 시간에 쫓기는지 안절부절 못하면서 공중전화 박스 옆에 차를 멈추게 하더니 분주히 다이얼을 돌렸다. 남의 속도 모르고 미터기는 짤깍 소리를 내며 10센트가 더 추가되었다.

한참만에 수화기를 놓더니 요금은 치를 생각도 않고 뒤에 오는 차를 세우려고 신호를 보내고 있지 않은가.

이거 안 되겠다하는 생각에 문을 박차고 나와,

"젊은 숙녀분, 요금을 내셔야죠."

"뭐라고, 요금을 달라고. 남의 바쁜 시간에 엉뚱한 데로 와서 요금을 내라고?"

잘못은 너에게 있으니 돈을 못 주겠다는 것이다. 예쁘장하게 생겼다고 생각했던 그 아가씨의 표정이 그토록 미울 수가 없었다. 하지만 이 복잡한 나의 심정을 시간에 쫓기는 그녀에게 설명할 시간도 없으려니와 솔직히 나에게는 언어 실력도 없었다.

내가 지고 말지. 미터기에 오른 요금은 내가 물어주는 수밖에 없었다. 얼마를 더 가니 교통순경이 서 있었다. 손님이 요금을 내지 않을 적에는 경찰관의 사인을 받아 가면 택시회사에서 그 돈을 면제하여 준다는 말은 사전 지식으로 들은 바가 있었다.

궁하면 통한다든가, 반가운 생각이 들어 차를 옆에 세우고 카드를 들고 뛰어내렸다.

"굿모닝 서! 저, 한 승객이 요금을 내지 않고 뺑소니쳤는데 죄송하지만 가능하면 여기에 사인을 좀… "

"어디에서 그랬는가? 언제 그랬는가?" 꼬치꼬치 캐묻더니,

"그럼 그 자리에서 확인을 받아야지, 자기가 이곳에서 그 사실을 어떻게 인정하겠느냐" 하면서 한 마디로 딱 잘라 거절했다. 어쩔 수 없는 일이었다. 등에 땀이 후줄근히 밴다. 이제 손님이 타는 것조차 겁이 났다. 우선 무엇보다 급한 일이 시가지 지리를 익히는 것이었다. 무조건 차를 남쪽으로 몰았다. 바다가 보이는 것을 보니 맨해튼 맨 끝인 듯싶었다. <TAXI STOP> 옆에 차를 세우고 마음을 진정시켰다. 긴장을 푸니 시장기가 들었다. 오전 10시가 넘은 것이다. 아침 7시에 배차를 받기 위해선 6시 전에

회사에 도착해야 했고, 그러기 위해서는 새벽 5시까지는 자리에서 일어나야 했다.

뒤 트렁크에서 보온밥통을 꺼냈다. 김치와 밥을 섞어 비벼 넣은 것을 순식간에 먹어 치워다. 차안에는 온통 김치 냄새가 진동했다. 창문을 모두 열어 환기를 시킨 다음 무조건 업타운(up town)으로 향했다. 승객을 태우지 않았으니 목적지도 필요 없었다. 센추럴 파크를 지나니 할렘 가가 나왔다.

차 문을 잠그고 빈차로 오르내려 거리구경을 하였다. 옛날 서양화에서 보았던 중세기 때의 아름다웠던 건축양식의 집들이건만 깨진 유리창, 불타다 만 시커먼 벽, 휴지조각, 깡통들이 뒹구는 황폐한 거리였다. 할 일 없는 흑인들이 잡담하며 계단에 앉아 있었고, 술에 취했는지 약에 취했는지 한 늙은 무리가 거리를 더욱 무겁게 만드는 것 같았다.

이번에는 F.D.R(강변고속도로)을 따라 다운타운으로 달렸다. 길을 익혀두어야 하기 때문이라고 자위하면서 빈 차로 달렸다. 뒤차들이 아슬아슬하게 옆을 스치며 앞질러 갔다. 운전 경력이 짧은 나로서는 시속 40마일 이상을 낼 수가 없었다. 다시 시가지로 들어와 손바닥만 한 백지에다 <애비뉴>이름과 일방통행 방향을 그려 운전대 앞에 붙여 두었다. 센추럴 파크를 가로지르는 거리도 표시를 해두었다.

사고(事故)로 수입(收入) 털리고

메이시 백화점 앞에서 쇼핑을 마치고 나온 중년 부인 한 사람을 태우고 3rd Ave 14가 근처를 지나고 있을 때였다. 앞차가 급정거를 하는 바람에 나 역시 급브레이크를 밟았으나 너무 짧은 거리여서 앞차의 꽁무니를 받는 순간 와장창하며 그 차의 테일 라이트가 부서지는 것이 아닌가. 뒷좌석의 승객이 왈칵 앞으로 쏠리며 중간 칸막이에 이마를 부딪쳤다.

"오! 마이 갓."

"아이 앰 소리, 맴."

그 부인은 투덜거리며 도중하차를 하고 말았다. 앞차와 실랑이가 벌어졌다. 하지만 이유야 어쨌든 내 차가 그쪽을 받은 것만은 부인할 수 없는 일이었다.

젊게 생긴 청년인데 스페니쉬계 인종 같은 억양의 말투였다. 자기도 옛날에 남의 회사 택시를 운전하였었는데, 내가 이 사실을 보고하면 회사에서 당신의 근무 성적이 나빠지니 우리끼리 해결하는 것이 좋다는 말투로 나왔다.

이런 접촉 사고도 처음이고 어떻게 해결하는 방법이 상책인지 모르던 차에 그 친구 말대로 당사자끼리 해결하는 것이 가장 간단한 방법 같았다. 다행히 이쪽 차는 아무런 흔적 없이 멀쩡했다.

"좋다. 얼마를 주면 네 차를 고치겠니?"

"30달러."

가만히 생각해 보았다. 손바닥만한 플라스틱 조각 제품 하나가 모르긴 해도 그렇게 값나갈 것 같지는 않았다.

"30달러면 너무 많다. 15달러, 자, 어때?"

눈을 지그시 감고 내 딴으로는 절반을 내리 깎았다.

"그리고 이 카드를 보면 너도 알겠지. 오늘 벌지도 못했어. 너도 과거 택시 운전을 했다면 잘 알지 않느냐?"

반 사정 반 배짱으로 흥정을 했다. 그 친구는 하는 수 없다는 듯이 순순히 응했다. 나중에 회사에 들어와 동료들에게 얘기했더니 바보짓을 했다고 핀잔들이었다. 15달러를 벌려면 얼마나 고생을 하여야 하는데 왜 자네 호주머니 돈을 주었느냐,

회사에 보고하면 그 정도는 아무 문책 없이 회사 자체 서비스 공장에서 고쳐 주며, 설령 그보다 더 큰 사고라 하더라도 보험에서 다 해결되는 일인데… 하며, 딱한 사람이 또 한 사람 늘었다고들 한다.

서글픈 좌절감

오후 4시30분 전에 차를 반납해야 밤일 하는 운전사가 지장 없이 바로 나가 퇴근시간에 한몫 보게 된다. 가까스로 오후 5시가 넘어서야 회사에 들어갈 수가 있었다. 오전과 같이 또 한 번의 러시아워여서 차를 쉽사리 뺄 수가 없었다.

운전사 카드의 계산 방식대로 하루 총수입을 계산하니 27달러 50센트였다. 그중의 43퍼센트가 내 순수입이었다. 택시 운전사의 임금은 일정 액수를 받는 것이 아니고 자기가 번 액수의 비율로 처음은 43퍼센트, 3개월 후 45퍼센트, 또 3개월 후 47퍼센트, 최종 9개월 후는 49퍼센트가 상한선이었다. 건강보험과 유급휴가 제도도 있었다. 그러고 보니 거의 12시간을 일하고 내 수중에 떨어진 돈은 불과 12달러 정도였다. 일주일 후에야 주급을 받게 되어 있어 수입의 전부를 입금하고 나니 남은 거란 팁으로 받은 동전만 한 주먹이었다. 이제 긴 여정 같은 근무가 끝난 것이다.

회사 문 밖을 나서니 생전 처음 오랜 시간을 운전한 탓인지 머리가 아직도 빙 도는 것 같은 기분이었다. 오늘 하루 동안은 택시만 타고 시가지를 누볐지만 귀갓길은 지하철을 타야만 했다.

미국에 오기 전까지 부풀었던 희망 속에는 택시 운전까지 하리라고는 생각지 못했다. 미국에 가기만 하면 미국사람처럼 잘 사는 걸로만 믿어 왔었다. 부자 나라이고 또 개개인이 모두 부자인 줄만 알았던 나의 미국관. 무모한 용기가 미국행을 결심케 했다고나 할까. 서울의 청계천 C용접학원에서 2개월간의 속성 용접기술을 터득하고 그 기술을 써보려고 공장에 용접공으로 취직을 했으나, 두 달 만에 해고당하고 나니 그 C학원에서 영어로 만들어 주었던 졸업장이라는 것이, 바퀴 달린 이민 가방 어느 구석에서 나를 마음껏 비웃어 주는 것만 같았다.

수입이 좋다는 이 직업을 택하기까지는 망설임도 있었으나 생활의 변화를 자극하는 호기심도 작용하였다 한국에서 술집 접대부들의 한 많은 사연을 들어보던 인생유전이 나에게도 적용된 것이다. 원대한 포부와 꿈을 갖고 찾아온 동포들 속에 나는 그 누구보다도 제일 못난 낙오자 같은 서글픈 감정이 서렸다.

그러나 그 서글픈 감상적 사고 속에 좌절하고 있을 수만은 없는 일이었다. 직업에 귀천이 없는 나라, 세계에서 제일 자유를 향유하고 있는 국민들, 그러한 속에 섞여 살면서 못난 생각을 하고 있을 수만 없는 일이었다.

뉴욕 맨해튼 시내에서 택시 운전하는 동양 사람을 만나면 열에 아홉 명은 한국인으로 보아도 과언은 아닐 것이다. 자기 개인택시를 가진 이로부터 남의 회사차를 운전하는 사람들까지 부지기수이고 내가 다니는 M회사만 해도 거의 20명에 이르렀다.

요령(要領)과 함께 수입(收入)이

어느 정도 경험이 있고 요령이 생기면 모두 밤일로 돌았다. 낮에는 교통량이 많아 차가 밀려 별 신통한 수가 없기 때문이었다. 오후 5시부터 다음날 새벽 5시까지가 일하는 시간이었다. 교통도 밀리지 않을 뿐만 아니라 승객이 한번 타면 비교적 먼 거리를 가는 사람의 이용도가 높기 때문에 낮보다는 밤의 수입이 훨씬 더 오를 수가 있었다.

대부분의 운전사가 새벽 한두 시경이면 일을 마쳤지만, 개중 어떤 이는 새벽 4, 5시까지 뛰는 악착파도 있었다. 그런 사람들의 수입은 다른 사람의 거의 두 배에 가까웠다. 몸만 건강하다면 한번 시도해 봄직도 한 일이었다. 어느 정도 요령을 익혔으니 밤일로 바꾸라고 주위 동료들이 권한다. 기왕에 내친 몸, 밤일로 자리를 바꾸었다. 낮보다는 위험성이 더 많았고 손님의 질도 떨어졌다.

요금 시비는 물론이려니와 더구나 행선지가 흑인들이 밀집한 지역일 경우에는 선뜻 마음이 내키지 않을 때가 많았다. 그러나 그 정도는 각오를 해야만 했다. 대부분의 운전사들은 흑인이 손을 들면 외면하고 그냥 지나쳤다.

말썽 많은 승객은 아예 태우지 않는 게 좋다는 것이다. 심지어는 얼굴색이 검은 흑인 운전사까지도 그들을 경계하고 태우지 않는다고 한다. 같은 나라 국민이면서 차별하고, 차별을 받으며 살아야 하는 이 나라의 어두운 면도 역력히 눈에 띄었다.

차별을 받으니 반발심이 생겨 어긋나는 행동과 생활을 하고, 그러니 더욱 경계하고 멸시하는 악순환. 이것도 이 나라 부조리의 하나일 것이다.

세월이 어느 정도 지나니 요령도 생기고 수입도 차츰 늘어갔다.

5th Ave.를 따라 내려가니 동양인 승객이 차를 세웠다. 친구들과 인사를 나눈 뒤 차에 타고는 케네디 공항을 가자고 한다. 일본에서 비즈니스로 온 일본인이었다. 퇴근 시간 복잡한 거리에 장거리 손님을 만났으니 재수가 좋은 거다.

이럴 때일수록 시가지를 벗어나야 미터기가 빨리 돌아가기 때문이었다. 하지만 공항 가는 길을 쉽게 찾을 것 같지 않았다. 아니 숫제 모른다 해도 과언은 아니었다. 택시운전을 하기로 작정하고 사전에 일주일 차를 빌어 케네디 공항까지 딱 한 번 밖에 가본 일이 없으니 운전을 하며 지도를 펴놓고 깨알 같은 글씨를 읽으며 길을 찾아간다는 것은 생각할 수도 없는 일이었다.

그렇다고 이미 차에 올라 얼마를 지났는데 길을 몰라 못가겠다고 말하기에는 창피한 것 같기도 하고 자존심이 상하는 일 같기도 했다. 이곳 지리를 잘 아는 본바닥 사람이라면 안내를 하라고 사정도 하여 보련만…. 실제로 운전사가 모르는 길을 갈 때 승객이 친절히 길 안내하는 경우를 수없이 보아왔던 터였다. 차는 신호등을 따라 자꾸 빠지는데 공항을 찾아갈 길이 난감했다.

이 촌닭 같은 일본인은 내가 정반대 방향으로 간다 하더라도, 그것도 모르고 얼마 후면 JAL을 타겠거니 생각하고 있을 테지. 좌우지간 가는 데까지는 가보자 하는 배짱으로 복잡한 길을 거의 빠져나와 신호를 대기하던 중, 옆차 운전사가 내게 무어라 손짓을 했다.

자세히 보니 앞바퀴가 바람이 빠지고 있는 중이었다. 서운하고도 반가운 일이었다. 이제는 공항을 찾아가야 할 어려움이 없어진 것이다. 자동차가 이러하니 못가겠다는 당당한 구실이 생겼다. 정당한 요금을 치르고도 그 승객은 미안하다고 팁을 얹어 주었다.

휴우... 이다음에는 꼭 공항 가는 길도 익혀두어야지.

이튿날에도 링컨 센터 앞에서 케네디 공항을 가겠다는 노인 부부를 태웠다. 내가 태운 것이 아니라 자기들이 제 발로 스스로 탔다. 하필이면 어제 땀을 뺐던 공항을 또 가자고 한다. 내 잘못은 없거니 생각하며 어제처럼 자신이 없는 하이웨이를 달릴 수는 없었다. 그래서 나는 내가 사는 동네 앞길로 돌아가면 쉽게 찾을 것 같아 로컬로드를 타고 퀸즈 지역으로 빠져나왔다. 이 퀸즈블루버드는 내가 다녀본 길이기 때문에 공항 가는 길목을 익혀두었었다. 가는 도중 곳곳의 신호등에 걸린 것은 뻔한 일이었다.

한참을 말없이 참고 있던 이 노부부 승객이 불평을 시작했다. 왜 이 길로 가느냐, 비행기 출발 시간까지는 도착해야 한다면서 내가 알아듣지도 못하는 불평을 마구 늘어놓았다. 그들 못지않게 내 마음은 더욱 급했다. 자, 이제 공항으로 나가는 사인이 나올 때가 되었다고 짐작이 가는데 가도 가도 그 사인을 볼 수가 없었다.

남의 애타는 속도 모르고 뒷좌석에서는 시계를 연방 들여다보며 재촉이다. 나는 Exit를 지나쳤는지 모른다는 생각 때문에 아무래도 누구에게 물어봐야겠다고 마음먹었다.

차를 <서비스 로드>로 뺐다. 마침 앞에 경찰차가 빨간 불을 번쩍거리며 한 차를 붙들고 있었다. 급히 내려,

"케네디 공항 가는 길을 어디서 빠져나갑니까?" 하고 물었더니 위아래 내 모습을 훑어보고선 뒤에 세워놓은 택시를 쳐다보았다. 그 경찰관도 어이없다는 표정이었다. 멋쩍은 미소를 억지로 지어보이며,

"저 승객이 시간이 급하니 빨리 좀......"

그러자, 그 경찰관의 얼굴도 본연의 직업의식으로 싸늘해지더니 내가 세워 놓은 차가 진행로이니 차를 길옆으로 빼고 다시 와서 물을 일이 있으면 물어보라 한다. 목마른 자가 우물 판다고 하는 수 없이 지시대로 했더니 두 블록을 더 가면 된다고 한다. 고맙기도 하고 얄밉기도 했다. 가까스로 시간 안에 승객을 내려놓을 수가 있었다.

공항 택시 터미널은 택시들로 즐비하게 꽁무니를 물고 줄지어서 있었다. 무턱대고 차를 줄 뒤에 붙이고 담배를 한 대 피워 물었다. 홍역을 치루고 난 기분이었다. 시내로 돌아가는 길은 쉬울 것 같았지만 아는 길도 물어가라고 지도를 펴놓고 살폈다. 그때 사람 좋게 생긴 털털한 흑인 중늙은이 운전사가 내 곁으로 어슬렁거리며 다가오더니 무엇을 공부하느냐고 물었다. 자, 이제부터 여기서 손님을 태우면 어디로 가는 길이 제일 지름길이냐를 연구 중이라 했더니 하얀 이빨을 드러내고 웃으며, 무조건 드라이브로 다리를 건너라고 한다.

지도를 보면 분명히 퀸즈 미드타운 터널이 가까웠다. 하지만 대부분의 택시는 그 길로 돌아서 맨해튼 시가로 들어간다. 그래야 수입이 좀 더 오를 수 있다는 것이다.

뻥땅의 재미도

뉴욕 지리를 잘 아는 본바닥 뉴요커들에 걸려들어 어느 길로 어떻게 가자고 하면 꼼짝없는 일이다. 그러나 단수 높은 능구렁이 같은 운전사는 그저 골탕을 먹이려 들면 자기 고집을 주장한다. 내가 그 길로 지금 이곳에 왔다. 거기는 대형 사고가 나서 한 시간 이상은 길 가운데서 기어가야 한다며 구슬리면 별 수가 없다. 어느 나라이던 간에 택시 바가지요금 씌우기는 정도의 차이가 있을 뿐 어쩔 수 없는 모양이다.

밤중에 영업을 하다 보면 별의별 직업의 온갖 인종을 다 만나게 된다. 요금을 내지 않으려고 술에 취한 척하는 사람, 집 근처까지 가서는 몇 십 센트 요금이 더 오르는 것이 아까워지는지 두서너 블록을 걸어서 가려는 사람 등 개성도 참 여러 가지였다.

새벽 행인들의 발길이 뜸할 적에 술에 취한 일본인 네 사람을 태웠다. 한 사람이 앞좌석에 앉더니 업 타운으로 가자고 한다. 피차 서툰 영어라 방향을 가리키는 곳이 곧 행선지다. 뉴욕시 경계를 벗어나서도 줄곧 차는 달렸다.

택시가 뉴욕시를 벗어나면 무조건 요금의 두 배를 받게끔 규정되어 있었다. 아마도 오는 길은 빈 차로 돌아올 것을 고려하여 이런 규정이 만들어진 것 같았다. 그리고 운전사는 회사에 그 두 배의 요금을 입금하여야 하나 돌아오는 길은 미터기가 오르지 않기 때문에 그대로 갖다 바치는 어리석은 사람은 하나도 없었다.

그거야말로 한국식으로 운전사의 삥땅이요, 유일한 부수입이었다. 대부분의 이곳 택시는 핫시트(Hot Seat)라고 하여 승객 좌석에 전기 장치를 해놓아 사람이 앉기만 하면 손으로 미터기를 꺾지 않아도 수초 후에 자동적으로 미터기가 꺾어지게 되어 있어 한 푼의 삥땅도 해먹을 수가 없게 되어 있다.

부지런하고 건강하기만 하면 기술이 없어도 어떤 막노동보다 수입도 좋고 노력하는 대가가 바로 수중에 떨어지는 것이 이 직업인 것 같았다. 남들이 다 쉬는 일요일이나 특히 공휴일에도 일할 마음만 먹으면 바로 차를 얻어 일을 나갈 수 있었다.

가끔 동포 유학생이나 미국인 학생들도 파트타임으로 일들을 했다. 직업에 귀천이 없는 나라라는 게 절실히 느껴졌다. 한국에서처럼 택시운전사라고 깔보는 사람도 없었다. 대신 택시 운전사가 승객을 조심해야 했다. 앞뒤 좌석의 칸막이는 승객의 프라이버시를 위한 것이 아니고 방탄유리로 잠그는 고리까지 있다. 그런 면에서는 한국의 서울이 더 평화로운 도시일 것이다.

내 반생(半生)의 긴 행렬(行列) 끝에 서서

일 년 가까이 경력이 쌓이니 뉴욕 시가는 눈감아도 어디가 어딘지 훤히 알 것 같았다. 그때쯤엔 회사 내의 한국인 동료들의 얼굴이 하나 둘 볼 수 없게 되었다.

야채가게를 차린 분도 있었고, 옷가게를 낸 사람도 있었다. 또 어떤 분은 개인택시를 사기도 하였고, 끈기 있는 분은 지금도 뉴욕 시가를 달리고 있다. 나는 택시 운전으로 인해 짧은 기간에 이 사회의 단면을 빨리 들여다본 것 같기도 하다. 물론 수박 겉 핥기요, 장님 코끼리 만지는 식이었겠지만… 기지개를 켜고 꿈속 같은 환상을 벗어나 또 한 번 인생유전을 해야겠다.

고국의 부모 형제 또 나를 아는 여러 친구들이 내가 미국에서 택시 운전을 한다면 얼마나 비웃을까, 이런 생각에 일체 알리지도 못했었다. 그러나 그런 생각은 너무나 위축되고 소심했던 보잘 것 없는 자격지심에서 비롯된 것이었다. 모든 사물에 음과 양이 있듯이 미국 사회에도 어두운 면이 있는 것이다.

한국의 시민 아파트보다 더 지저분하고 불결한 빈민촌의 주택 환경, 밤만 되면 맨해튼 시가의 모퉁이마다 서 있는 거리의 창녀들. 경찰차가 나타나면 도망가는 꼴들이 가관이었다. 그러나 팔십 노모를 모시고 오페라 구경을 다녀오며 운전사에게 천천히 차를 몰아달라고 부탁하는 초로(初老)의 신사에게서 물씬 느껴지는 효심에 감동할 때도 있는 것이다.

나는 한국의 친구에게 편지할 때마다 사람 사는 것은 어디나 마찬가지라고 힘주어 말한다. 자기 능력대로 노력하며 살아가는 것이 얼마나 자랑스러우며 또 감사한 것인지 이제 자랑스럽게 이야기할 수 있다.

법과 규정을 지키고 살면 어느 누구 하나도 겁낼 것 없는 이 나라 사회 구조와 제도, 직업에 귀천을 따지지 않는 풍토, 어느 책자의 선전 문구처럼 내가 선택한 나라다.

두고 온 조국에서 반생을 살았고 또한 반생을 이 나라에서 살아야 한다. 미국적인 생활로 접어든 긴 행렬 맨 끝에 내가 서 있는 것이다.

제2장

파랑새의 꿈

2000년 미주 중앙일보
신춘문예 논픽숀 당선작

파랑새의 꿈

조종사: "콜드웰 관제탑 여기는 세스나 쓰리 제로 쓰리 마이크 알파" (Caldwel tower Cessna 303 Ma Runway Tow Seven)활주로 투쎄븐(27) 대기선상 이륙준비 완료"

관제탑: "쎄스나 303 Ma. 클리어 훠 테이크 오프 (Clear For Take Off) 303호기 이륙하라"

조종사: "303 Ma 클리어 훠 테이크 오프"(303호기 마이크 알파 이륙한다)

복창이 끝남과 동시에 파워를 있는 대로 다 밀어 넣으면서 조종간을 슬며시 당기면 기체는 부르릉 몸을 치켜 떨며 내 달리다 활주로 위에서 가뿐히 바퀴가 스텝을 떼며 가벼운 진동과 함께 기수를 하늘로 향하여 飛上한다.

내가 조종하는 이 작은 항공기는 1980년도에 Cessna Air-craft Company에서 제작한 4인승 High Wing으로 앞날개가 동체 위쪽에 붙어있어서 비행 중 하계(下界)를 관찰하기에 아주 좋다. 시속 110 KNOTS 정도의 서행에다 고도 8000 Ft 까지 상승할 수 있다. 연료는 38 갤런을 채우면 최대 9시간 정도까지는 비행 할 수 있다. 반면 비행기 날개가 동체 아래에 붙은 Piper, Bonanza, Mooney 같은 단발 소형 기종은 외관상 보기에도 날렵하게 생겼다.

시원한 한줄기 바람이 환기통을 통하여 들어온다. 심호흡을 한 번하고 주위에 타 비행체나 장애물이 없나 확인하고 목표 고도까지 상승을 계속한다. 발밑으로 도로가 보이고, 자동차가 지나가고, 골프장의 사람들이 개미 만하게 보이면 고도는 어느덧 삼천 피트를 넘어선다.

한 여름철 지상의 뜨거운 복사열은 멀어지고 환기통을 통하여 한 줄기 서늘하고 맑은 바람이 들어와 목 언저리를 식혀 준다.

확 트인 시야로 보이는 것은 들판과, 언덕, 얕은 산자락, 하얀 구름 그리고 머리위로는 파아란 하늘이 보인다. 선경(仙境)이 별것이랴 이것이 선경일진대 무아(無我)의 세상으로 빨려든다.

지상의 잡다한 상념들일랑 흩날려 보내고 조종간의 손놀림으로 좌 우 회전, 상승, 하강을 계속하면 한 마리의 파랑새가 된다. 이래서 예전에는 비행사를 조인(鳥人)이라고 하였나 보다.

초등학교 시절에 어느 장관을 하시던 분이 푸로펠러 비행기로 태평양 횡단을 한 운상 십만 리<雲上十萬里>라는 여행기에 구름 위를 날았다는 대목에서 신선도 아닌 사람이 어떻게 구름 위로 날을 수 있을까 얼마나 신기하게 느껴졌는지 그 장면은 평생 잊혀 지지 않는 상상의 장면이였다 .

그토록 부러웠던 구름 위의 비행은 이민 가방을 싣고서 태평양을 넘어 미 동부지역 뉴욕까지 올 때 실컷 한을 풀었다. 그때는 KAL이 로스안젤리스까지밖에 오지 않을 때였다 그리고 그 후 뉴욕에서 그레이하운드 버스를 타고 버몬트를 방문하는 시골길에서 장난감 같이 예쁘고 깜직한 형형색색의 경비행기가 널려있는 한적한 작은 비행장을 목격하고 얼마나 가슴이 뛰었던가.

초등학교 5 학년 때에 육이오 사변이 터졌다. 이곳에서는 이를 한국전쟁이라고 한다. 내가 자라던 시골 면 소재지에도 전쟁의 먹구름이 덮이고 후퇴하는 국군의 군용 트럭은 초등학교의 넓은 운동장을 가득 메웠다. 학교 가까이 있던 우리 집에서는 가마솥, 국솥 할 것 없이 다 동원되어 수많은 국군들의 밥을 지어대야 했다.

주먹밥을 뭉치던 우리 어머니의 손바닥은 벌겋게 화상을 입었고, 장독대의 김치는 동이 났었다. 그리고 운동장에 집결하였던 그 수많은 국군의 트럭들은 한 시간도 못되어 어디서인가 날아온 두 대의 폭격기에서 내려 쏟는 폭탄으로 적재한 탄약에 불이 붙어 콩 볶는 소리를 내며 불타는 검은 연기와 함께 삽시간에 숯 껌정으로 변하였다.

어떤 이는 아군의 오폭(誤爆)이라고 하고 어떤 사람은 북괴의 비행기라고 하였으나 그때 상황으로 항공기에 관한 나의 상식은 적기(敵機)와 아군기를 식별할 안목이 없던 유년기의 시절이었다.

그때 이후 비행기는 폭탄을 떨어뜨리고 기관총을 쏘아대는 공포의 괴물로 각인 되었다. 그 시절 기억나는 폭탄 중에는 소이탄이라는 것이 있었는데 그게 터지면서 검은 송진 덩어리 같은 끈적거리는 연소체에 불이 붙어 사방으로 흩어지면서 주위를 온통 불바다로 만드는 것이다. 초가지붕 위에 그것이 떨어지면 집은 순식간에 불타 버리지만 다행히 기와로 지붕을 얹은 집은 그 불길을 면할 수도 있었다.

전쟁은 점점 치열하여지고 식구들은 각자 자기 힘에 맞게 피난 보따리를 올망졸망 이고 지고 더욱 깊은 산골 마을로 피난을 가야 하였다.

그 뒤 인민군의 선발대가 시골 마을에 입성하고 붉은 깃발을

든 마을 청년들은 기다렸다는 듯 꽹과리, 징을 치며 살판 난 듯이 설쳐댔다. 소작을 부치던 작인들은 농지를 무상분배 한다는 공산당의 홍보에 환호하며 지주들을 다 때려잡을 기세로 세상이 변하였다.

인심은 조석변(朝夕變)이라고 3개월 후 UN군의 장갑차, 탱크 행렬이 북상 진주 할 때에는 그들은 도로 연변에서 태극기를 흔들며 대한민국 만세를 목이 터져라 외쳐 대었다.

인민군 여자 선무 공작대는 마을 회관에서

"높이 들어라 붉은 깃발을…"

"자앙백산(장백산) 줄기줄기 피 어린 장군, 아압록강(압록강) 구비 구비 피 어린 장군…"

김일성 찬양 노래를 청소년부터 코흘리개 꼬맹이들에게까지 가르쳤다. 오십여 년이 지난 지금 까지도 나는 그때 익힌 노랫말이 기억에서 지워 지지 않고 남아 있다. 그래서 유년기의 학습효과가 평생을 가는가 보다.

인민군이 쳐들어오면 부녀자를 겁탈한다는 흉흉한 소문에 우리 아버님은 뒤 울 대나무 밭에 시집도 안 간 두 누나들이 숨을 수 있는 대피소를 준비 하셨던 장면이 지금도 눈에 선 하다.

지금 고향에 가보면 수량이 줄어 도랑물만 흐르는 실개천만도 못한 개천이지만 그 때에는 제법 큰 물고기가 살던 깊은 시냇물이었다.

선발대로 마을에 들어온 인민군은 키도 크고 얼굴도 준수하게 잘 생겼다고 기억된다. 어깨 위에는 노란색인지 붉은 색인지 선명한 별이 그려진 견장을 달고 군복에 위장망을 씌웠는데 생각보다 무섭지 않았고 우리 꼬마들에게는 상냥하였다.

마을에 주둔한 인민군은 어슬렁거리며 마을을 돌다가 심심풀이로 장총이나 따발총을 가지고 시냇물 속에 쏘아대면 그 충격에 물 속의 물고기는 하얀 배를 뒤집으며 수면위로 떠올랐다.

물고기 건지는 일은 그네들 뒤를 졸졸 따르던 우리 꼬마들의 몫이였다. 총신에서 갓 튀어나와 반짝거리는 놋쇠 탄피의 따끈한 열기, 매캐한 화약 냄새와 함께 우리 어린이들에게 그 탄피는 좋은 장난감이었다.

전쟁이 깊어지고 점차 전선이 남쪽으로 이동하며 그들의 보급로는 길어져 UN군의 공습으로 수송상태가 열악하여지니 밤이면 애꿎은 주민들만 등짐으로 탄약상자를 나르는 부역에 동원되었다.

한 마을에서 다른 마을로 전달하는 릴레이식으로, 야간에만 행동하게 되어 있는데 그 종류도 소총탄알, 수류탄, 박격포탄, 곡사포탄 등 헤아릴 수 없이 다양하였다. 각종 탄약을 지게 등짐으로 나르다가 밤중에 예고 없이 비행기가 나타나면 개미 떼가 먹이를 나르는 것처럼 일렬횡대로 움직이던 대열은 순식간에 등짐을 나 몰라라 내 동댕이치고 흩어져 논 밭 속으로 숨었다. 비행기가 사라지고 잠잠하여지면 다시 행군을 계속하지만 어떤 사람은 내친김에 목적지로 가지 않고 자기 집으로 내 달려 일과를 끝내는 영리한 사람도 있었다.

그 때 비행기의 공습에 대한 공포감은 지금까지 잊혀 지지 않는다. 영화 Top Gun에서 보는 여러 전투장면은 아무리 폭음이 웅장하다 하여도 오락성 영화이기에 영화관 의자에 앉아서 콜라 마시고 팝콘이나 먹는 관객에게는 공포감은커녕 영상효과나 음향효과를 즐기지만, 공습의 피폭 현장에서 겪고 듣는 바람을 가르는 쇠 휘파람 소리, 고막이 찢어지는 것 같은 폭탄 터지는 파열음과 천지를 진동하는 굉음은 가슴을 쾅 쾅 때리고, 사지가 떨려 온 몸이 붕 떴다 가라앉는 기분으로 완전히 얼을 빼 놓는다.

이번 이라크 전쟁에서 그때 보다 더 막강한 전폭기와 미사일로 무장한 미국의 공습을 받는 그 사람들의 공포감을 미루어 짐작할 수 있을 것 같다.

추석이 가까워지자 전세가 역전되며 후퇴 북상하는 인민군 패잔병들의 긴 행렬은 끝도 없이 이어졌다. 어느 인민군장교는 헛간의 자전거를 주인의 허락도 없이 집어타고 한 발 앞서 내빼고, 부상병들은 절룩거리며 처져 뒤 따라 갔지만 맥아더 장군의 인천 상륙 작전으로 퇴로가 막혔다. 그들은 모두 다 오대산, 지리산 자락에 갇혀 후일 무장공비로 변하고 말았다.

기차역에 쌓아둔 각종 북한군 보급물자 야적장에 밤이면 UN군 폭격기가 조명탄을 낙하산에 달아 하늘에 띄워 대 낮 같이 밝혀 놓고 두 세대가 번갈아가며 야간폭격을 하면 그 소리는 천둥소리로 들렸다.

이제 와서 알고 보니 헌터 킬러라는 별명을 가진 B-26 폭격기였다. 한국전쟁에서 수많은 트럭과 기차를 폭격한 비행기로 알려져 있다.

1965년도 월남전에서는 AC-47같은 수송기에다가 7.62mm 미니 건을 달았고 후에는 40mm 보포 건을, 1972년도에는 Ac 130 ES에다 105mm 대포까지 장착하였다하니 재래식 비행기에서 발사한 포성이 얼마나 무섭게 들렸을지 짐작 할 수 있다.

제공권을 장악하고 반격하는 UN군 측은 밤낮으로 비행기를 남녘 하늘에서 북쪽으로 띄워, 은둔의 나라, 조용한 아침의 나라 강산이 온갖 비행기의 폭음으로 뒤덮였었다.

그때는 멀리서 비행기 소리만 들려도 은신처를 찾아 머리를 처박는 동작을 누가 가르치지 않아도 남녀노소가 다 하는 방공대피훈련이었다. 심지어는 가을에 따서 말리는 빨간 고추를 멍석에 펴면 붉은 인공 깃발로 오인 받아 공습 목표가 된다고 고추 말리는 것도 못하게 할 정도로 공습 노이로제에 떨 때였다. 그때 어린 가슴에는 하다못해 L-19연락기만 고공으로 날아가도 공포에 몸을 떨던 기억이 엊그제 같다.

L-19같은 소형 경비행기는 민간 항공기인 쎄스나, 파이퍼, 체로키 정도의 단발 프로펠러기로서(2내지 4인승) 무장도 없는 그저 연락기나, 정찰기 역할밖에 하지 못하는 소형 경비행기다. 그러나 그때엔 너나 할 것 없이 항공기에 관한 상식이 무지할 때였다.

개솔린 연료 대신 목탄 자동차가 다니는 세상이었으니 비행기라는 실물을 가까이서 볼 수 있는 상황이 아니었다. 당시 시골 사람들에게는 비행기의 명칭도 일상 쓰는 단어가 아니어서 <뱅기>, <비형기>, <비항기>라고 부르는 사람도 있었고 좀 유식한 체 하는 사람은 <히꼬키>(일본어)라고 하는 이도 있을 때였다.

오늘 나는 단발 경비행기를 조종하며 육이오 사변 당시 하늘에 비행기만 지나가면 그렇게 놀라던 그 시절로 돌아가 내가 그때의 조종사가 되어 땅위에 서있는 또 하나의 나 자신을 가상(假想)하여 찾아본다.

삼천 피트의 고도에선 육안으로도 사람의 정체가 어린이인지, 성인인지, 군인인지, 민간인인지 식별이 가능하다. 그때는 L-19

정도의 작은 비행기가 멀리서 지나가기만 하여도 겁먹고 허둥대며 숨었는데 지금 생각하면 그때 헛수고한 일에 억울한 마음까지 든다.

비행기엔 자동차의 소음기(消音器)같은 머플러가 없기 때문에 아무리 작은 기종이라도 훌 파워를 넣고 날면 그 소리가 여간 요란한 게 아니다. 하물며 전투기의 저공비행 기총소사 때나 급상승 할 때의 폭음은 고막이 찢어지고 간이 떨어질 정도로 영화속의 효과음 보다 더 무섭게 들렸다.

그러나 내가 손수 조종하는 소형비행기의 소음은 순항고도에서는 부르릉부르릉하며 풍금소리 같이만 들린다. 갖가지 계기판과 교신장치 조작에 몰두하다보면 오히려 주위가 조용하게만 느껴진다. 하긴 헤드셋의 귀 덮개가 소음을 어느 정도 막아 준다.

시계비행에서 눈은 전방 180도 시야를 살펴야 한다. 아무리 하늘이 넓다 하여도 수많은 비행물체로 대도시 주변의 영공은 항상 붐빈다. 가까이는 중형 여객기도 이착륙하는 <테타보로> 비행장이 바로 <조지 워싱턴>다리 건너에 있고 뒤로는 <라구아디아> 대형 비행장이, 또 좌측 남쪽에는 <뉴왁>국제공항이 있다.

여름철 초저녁 때쯤 뉴욕에서 조지 워싱턴다리를 건너면서 서쪽 하늘을 바라다보면 작은 비행기들이 수없이 떠돌아다니는 것을 볼 수 있다. 오른쪽 날개 끝에서 깜박이는 파란 점멸등(왼 쪽은 붉은 등)의 불빛들은 개똥벌레들이 떼 지어 날아다니는 것처럼 현란한 광채를 뿌리며 날아다닌다.

내가 타는 세스나 기종은 전투기가 아니다. 프로펠러의 길이가 내 키보다 약간 짧은 단발 소형 비행기이지만 갖출 것은 거의 다 있는 신통한 물건이다. 물론 이 회사에서 제작한 고급 중형 쌍발(Cabin Class) 제트여객기는 그 내부치장과 설비가 호화롭기 그지없다. 이런 항공기는 큰 회사나 돈 많은 부자들이 업무상 또는 여가용으로 즐기는 기종으로 백 만 불에서 이 백 만 불을 호가한다.

바다에는 호화판 요트가 부호들의 전용물이지만 하늘에도 부호들이 소유한 중형 항공기가 미국의 크고 작은 비행장에 가득하다.

몇 년 전 알라스카의 어느 도시에선가 포구에서 9인승 쌍발 수상 비행기를 타고 천년 묵은 옥색 빙하의 계곡을 선회하다 어느 이름 모를 산정의 호수 위에 내려 눈 덮인 산과 맑은 물, 하늘이 어울린 비경을 헤매든 추억이 있는데 그 비행기도 조종실 내부가 꽤 복잡한 계기로 꽉 차 있었다고 기억된다.

비행기를 조종하다 보면 대형 항공기의 내부가 그렇게 보고 싶어진다. 여객기 탑승 때마다 출입문 왼 쪽 조종석의 열린 문 쪽으로 고개를 돌려 그 수많은 계기판, 셀 수도 없이 많은 스위치와 복잡한 조종 장치를 훔쳐보는 재미는 초보 비행사에게 흥미진진한 눈요기 거리이다.

수년 전 남미 부에노스아이레스에서 부라질 이과수 폭포로 가는 알젠틴 국적의 여객기를 탄 적이 있었는데 서투른 스페인어로 인사를 하고 조종실 구경을 하고 싶다고 하였더니 사람 좋은 기장은 비행기가 순항고도에 이르자 나를 찾아 조종실 내부 구경을 실컷 구경시켜 준 적이 있었다.

9, 11 사태 이 후 세상이 험악하게 변하여 이제는 조종사가 권총을 휴대하고 조종실에 침입한 무뢰한에게 발사할 준비가 된 살벌한 판에는 어림도 없는 옛날이야기가 되었다.

한국의 모 여자 골퍼가 미국 데뷔 당시 경비가 부족하여 이 넓은 대륙의 골프장을 <밴>으로 이동하다가 메이저 대회에서 우승하고 난 후 다음 대회 때 주최측에서 보내준 자가용 비행기로 가족이 이동하며 부녀가 감격의 눈물을 쏟았다는 기사가 있었는데 아마도 이 정도의 중형 자가용 비행기였으리라 짐작된다.

대체로 미국의 민간 항공 산업도 세계 2차 대전을 기하여 군용기와 함께 발전하였다. 수많은 항공기 제작회사가 있지만 <쎄스나>에서 제작한 172시리즈는 4인승으로 이전의 결함을 보완해 안전하고 인기 있는 기종중의 하나다.

전쟁이 끝난 1947년도에는 공장에 항공기 제작 재료가 도착하는 대로 바로 생산되어 당시에 <FAMILY CAR OF THE AIR>라고 불리우며 대중화되었다고 한다.

지금은 172시리즈 모델 중 SP 기종은 날개 길이 36.1휘트, 기장 27.2휘트, 항속 124 KTS(75%), 도달 거리518mm(75%) 연료 탑재 53갤런, 고도 1만 4천 휘트까지 상승하며 싯가는 십팔만 불 정도라고 한다.

항공기시장은 수령이 이 삼 십년 지난 것도 많고, 중고 항공기는 중고 자동차 값 정도로 대략 2만 불 선에서부터 시작된다. 내 나이처럼 늙은 1940년 제작된 LP-65형 골동품 비행기도 시장에 나와 있다.

이 작은 소형 비행기는 대형 항공기나 최신예 전투기에 비하면 장난감 같다. F16같이 총알처럼 튀어나가 10여 초가 지나면 하늘 한 가운데 있고 삽시간에 1만 5000피트의 고공에 이르지는 않는다.

어여쁜 아가씨의 손목을 살며시 잡는 것처럼 조종간을 은근 살짝 앞으로 당겨주면 수줍은 듯 마지못한 듯 기수를 약간 쳐들고 서서히 상승하기 시작 한다

2인승이나 4인승은 여객기도 아니다. 여가를 가지고 하늘을 새처럼 날아 보는 레저용이다. 1천 5백 피트 저공에서도 평형을 유지하고 지상의 만물을 감상할 수 있다. 조종간은 영화에서 보는 대형 여객기의 것처럼 운전대의 윗부분이 잘려 나간 것 같은 [ㄷ]자형도 있고 기종에 따라 전투기의 조종간처럼 자동차 변속기의 스틱모양을 한 것도 있다.

좌석은 자동차처럼 앞줄에 두개 뒷줄에 두개가 있으며 기종에 따라 전투기같이 앞 뒤 한 명씩 앉는 것도 있다. 앞에 두 좌석이 나란히 있는 것이 주종을 이루며 조종사는 왼 쪽에 자리하고 탑승자는 오른쪽에 앉는다. 그 오른 편에도 조종간이 붙어 있으니 비행기를 처음 타는 탑승자도 부 기장이 되는 셈이다.

고도를 높일수록 주위는 더욱 조용하여지고 장애물도 적어지면 순간적이나마 마음에 여유도 생긴다. 그러나 조금 외롭다는 생각과 무섭다는 일말의 공포감이 머리 속을 스치기도 한다. <만일에 이 비행기가 기관고장이 생겨 추락을 시작하면 어떡하지?> <비상 착륙 할 마땅한 지점을 못 찾으면 어떻게 하지?> <목적한 비행장까지 실수 없이 잘 찾아 갈 수가 있을까?> 긴장이 풀리면 잡념이 생기는 것은 어쩔 수 없지만 자신감이 줄어들면 순간순간 찾아드는 불안감은 병아리 같은 날개 짓을 하는 초보파일럿에게는 어쩔 수 없는 현상이다.

단독 비행

옛날에 처녀가 시집을 가면 머리를 얹는다고 한다. 골프에서도 맨 처음에는 레인지 에서 줄기차게 연습하다가 처음 필드에 나갈 적에도 속칭 머리를 얹는다고 하며 이 과정이 끝나면 한 단계 다른 세계가 펼쳐지듯 비행기 조종도 단독비행 이후부터는 또 다른 하늘의 문이 열린다. 수준이상의 실력이 인정되면 단독비행을 할 수 있다. 열에 한 가지라도 훈련교관의 기준에 미달하면 단독비행은 절대 허용되지 않는다.

처음 쏠로 비행 때의 그 감흥은 일생 잊혀 지지 않을 사건이며 추억이다. 기분이 최고조에 달하는 표현을 우리는 공중에 붕 뜨는 것 같다고 한다. 모든 판단과 계기조작, 조종간을 당기고 미는 것은 냉철히 하여야 하지만 <공중에 붕- 뜨는 기분>은 처음으로 단독 비행을 할 때 몸으로 느낄 수 있다.

과분한 찬사를 할 때 <비행기 태운다>고 혼이 말 한다. 기분 좋은 칭찬의 <비행기 타는 것>과 실제 손수 조종간을 잡고 비행기 타는 것은 엄청난 차이가 있다.

물론 비행기에 오르기 전, 전반적인 지상교육을 다 받아야 한다. 우선 항공기의 구조. 공중으로 떠오르는 역학구조. 공항 시스템. 각종 계기판의 역할. 기상학 중에 일기예보 자료 및 해독. 통신. 기본항법. 비행 시에 인체에 미치는 의학상식 및 심리작용. 마지막에는 컴퓨터를 가지고 비행계획표 작성 등등 생각보다는 전문적이고 기본적인 과목을 익혀야 하고 또 FAA(FEDRAL AVIATION ADMINISTRATION)에서 실시하는 필기시험에 합격하여야 한다.

물론 FAR(FEDERAL AVIATION REGULATIONS)에 파이럿이 될 수 있는 자격은 영어를 말하고 읽고 쓸 줄 알아야 한다는 규정이 있다.

영어를 사용하는 나라에서 근 삼십 년을 살아 왔지만, 육십 줄 나이에 물리학, 기상학, 의학 등의 용어를 익히고 암기하여야 하는 일은 한참 힘 드는 일이다. 간단한 한 예를 들면

KEWR 042042Z 042118

34012 G22KT 5SM

OVC020 TEMPO 2124

3SM -SHRA BR

와 같은 기상예보서가 시시로 발행되고 또 긴 비행 루트를 따라 각 지역마다 다른 기상상태를 받아보면 수 십장에 달하는 분량이 쏟아져 나온다. 이건 완전히 간첩들의 암호 문건이다. 이런 것이 줄줄이 적혀 있는 종이를 소지하고 다니다가 만일 한국경찰의 불심검문에 걸렸다면 간첩으로 몰리기 십상 일 게다. 사족이지만 이해를 돕기 위하여 위의 예문을 간단히 풀어 보면 대략 이런 요지이다.

뉴왁 공항 4일 20시 42분부터 4일 21시 42분까지,

바람 340도 방향에서 풍속 12노트로, 돌풍22노트,

시계(視界) 5스테이트 마일, 구름높이 2000피트 이상, 21시 24분에 시계 3마일, 약간 폭우와 안개.

이 같은 예문은 영어를 아무리 잘 하는 사람이라도 비행기에 관한 전문인이 아니면 풀 수 없는 항공 기상 예보 중 가장 간단한 한 종류이다.

가장 작은 2인승이나 4인승 소형 단발 비행기에 기본적인 계기판만 하여도 이십여 가지가 넘는다. 항속계(Airspeed Indicator). 고도계(Altimeter). 나침반 (Magnetic Compass). 측면경사계(Turn and Slip Indicator).상승 하강 속도계(Vertical Speed Indicator). 전후경사계(Attitude Indicator). 전방위 거리 측정계(Distance Measuring Equipment). 레이더 신호 발신기. 무선주파 발신기. 비행위치 방향탐지기. 교신용 라디오 주파 조정기 등등, 거기다 껐다 켰다 하는 수 십 개의 각종 스위치, 기종이 커지고 최신 출고된 것일수록 편리한 장치가 더 추가되어 머리 위쪽 천장까지 꽉 들어차 있어 시야를 어지럽게 한다.

안전도

비행기 조종이라고 하면 누구나 한 가지 선입관이 있다. 위험하다는 관념으로 추락, 죽음과 같은 사고를 먼저 연상한다. 또한 실제 가까운 비행기 추락 사건으로 케네디 주니어, 프로 골퍼 펜 슈트어트, 가수 잔 덴버 등 줄줄이 꿰어 볼 수 있다.

케네디 주니어가 마지막 출발한 비행장이 내가 훈련하는 콜드웰 비행장이다. 그의 사망 후 이 비행장 담 벽에는 그를 아끼고 추모하는 메모판과 수많은 화환이 한 동안 설치되어 있어 드나드는 모든 이들을 숙연케 하였다.

작년과 금년은 크고 작은 사고가 유난히 많이 보도되었다. 그러나 실제 통계적으로 비교하면 사고 확률이 자동차는 5천분의 일이고 항공기는 1천 1백만 분의 1이라는 수치로 보아서 비행기의 안전도가 자동차에 비해 훨씬 안전하다고 하는데도 일반인의 뇌리에는 그 위험도가 항상 크게 부각되어있다.

자동차 사고야 미국에서 만도 하루에 수 백 건씩 일어나도(최근 AIG 보험회사의 통계에 의하면 매년 10만 건의 충돌사고에 천 오백건의 사망사고 발생) 무관심하게 지나치지만 비행기 사고라면 크든 작든 간에 모든 사람이 흥미(?)있는 화제 감으로 안주를 삼는다.

그러나 한 발짝 안으로 들여다보면 그렇게 위험하지 않다는 것을 느낄 수 있는데 주위의 시선들은 그렇게 인정하려 들지 않아 가족, 측근들로부터 만류나 반대에 부딪쳐 그 꿈을 이루어 보려는 결단을 내리기가 참 어렵다.

심지어 입담이 험하고 짓궂은 어떤 친구는

"어이, 이봐! 케네디 주니어 간 것 봤지? 바쁜 사람 괜히 자네 장례식에 오라 가라 하지 말게 해."

못 먹는 감 찔러나 보는 놀부 심사인지 도가 지나친 악담을 쏟아 놓는 인사도 있다.

기본적인 안전수칙만 지키면 안전성이 그렇게 완벽할 수가 없는 것이 FAR(연방 항공국) 규정이다. 또한 비행기 훈련의 시작은 응급상황에 대처하는 것에서부터 출발한다. 만일 추력(推力)을 상실 할 때는 그 기종의 제원에 따라 최적의 활강속도를 유지하도록 조작하고 가장 가까운 비상 착륙 지점을 찾은 후 그 곳까지 하강하는데 시간여유가 있으면 연료탱크 밸브 ,이그니션 스위치, 공기 흡입 레버 점검 등 몇 몇 가지 작동 상황을 체크한 후 엔진 발동을 재시도 하다가 그래도 시동이 안 되면 비상 착륙 준비를 하여야한다.

전파 발신기(Transponder)의 주파수(7700 MHZ: 하이재킹 당할 때는 7500 MHZ)를 비상 상태로 맞추면 조난신호가 되는 셈이다. 그리고 현재의 자기 위치, 고도, 기종, 탑승자 수, 항공기 색깔, 조난 상황 등 대충 이런 내용을 무선으로 보고하고 기내에 탑승한 사람들에게 비상착륙 상황을 짧게 브리핑하고 교과서대로 한다는 내용이다.

뉴스 토픽란 사진에 가끔 고속도로나 골프장에 내려앉은 소형 비행기를 본 적이 있는데 아마 이런 경우일 게다.

미국의 하늘은 레이더망이 잘 정비되어 있어 미국 영공의 비행 물체는 모두 잡히게 되어있다. 어느 곳으로 비행을 하든지 VOR (VHF OMNIDIRECTIONAL RECEIVER: 전방위 고주파 무선 표지소)라는 일종의 비행안내 지상 무인 송신탑이 미 전역 곳곳에 설치 되여 있어 시계비행이나 계기비행에 항로를 벗어 날 염려는 전혀 없다.

혹시 비행 중 항로를 착각하거나 잃어버린 경우 인근 항공 레이더기지를 호출하여 도움을 청하면 그 비행기의 고유의 주파수를 찾아 기체를 추적하여 현 위치를 알려주고 날아가야 할 방향을 일러준다.

고공을 항행하는 대형기나 비교적 저공을 비행하는 소형기나 계기비행이 아닌 시계비행을 할 적에는 항공지도 숙지, 목적지까지 지형지물 파악, 지도상의 체크 포인트(표적)와 현재 시점에서 자기의 위치를 확인하여야 항로 이탈을 막을 수 있다. 호수, 강, 고속도로, 송신탑, 도시의 대형 건축물 등이 CHECK POINT가 된다.

조감도(鳥瞰圖)

일단 4-5천 피트 상공에 이르면 시야가 판이하게 달라진다. 문자 그대로 하늘에서 새라는 짐승이 지상을 내려다보는 그림이다. 밤 낮 지상에서만 생활하다가 공중에서 내려다보는 땅위 풍경은 생소하기만 하다.

자동차를 운전하며 익혔던 지형지물들이 하늘에서 보면 그 모습이 완연히 다르다. 요즈음은 누구나 비행기 여행을 자주하고 또한 항공사진이나 위성에서 촬영한 사진을 접할 기회가 많아 익숙하여졌지만 초보 비행사에게는 고공에서 내려다보는 땅위의 모든 물체를 식별하기가 여간 어려운 일이 아닐 수 없다.

지상에서 자동차를 운전 할 때 풍경은 입체적으로 보이지만 비행기 조종 시 공중에서 내려다보는 풍경은 평면일 뿐이다. 지상에서 자동차 운전은 평면을 달리지만 하늘에서 항공기 조종은 입체적 3차원의 공간을 헤매야 한다.

장거리 비행에는 일정 구역을 벗어 날 때마다 측지(測地)상 편차(偏差), 바람의 방향에 의한 방위(方位) 편차, 풍속에 따라 목표지점까지 시간 편차 같은 사항을 계산하고 비행 계획서를 작성하여 중간 중간 지점을 통과 할 때마다 위치를 확인하며 갖가지 계기판을 끊임없이 점검하여야 한다.

항공지도는 보통 50만 분의 1, 25만 분의 1것을 사용하는데 일반 지도와 달라 처음에는 무슨 내용인지 모를 생소한 기호와 약자 투성이다.

크고 작은 비행장의 영공을 표시하는 둥그런 원들, 영공에 따라 고도를 허용하는 숫자, 표고, 관제탑의 주파 수, 활주로 상태,

VOR의 위치, 대형 항공기의 항로 등 자동차 여행지도의 그것하곤 판이한 그림이다. 대양을 항해하는 해도(海圖), 육군에서 사용하는 작전지도 보다 더 복잡하고 많은 양의 정보가 수록 된 것이 항공지도가 아닌가 한다.

미국 전역에는 관제탑 없이 그냥 뜨고 내릴 수 있는 소형 비행장은 1만 2천여 개에 이르고 관제탑이 있는 곳은 대략 4천 개에 달하고 있어 이곳은 비행장 천지이다. 이 나라에 골프장이 대략 1만 4천 개나 된다는 사실은 골프를 하여 본 사람만이 알듯이 비행장 역시 알고 보면 지천에 깔려있다. 그 숫자에 있어서 골프장수와 비행장 수는 형님먼저 아우먼저 인가 보다.

얼마 전 한국 공군에서 전투기 연료탱크에 휘발유 대신 물이 들어가 이륙직후 수 분만에 추락하여 인명과 재산손실을 입은 참사가 있었다지만 경비행기에서는 그럴 이유가 없다.

조종사는 탑승하기 전에 기체를 점검하여야 하는 기본 수칙이 있어 첫 번째 하는 일이 연료탱크에 불순물이나 물방울이 섞여 있는 지를 시험관처럼 생긴 FUEL TESTER (유리대롱)에 샘플을 채취하여 육안으로 확인하기 때문에 그러한 실수는 있을 수 없다.

그밖에 간단한 안전 점검을 조종사 자신이 하는데 동체를 한 바퀴 돌며 손으로 보조날개, 꼬리날개는 잘 작동하는지 밀어보고 당겨도 본다. 행여 동체가 찌그러진 데나 있나, 혹시 랜딩기어의 공압(空壓)은 어떤가 발로 바퀴도 한번 차보고, 방향타 등이 제대로 작동하는지, 오랫동안 비행기를 세워 두었다면 프로펠러 뒤 공기 흡입구에 새가 둥지를 틀지 않았나 확인을 하는 일도 빼놓을 수 없는 사항이다.

대형 비행기는 젯트 엔진입구로 새떼가 빨려 들어가 문제를 일으킨다는데 여하튼 새와 비행기는 같은 하늘을 함께 사용하는데서 마찰이 생기는가 보다. 기체는 매 1백 시간 비행마다 정기 점검을 받아야 한다.

일반적으로 가장 기초적인 개인 비행사가 될 수 있는 시간은 훈련교관과 동승 2십 시간 크로스 칸추리(cross country) 세 시간 기타 단독비행등 4십 시간을 요하며 보통 백 시간 정도면 어느 정도 기술을 익힐 수 있으나 또 지상에서 이론학습이 있어 각 개인의 능력과 소질에 따라 기간이 단축되거나 길어 질 수도 있다.

택싱 (TAXING)

모든 점검이 끝나면 시동을 걸어 워밍업을 하면서 각 계기판을 다시 한 번 확인하고 고도계를 지상의 기압치(氣壓置)에 맞추어 놓고 지상 관제탑을 불러 활주로까지 이동하는데 대한 유도를 받아야 한다.

관제에는 대략 지상관제, 지역관제, 착륙관제, 이륙관제 등이 있는데 관제탑이 있는 곳에서는 물론 관제소의 지시대로 움직여야 하지만 관제탑이 없는 곳에선 조종사의 판단 하에 상황을 살피고 행동하여야 하기 때문에 더욱 주의가 필요하다. 따라서 관제시설이 없는 곳에서는 이착륙 시 끼리끼리 충돌 사고가 일어날 가능성이 더 있을 수 있다.

시동을 걸 때 창문을 열어 밖에다 대고 <클리어(CEAR)>하며 외쳐 프로펠러 옆에 사람의 접근을 막아야한다. 이 때 브레이크를 잡는 것을 잊으면 시동키를 돌리자마자 프로펠러의 회전으로 동체는 앞으로 전진 한다. 안전수칙의 첫 걸음이다.

피스톤 엔진 항공기는 이륙 전 필히 엔진 테스트를 하여야 한다. 이 엔진은 자동차의 그것과 달라 한 개의 실린더에 두 개의 스파크 풀러그가 있으며 점화 시 이것의 상태를 좌우로 분리한 계기판에서 엔진의 회전상태를 점검한다. 만약 RPM 수치가 허용범위에 미치지 못할 때는 MIXTURE LEVER를 당겨 연료 공급을 줄여 줌으로 실린더 내부의 온도를 높여주어 스파크 플러그의 잔재 및 찌꺼기를 태워 버려서 엔진의 회전수가 정상으로 돌아온다.

계류장에서 활주로까지의 양방향 항공기이동을 항공 용어로 Taxing이라고 하는데 활주로 끝 출발 대기선상 까지 <택싱>이 끝나면 엔진이 규정하는 상태까지 작동하는지 다시 한 번 테스트하여 보고 이상이 없으면 지상관제를 벗어나 주파수를 바꾸어 이륙관제 요원과 접속한 후 비행기의 관등성명(?)을 대고 이륙준비 완료를 보고한다.

관제탑에서는 활주로나 공항 상공의 상황에 따라 대기선상에서 다음 지시가 있을 때까지 대기하라든지 또는 지금 당장 이륙하여도 좋다는 허락이 난다.

이륙 활주로로 진입하기 전 또 한 번 활주로의 방향과 활주로 진입로 사이에 다른 항공기가 접근하고 있나 반드시 확인하여야 한다. 몇 년 전 L. A. 공항에서 이륙 활주로로 진입한 중형 통근기를 동일 활주로로 착륙한 보잉 737기가 덮쳐 어처구니없는 사고가 발생한 일도 있는데 원인은 관제탑의 실수로 밝혀졌지만 비록 관제탑의 허락이 있었다 하여도 모든 최종 결정은 조종사가 판단하여야 한다.

모든 항공기는 이착륙 시에 앞바람을 맞으며 달려야 한다. 같은 활주로라도 바람의 방향에 따라 이착륙 주행방향이 바뀌어진다. 활주로에 붙여진 번호는 나침반의 방위각에 따라 결정하며 같은 활주로에서도 동쪽 끝은 09이고 반대방향의 서쪽 끝은 27번 활주로가 된다.

이륙

아득히 펼쳐진 활주로 끝 대기선상에서 조종간을 붙들고 아른거리는 아지랑이 속에 쭉 뻗은 활주로 전방을 응시하며 기다리는 마음은 출발선에서 스타트 총성을 기다리는 마라톤 선수와 같이 긴장과 흥분이 온 몸을 감싼다.

다음 순간 곧 하늘로 날아오른다는 기대감에 가벼운 전율마저 느낀다. 아마도 골프장 첫 홀 티 박스에서 많은 사람들의 시선을 받으며 티 옵 하는 골퍼들도 이와 비슷한 느낌을 체험 할 것이다.

드디어 발진 허락이 머리에 쓴 헤드셋 수신기에서 울린다.

"303 MA clear for take off" (303호기 이륙을 허락한다)

"303 마이크 알파 클리어 훠 테이크 오프" (303호기 이륙한다.)

항공기의 번호판은 동체 옆구리나 꼬리날개에 숫자와 알파벳이 조합되어 페인트로 새겨져 있다. 미국의 민간 항공기는 숫자 앞에 [N]자가 먼저 들어간다.

복창을 하고 활주로에 들어선 다음 온 집중력을 다하여 FULL POWER를 넣고 달리기 시작한다. 훌 파워를 집어넣으면 기체는 요란한 폭발음을 토하며 내 달린다. 속도계 수치가 10, 20, 40, 50을 넘으면서 활주로를 구르던 바퀴가 속도에 못 이겨 요동을 치는 감이 들 때 조종간을 살짝 가슴 쪽으로 당겨주면 활주로를 구르던 바퀴의 감각이 사라지면서 양 날개를 가볍게 한번 뒤뚱거리며 이내 중심을 잡고 지면 위로 떠오르기 시작한다.

이륙 할 때 가장 민감한 사항이 엔진 작동 상태와 항공기의 주행 속도다. 제작회사에서 정하여 놓은 이륙 속도가(V-speed) 있는데 이륙 활주를 시작하여 어느 일정한 속도에 도달하기 전 어떤 이상을 감지하면 이륙을 포기하여야 하는 경우도 있다.

속도계에는 숫자 표시가 물론 있지만 네 가지 색깔로 속도의 한계를 쉽게 알려주는 구분이 있다. 백색은 보조날개를 작동하여 서행 할 때(FLAP OPERATING RANGE : Vso) , 녹색은 순항 할 때(NORMAL OPERATING RANGE : Vfe), 황색은 경고속도 (CAUTIONRAN GE : Vno)이고 적색(NEVER-EXCEED : Vne. 즉 RED LINE)은 절대 넘어서는 안 되는 빠른 속도다.

한계 속도(MAXIMUM STRUCTURAL CRUISING SPEED)가 넘으면 강한 공기 저항에 기체가 공중분해 할 위험이 있다. 비행기도 과속은 금물이다.

여기서 유래한 단어가 요즘 흔히 등장하는 시사용어 레드 라인이다. 북한이 핵무장을 하였다고 엄포를 놓을 때 서방 언론들은 레드라인을 넘었다고 표현하는데 북한은 위험속도를 넘는 과속비행을 하고 있지 않나 걱정이 된다.

그 후 약간의 속도가 가속되면 바퀴를 집어넣을 수 있는 기종이면 GEAR UP이라 외치며 LEVER를 올려 공기 저항을 줄여준다. 하지만 단거리 소형 비행기는 바퀴를 집어넣지 않는 것이 많다.

지금껏 발 붙여주든 지구의 중력을 거스르고 지상에서 천상으로 상승하는 기분은 깃털이 막 자라서 하늘로 하늘로 비상하는 한 마리의 파랑새가 된다. 기수가 하늘로 들리니 전방은 파아란 하늘만 훤하게 열리고 허공에 기준 잡을 만한 목표물도 없다.

<너만 믿는다>하고 조종간을 좀 더 강하게 앞으로 당길수록 기수는 더 하늘로 향하고 가벼운 기체에 부딪치는 공기저항으로 인한 진동은 리드미컬한 전율과 함께 쾌감을 불러온다. 대형 여객기 1등석에서도 맛 볼 수 없는 황홀한 순간이다.

그러나 호사다마라고 사실 모든 항공기의 이착륙 순간이 제일 위험한 때이고 마의 시간이라고 한다. 여기서 기분 내킨다고 전투기조종처럼 가파른 급상승을 시도하면 실속(失速 Stall)현상이 일어나 추력(推力)을 잃고 바로 추락(墜落)하는 메커니즘이 숨어있다. 가장 주의하여야 할 첫 단계이고 긴장을 풀 수 없는 순간이다.

2백 휘트 3백 휘트 상공에 이르러 어느 정도 상승속도를 줄여주면 기체가 수평으로 잡혀지고 몸을 좀 추스른 다음 다시 순항고도까지 서서히 상승을 시도한다.

交信(교신)을 할 때는 Phonetic Alphabet을 사용하여야 하는데 A는 알파, B는 브라보,...Y는 양키, Z는 주르라고 발음하여 음성이 뒤엉키는 혼란을 막아 준다. 그래서 교신 뒤에는 반드시 복창(Call Out)을 하여야 한다.

순항

길이 없는 공중이라고 아무 곳이나 함부로 다닐 수는 없다. 지상 고도 3천 피트 이상에서 시계(視界)비행 때는 지구를 동서로 쪼개어 동진 방향은 홀수 천 피트에다 5백 피트를 더한 고도에서, 서쪽 방향으로는 짝수 천 피트에 5백 피트를 더한 높이에서 항진하여야 서로 충돌 없이 교차 할 수 있다.

공중에 날아다니는 비행 물체가 아무리 많다고 하지만 고도 5천 피트 이상 이르면 그래도 하늘은 넓어 지상의 우뚝 솟은 장애물도 없고 산등성이를 타고 상승하는 바람도 덜 탄다.

지상에서 입체적으로 보이는 풍경은 이제 평면으로만 보인다. 신문이나 TV 에서 보는 항공사진의 실물이 전개된다. 어느 정도 긴장이 풀리고 마음의 여유도 생긴다. 앞 방향, 옆 방향에서 오는 비행 물체만 조심하면 자동차가 하이웨이에 들어선 상태여서 조금은 심심하다는 생각마저 들 정도로 단조로운 시간도 있다. 이런 때는 가장 소중한 사람과 이 찬란하고 아름다운 하계(下界)를 함께 관조 할 사람이 그리워진다.

너무도 아쉬워서 한번은 집에서 아내에게 같이 동승을 권유하여 보았으나 세상없어도 당신이 모는 비행기는 안 탈 터이고 보험이나 많이 들라는 핀잔만 잔뜩 먹은 일이 있다. 한 이불을 덮고 살아도 이렇게 설득하기 어려운 일이 비행연습이다. 과부 되는 것은 괜찮으나 함께 죽지는 않겠다는 이기심인지 모르겠다.

그러나 비행연습 과정에서는 갖가지 훈련을 실습하는데 Stall(失速) 훈련은 가장 기분 안 좋은 또 어려운 종목이다. 훌 파워를 넣고(자동차 운전으로 비교한다면 액세레더를 지그시 다 밟아주는) 기체를 급상승시키면 거의 수직으로 하늘로 향하여 치솟아 오르다가 추력을 잃고 엔진이 탑재된 제일 무거운 기수가 땅 바닥을 향하여 곤두박질치며 추락이 시작된다.

온 몸의 피가 머리로 솟구치며 무중력 상태로 되니 오싹하는 느낌과 함께 이대로 지구와 박치기 할 것 같은 공포감이 엄습한다. 이 상태가 계속 되면 기체는 기수를 곤두박은 채 빙글빙글 회전하며 땅으로 떨어지게 된다.

이차대전 기록영화에 기총 소사를 맞고 검은 연기를 토하며 격추되는 형상과 같은 현상이 일어나지만 공군의 전투 조종 훈련이 아닌 일반인에게는 기수가 급강하하는 단계에서 원상복귀 하는 것으로 그친다.

이 실속 현상을 역(逆) 이용하여 위기를 면하였다는 원로 항공인의 자서전을 읽은 기억이 있다.

김 광한(金 光漢 1915-)씨는 광복 후 일제가 패망하면서 버리고 간 95식 1형 비행기로 조종연습을 하였다. 이 비행기의 가솔린 탱크는 상부 날개 좌우편에 각 각 들어 있다. 그래서 좌측 것이 다 떨어지면 우측의 것을 사용하는 것이다.(지금도 소형 비행기는 이렇게 운용된다.) 그런데 이 때 스위치를 갈아야 할 것을 그만 깜박 잊고 말았다. 좌측 가솔린은 다 떨어지고 그러자 엔진은 멈추어졌으며 동시에 프로펠러의 회전도 멈추었다. 그 때 그 비행기는 손으로 프로펠러를 돌려 시동을 거는 장치라 공중에서 엔진을 다시 거는 것은 불가능한 일이다.

비행기 조종에서는 달인(達人)이 된 그분은 오른쪽 탱크의 가솔린 스위치를 열어 놓고 기수를 거꾸로 하며 쏜살같이 수직으로 낙하하여 풍압의 속도와 기체의 급격한 동작으로 급강하면서 기체를 빙글빙글 돌렸다. 손으로 돌리는 프로펠러를 기체가 대신 돌려주는 원리를 순간적인 판단력으로 적용시켜 엔진을 다시 걸어 위기를 모면하였다는 회고록을 읽은 바 있다.

그 분은 1941년에 무동력 글라이더로 11시간 40분, 당시의 전 일본 공인기록을 세웠고 한국전쟁 때는 육군 비행대에 대위로 임관 수많은 출격을 하여 수훈을 세웠다.

전역 후에는 대한한공 창립에 기둥이 되었다. 1만 3천 시간의 비행기록을 가진 한국의 자랑스러운 원로 항공인 중에 한 분이시다. LA로 이민을 오셔 노후를 보내신다고 들었는데 지금도 건재하시기를 빈다.

계기비행 훈련에서는 시야를 가린 채 계기판만 보고, 좌우 회전, 상승, 하강을 몇 바퀴 돌고 나면 이제 막 걸음마를 배운 꼬마가 앞마당에서 눈을 감고 혼자서 뺑뺑이를 돌다가 눈을 뜬 것처럼 온 세상이 빙글빙글 돌아 조종석 유리창을 통하여 들어온 하늘과 땅이 온통 뒤범벅이 되어 천지 분간하기 어려울 지경이다. 비위가 약하면 멀미나 구토하는 사람도 있으나 실속훈련 보다는 나은 편이다.

자동차의 저속 주행은 악셀레이더를 늦추면 되지만 항공기의 저속 비행은 플랩(Flap.초등학교 때는 보조날개라고 배웠는데 요즘은 양력(揚力)판 이라고도 함)을 삼 단계까지 내리고 오히려 추진력을 최고로 올려 주어야 서행을 하고 원하는 고도를 유지할 수 있는데 이때 엔진속도를 줄이면 양력이 떨어져 비행기는 하강한다.

이 단계를 지나면 하늘을 가로지르며 동서남북으로 날라 다니는 일은 훨씬 쉬어진다.

야간비행

야간비행 상상만 하여도 환상적이다. 아니 겁이 덜컥 나는 모험이다. 자동차 운전은 고속도로에 표지판이나 있지만 망망대해 같은 어둠 속을 뚫고 밤길을 비행한다는 것은 초보자에게 두 눈을 감고 험한 길을 달리는 것 같은 기분이다. 하지만 이것도 필수 과목이다.

맨 처음 이 나라 땅에 도착하던 날 로스앤젤리스 공항 상공에서 내려다 본 LA시가의 밤 풍광은 잊을 수가 없다. 온갖 보석을 깔아 놓은 듯 오색영롱한 불빛이 끝도 없이 질펀히 널려있는 야경은 환상의 절정이다. 어린 시절에 처음 본 총 천연색 디즈니 만화 영화에 나온 밤하늘의 별 빛도 저토록 곱지 않았다. 홍콩의 야경이 백 만 불짜리라고 하지만 LA상공의 야경은 그에 비할 바 아닌 것 같다.

야간 비행훈련은 일몰 후 한 시간 뒤부터나 일출 한 시간 전까지 마쳐야 한다. 그래야 완전한 어둠이 있기 때문이다. 두근거리는 가슴을 진정하며 전조등을 키고 유도 등이 깔려있는 활주로를 질주하다 이륙하면 몸은 새 털처럼 가볍게 떠오르지만 앞에 보이는 것은 한 두어 개 희미한 별빛과 컴컴한 하늘뿐이다.

정상적인 상승 고도에 이르러 기체가 평형을 이루고 나서야 지상의 풍경이 눈에 들어온다. 어둑한 조명 속에서 계기판만 의지하며 하늘로 높이 오를수록 지상의 불빛은 사라지고 화려한 시가지의 야경은 훌쩍 멀어져 있어 아무런 감흥도 없다.

육안으로 기준을 잡을 만한 목표가 지상에 안 보이고 오직 칠

흑의 어둠만이 깔려있다. 거리와 방향은 다만 계기판에 의존하여야 한다. 비행계획서에 계산된 통과 지점, 예상시간, 체크포인트 등을 확인한 후 목적지 영공에 이르면 공항의 관제탑을 비롯하여 활주로에 켜 있는 유도등이 겁먹은 병아리 조인(鳥人)을 반긴다. 활주로를 밝혀 주는 유도등이 없으면 야간 비행은 불가능하다.

횃불로 H 자를 만들어 헬리콥터의 착륙을 유도하는 영화 장면을 우리는 가끔 볼 수 있다. 목적지 공항의 무선 주파수를 찾아 관제탑을 호출하여 몇도 각으로 접근하여 고도는 얼마로 몇 번 활주로로 착륙하여도 좋다는 교신을 마치고 착륙 점검을 한다.

우선 급선무는 활주로의 불빛을 찾아야 하는데 예정대로 빨리 발견 못하면 불안하고 당황하기 마련이다.

1927년 5월 찰스 린드버그가 세인트 루이스호 단발 프로펠러기를 단독으로 타고 사상 최초 무착륙 대서양 횡단을 서른 세시간만에 무사히 마쳤다.

밤 10시에 파리상공에 진입하여 세계의 영웅이 된 그가 외쳤다는 <저것이 파리의 불빛이다>처럼 항구의 등댓불 같이 공항임을 표시하는 회전조명을 찾으면 곧 착륙할 수 있다는 안도감을 가질 수 있다. 그 안도감은 마치 고향을 찾을 때 마을 어귀 등성이에서 자기 집을 내려다보는 그런 기분이다.

또 한 가지 초보자로서 이상하게 생각되는 점은 항공용어에서 미터법과 파운드 법이 섞여서 쓰이는 점이다. 거리는 Nautical Miles(항공 마일), 비행장 시계(視界)는 Statute miles(법정 마일), 온도는 섭씨, 풍속은 놋트(kts), 고도표시는 피트(ft)로 표시 하니 복잡하기만 하다. 이런 실정이니 99년 9월에 발사한 화성 탐지 위성 오비터호에 마일과 미터를 혼동 입력하여 1억 2500만 달러짜리 우주선은 우주 어디로인지 사라져 버리는 실수도 있었다는데 좌우지간 하늘에서의 계산 방법은 혼란스럽기만 하다.

궁금증

비행기조종을 한다하니 만나는 이마다 낙하산을 메고 타느냐는 질문이다. 뉴스나 극영화에 전투기 조종사가 낙하산을 등에 짊어지고 산소마스크를 어깨에 덜렁 덜렁 걸친 채 전투기에 탑승하는 장면들을 연상하고 갖는 의문일 꺼다.

민간 항공기는 군용기처럼 돌발적으로 격추될 일이 없으니 (소련 상공에서 피격 당한 KAL 사건은 예외이고) 낙하산이 필요없다. 여객기의 승객이나 조종사가 낙하산을 안 짊어지는 것이나 마찬가지다.

바다 위를 비행하는 경우에는 역시 구명조끼를 구비하여야 하는 규정이 있다. 고공으로 올라 갈수록 기압이 내려가고 산소도 희박하여져 산소마스크가 필요 할 때가 있는데 해발 1만 피트 이상이나 야간에 5천 피트 이상이면 산소 호흡 장치를 휴대하여야 한다.

사람이 저산소증에 걸리면 차례로 호흡이 가빠지고 가벼운 현기, 두통, 오한이 오다가 이내 피부가 따끔거리고 몸이 후끈 하여진다. 입술과 손톱이 파랗게 질리고, 시력이 줄어들며 졸음과 하품이 나오고, 판단력이 무디어 지면서 혼수상태에 빠지게 된다.

프로 골퍼 펜 스튜어트가 비행 중 당한 사고가 이런 유형이 아닌가하고 NTSB(교통안전국)은 유추하고 있을 뿐이다. 고공에서 기체는 자동 비행 장치로 셋업 시킨 채 탑승자 전원이 혼수상태에 있는데 연료가 바닥 날 때까지 비행기는 혼자서 제 멋대로 날아가다가 추락한 사고라니 안타까운 일이 아닐 수 없었다.

음주 운전을 하다 망신당하는 유명인사가 동서양을 막론하고 종종 있지만 비행기 조종은 음주에 더 더욱 신경을 써야한다. 원래 FAR 규정은 알콜 농도가 0.4 이상이거나 음주 후 8시간이 경과하지 않으면 비행을 금지한다. 얼마 전 AMERICA WEST이던가 여객기 조종사가 술을 마시고 조종을 하다가 적발되어 조종사 면허를 박탈당하는 일도 있었다.

대부분 파일럿에게는 음주 후 12시간이 경과 한 후 비행에 임하도록 권하고 있으며 상업용 항공기는 일반적으로 24시간을 요구하고 있다.

착륙

우수개 소리로 비행기는 왜 뜹니까? 하는 우문(愚問)에 내리기 위하여 뜬다는 현답(賢答)이 있는데 여하튼 창공이 아무리 아름답고 자유스러운 곳이라지만 어느 때인가는 땅으로 내려야 하는 것이 순리이다. 그런데 비행기 조종에서 제일 어렵고 힘 드는 기술이 착륙과정이다.

아무리 수영을 즐기는 사람이라도 물에서 놀다가 뭍으로 올라와야 하는 것처럼 그렇게 신나는 신선 노름이지만 어느 정도 시간이 지나면 조종사도 다시 땅을 딛어야 한다.

생리적인 배설도 있어야하고 연로도 보충하여야 한다. 하기는 소형 비행기의 장거리 장시간 비행을 위하여서는 소변 정도는 처리할 남녀용 각 각 모양이 다른 용기(容器: 요강?)가 있기는 하다.

동구 밖에서 신나게 놀던 어린이는 누가 가르쳐 주지 않아도 골목만 따라 들어가면 자기 집을 찾을 수 있다. 이 걱정 저 시름 다 잊고 정신없이 창공을 헤매다가 자기가 출발하였던 비행장을 쉽게 찾기란 처음에는 여간 난감한 일이 아니다.

언젠가 외신에 난 기사가 잊혀 지지 않는다. 플로리다주 마이아미에서 이륙한 경비행기 조종사가 자기가 내려앉을 비행장이 어렵고 복잡하니까 쿠바까지 날아가 어느 바닷가 한적한 백사장에 내려 버린 사진을 본 기억도 있다. 초보자에겐 그 넓은 활주로도 좁아 보이고 길이도 짧아 보이는 가장 어려운 마지막 단계이다.

비행장 주변 상공에서 내려다 본 발 밑 세상은 앞서 언급한 대로 조감(鳥瞰)이다. 저처럼 좁은 활주로 위로 이 큰 비행기를 어떻게 내릴까 하는 조바심으로 초보자 조종사에게는 등에 식은땀이 솟는다. 실은 그만한 규모의 활주로에도 중형 항공기가 이착륙 할 수 있는 곳이다.

한 겨울철 시골 초가집 처마 밑에 둥지를 틀고 사는 참새를 잡던 추억이 있다. 참새가 드나들던 처마 밑 새집 구멍에 손을 쑤욱 집어넣으면 따뜻한 온기가 느껴지고, 보금자리에 잠든 갓 부화한 털도 채 나지 않은 새 새끼를 잡아낸다. 어느덧 어미 새가 날아와 짹짹거리며 애태워 하던 기억과 함께 참새는 도대체 어떤 구조를 가진 뇌(腦) 조직을 가졌기에 그 작은 머리를 써서 멀리 까지 날아갔다가 제 보금자리를 용케 찾는 능력이 있을까?

빠른 속도로 고도(高度) 1만 8천 피트 이상을 나는 항공기들은 언제나 항공 교통 관제소와 교신하며 모든 정보 즉 목적지까지의 거리, 현재의 교통량, 하강을 시작 할 고도, 방향, 항공기의 속도까지 관제사의 지시에 따르면 되지만 비교적 낮은 고도를 나는 시계 비행을 하는 비행기들은 이 모든 것을 조종사 자신이 판단하고 계산하여야 한다. 오히려 대형 항공기보다 더 많은 일거리가 있다.

비좁은 조종석에서 손발만 움직이는 것 같지만 조종사의 머릿속은 그 많은 정보의 계산, 착륙공항의 활주로 상태와 기상 상태에 따른 접근 방법, 돌발 사태에 대비 할 마음 준비로 긴장 상태에 들어가야 하고 한편으로는 비행장의 관제사와 교신을 하여야 하기 때문에 청각 신경은 따로 떼어놓아야 한다.

항공 교통 관제의 무선 교신은 TOW WAY RADIO라고 하여 관제사와 조종사의 일대 일 교신이다. 해당 비행장의 주파수는 하나이기 때문이다. 예를 들면 뉴욕 케네디 공항 관제탑과 연결된 조종사의 귀에는 그곳과 교신하는 주위의 모든 항공기의 교신 내용이 다 들린다. 관제사는 자기의 공역 내에 접근하는 모든 항공기를 상대로 교신하기에 조종사는 귀를 기울여 관제사의 호출과 지시에 대비하여야 한다.

공항에 접근하여 착륙할 항공기는 First Come First Serve 선착순이다. 그 중에도 고도가 낮은 것이 우선권이 있다.

비행기가 공중에 떠 날아가는 힘은 날개 구조에 의한 양력(揚力)을 이용한다. 양력은 항공기가 바람을 헤치고 앞으로 나아가는 것에서 발생하는데 끊임없는 속도를 내어 주어야 양력을 유지하고 떠있거나 상승을 할 수 있는데 속도를 잃으면 곧 비행기는 떨어지고 만다.

그러니 착륙을 하려면 우선 비행기의 속도를 줄여야 하는데 속도만 줄인다고 안전하고 기분 좋은 하강이 되지를 않는다. 일정한 속도 이하가 되면 수평비행을 할 수가 없게 된다.

서행을 하면서 물찬 제비처럼 매끄럽게 활주로에 랜딩기어를 접지하기 위하여 고양력을 발생케 하는 FLAP이라는 보조날개를 내려 주면 속도는 줄어들어도 급강하하지 않는다.

이 보조날개를 1단 2단 3단 혹은 4단으로 내려줌으로 날개의 면적이 넓어져 저속을 유지하며 안전하게 착륙할 수가 있다. 우리가 여객기의 날개 옆 창가 좌석에 앉으면 착륙 시 크고 작은 보조날개가 '스르륵스르륵' 뒤로 빠져 나와 굽어지는 것을 볼 수 있다.

소형 항공기는 비행장 부근 일정 거리에서부터 <ㄷ>자 형(Pattern Flight) 순서로 접근하여 속도를 줄이고 고도를 차츰 낮추면서 플랩(보조날개)을 일단, 이단, 삼단 계로 내리며 활주로 중앙선에 기수를 정렬시킨다. 물론 대형 항공기도 착륙과정이 <ㄷ>자 형으로 순회를 하지만 그 호(弧)가 워낙 크다보니 일반 승객은 잘 느끼지 못한다.

비행장의 규모에 따라 착륙을 유도하는 여러 가지 장치가 있는데 VASI(VISUAL APPROACH SLIDE INDICATOR)라고 활주로 옆에 전등 색깔이나 목표물을 설치하여 항공기가 활주로에 접근하여 중앙선에 기수를 맞출 때 활강하는 지상과의 각도를 가늠하기 쉽게 하기 위한 것이다.

이쯤 접근하면 활주로에 새긴 글씨가 점점 눈앞으로 커져 다가 오고 얼굴이 활주로 땅 바닥에 부딪칠 것 같이 시커먼 활주로로 빨려 든다. 대형화면 영화 <아이맥스>화면을 보는 것처럼 온 몸이 빨려드는 감이다.

높은 나무에서 뛰어 내릴 것처럼 발바닥이 간지럽고 온 몸이 으쓱거린다. 스키를 타고 앞으로 미끄러지듯 해가며 착륙지점에 메인 기어가 먼저 착지하도록 기수를 살짝 들어 올린 채 활주로에 접지 시키고, 잠깐 달리다가 한 개짜리 앞바퀴가 활주로에 얹혀지면 기체는 중심을 잡고 미끄럼을 타는 것처럼 달린다.

숙달 된 조종사는 나비처럼 사뿐히 내리지만 옆바람이 심하게 부는 때나 조작이 서투를 때는 쿵쿵 하며 랜딩기어가 활주로에 부딪히다 가까스로 제 자리를 잡는다. 이때부터는 브레이크를 서서히 잡아주며 프로펠러는 공회전 상태로 유지하고 좌우 브레이크를 걸면서 유도로로 신속히 빠져 나와야 한다. 그 활주로는 내 뒤에 이륙이나 착륙을 할 비행기들이 또 기다리고 있기 때문이다.

지상에서는 방향전환을 탱크처럼 좌 우 브레이크를 밟아서 방향을 잡는다. 대형 젯트 여객기는 랜딩기어가 접지하자마자 역추진 분사를 하여 속력을 줄이는 것만 다를 뿐 소형 비행기나 대형 항공기나 이륙, 비행, 착륙등 모든 기본 원리는 다를 바 없다. 착륙 시 기수 부분이 먼저 땅에 닿으면, 아장아장 걸음마 시작하는 아이가 넘어져 콧방아 찧듯이 비행기도 콧방아를 찧고 처박히는 사고가 날 수도 있다.

활주로는 짧은데 그 중간쯤 착지하게 된다든지 옆바람이 심하게 불어 기체가 활주로 중심선에서 벗어나는 경우에는 지체 없이 곧 바로 고우 어라운드(Go Around :착륙포기 재상승: 복행) 하여야 한다. 우물쭈물 하다가는 어디엔가 부딪쳐 사고가 나게 마련이다.

97년 8월 괌 공항에 착륙하려다 착륙고도를 너무 낮게 잡고 하강하면서 니미츠 힐이라는 언덕에 부딪혀 2백여 명의 인명을 앗아간 한국국적의 비행기 사고는 상황 판단을 먼저 한 부기장의 <고 어라운드>의사를 무시하고 기장이 착륙을 강행하다 일어난 일이라고 하니 착륙과정이 이륙하는 것 보다 어려운 일이다.

열망의 발자취

인류문명 발전의 원천은 호기심과 모험에 대한 도전이다. 우리 역사에는 뛰어난 선조 발명가들의 슬기가 면면히 이어져 세계에서 가장 앞선 활자술, 측우기 등 세계적 자랑거리가 많지만 현재 대부분의 우리민족은 유교적 사상이 몸에 배어 호기심은 억제하여야 하였고 모험심은 감히 엄두도 못 냈다.

필자도 어린 시절 문자를 익힐 나이에 선친으로부터 받은 교육이 위방불입 난방불입(危方不入 亂邦不入)이었다 위험한 곳에는 가지도 말고 어지러운 판국에는 끼어들지 말라는 교훈이었다.

안이한 보신주의의 생존철학이다. 행여 몸 다칠 일이면 아예 생각조차 못하게 하였으니 호기심과 모험에 대한 발상이 자리잡을 틈이 없었다. 1903년 12월 17일 노스 캐로리나주 키티호크에서 오빌과 윌버 라이트 형제가 12초 동안 120 피트를 비행한 최초의 동력 비행기를 완성하였었다.

만일 그때 우리의 할아버지들이었다면 "아서라 그따위 위험한 짓들을 왜 하느냐" 고 말리셨을 것이다. 찰스 린드버그가 아무도 경험하지 못한 인류 최초 대서양 횡단 비행을 하였을 시에도 우리의 선조들 이었다면 한사코 만류 하셨으리라.

맥스 모어하우스는 항공기를 이용하여 사업을 벌인 첫 비즈니스맨이다. 그는 오하이오주 콜럼버스에서 백화점을 운영하고 있었다. 1910년 11월 7일 그가 라이트 형제의 Model B형 비행기를 전세 내 3000여명의 관중에게 자동차 한 대당 3달러 씩 받고 비행기의 뜨고 내리는 것을 보여 주었다. 그 당시의 3달러라면 지금의 시세로 큰돈이다.

1909년 영국에서는 삼엽기를 만들었는데 9마력 엔진에다 날개길이 20피트 뼈대 위에 종이를 붙인 날개였다. 첫 날은 100피트를 날았고 이튿날에는 900피트를 비행하였다.

불란서는 세계 항공업의 중심이 되었고 1913년 9월 25일에는 항공기 경주대회가 HENDON에서 열리기도 하였다. 이때부터 유럽에서는 항공산업이 기업으로 틀이 잡혔다.

1918년도에 독일에서는 FOKKER D. VII라는 복엽 전투기를 만들었다. 지금 보면 장난감 같이 보잘 것 없는 비행기이지만 당시의 선인(先人)들이 온갖 지혜와 심혈을 기울여서 모험하고 도전하여 하늘을 정복하고자 하는 꿈을 이룬 결정체다.

제작한 항공기를 부수고, 실험하고, 실패하는 과정을 거치며 발전하여 온 눈부신 항공사(航空史)다.

십 년이면 강산이 변한다는데 라이트 형제가 비행기를 발명한지 올해 꼭 백년이 된다. 세상이 열 번이나 변할 수 있는 세월이 흐르는 동안 최초의 한국인 비행사 안창남(1929.12.10 고국 비행 방문), 그 뒤를 이은 최초의 여류 비행사 박경원 같은 선각자들이 열악한 환경 속에서도 꿈을 이루어 온 힘겨운 발자취가 있다.

그 후 한국전쟁을 치르며 배출된 수많은 전투기 조종사들, 짧은 기간에 급성장한 상업용 민간 항공기의 베테랑 조종사들이 역경을 헤치고 이루어 놓은 조국 한국의 빛나는 항공 역사는 백지장처럼 얇고 토막 같이 짧은 나의 항공상식으로는 가늠 할 수 없는 영역이다.

1999년에는 LA지역의 젊은 한인 청년 이주학 이라는 분이 단발기로 세계 일주를 한 기록을 세우고 그해 한국의 국군의 날 행사에 초청되어 축하비행까지 한 자랑스러운 분이 있는데 그의 직업은 비행교관이라고 한다.

미 동부 지역에서는 Alexander Shean(신상철)이라는 분이 유일하게 뉴욕 롱아일랜드 리퍼브릭 비행장의 FLIGHTWAY'S라는 항공학교 비행교관으로 일하고 있으나 한인 학생은 거의 없는 실정이라고 한다.

그분도 하늘을 날고 싶은 꿈을 버리지 못한 채 이민 온 후 장년의 나이에 이곳에서 비행을 시작하였고 내킨 김에 비행훈련교관 자격까지 따서 현재 미국 학생들을 가르치고 있지만 그중 한인 동포가 별로 없는데 대한 실망과 안타까움을 가지고 있다.

그분은 한국에서 공군 사병으로 군 생활을 하며 수없이 뜨고 내리는 비행기를 접하고 그 때부터 하늘을 나는 꿈을 가졌었다고 한다. 결혼 후 가족을 이끌고 남미 알젠틴으로 이민을 갔다가 미국으로 재 이민을 와서도 그 꿈을 버리지 못하여 어려운 이민 생활 중에도 비행학교의 문을 두드렸다고 한다.

주급을 타면 3분의 2를 비행 교습비용으로 써버려 부인과 수없이 다투었지만 그의 열정은 식을 줄 몰랐다.

할 수없이 부인이 봉제공장에서 일하여 생계를 도와야 했다. 그의 비행기에 대한 열정은 조그만 사업체를 꾸려나가는 정신마저 빼앗아 가 그 비즈니스도 오래 유지 못하고 문을 닫아야 했다.

그런 와중에서도 그는 차근차근 실력을 쌓아 비행 교관 자격증, 쌍발 비행기 자격증, 수상 비행기 자격증을 받았다. 지금은 보잉 747을 조종할 수 있는 상업용 조종사 면허(ATP)까지 받았고 심지어는 대형 버스 면허 등 온갖 가지 면허를 다 가지고 있는 재주꾼이다.

이제 그의 자녀들도 장성하여 좋은 직장에서 일하고 있고 얼마 전에는 파이퍼 워리어(PIPER WORRIOR) 4인승 단발기를 구입하여 오너 사장이요 비행학교 교장이 되었다. 아마도 지금 그분은 그 꿈을 키우며 살고 있을 것이다.

청소년의 꿈

린커 벅이라는 17세난 소년은 1966년 여름 그의 15세 된 동생과 함께 뉴욕에서 미 서부 샌디아고까지 낡아빠진 파이퍼 컵 단발 비행기로 대륙 횡단 비행을 하여 기록을 세운 틴에이저들인데 그는 후일 변호사 직업을 가졌다(Flight of passage by Buck Rinker).꿈을 가진 청소년 시절에는 무서운 게 없는 젊은 용기가 있다.

콜드웰 비행장도 뉴저지 에섹스 카운티에 소재한 시골 작은 비행장중의 하나이다. 그 안에 비행학교가 3개나 있다. 이곳 젊은 이들은 남녀 할 것 없이 참 많이도 비행기 조종을 배운다.

방학 때면 고등학생 또래의 학생들이 혼자서 또는 부모와 함께 와서 비행연습을 한다. 또 그들은 자녀들이 연습하는 모습을 쌍안경으로 대견스럽게 관찰하며 그들의 꿈에 용기와 격려를 준다.

사람들과 이야기를 나누다보면 많은 사람들이 어린 시절에 막연히 하늘을 날아 보고픈 꿈들을 가졌었다는 사실을 알게 된다. 그 꿈은 우리 몸에 새처럼 날개를 달지 못한 회한이 사무친 인간들의 원초적 꿈인 것이다. 그래서 중세 서양화가들은 인간의 형상을 한 천사들에게 상상의 날개를 달아 주었나 보다.

많은 사람들이 비행기 조종이라면 특수한 사람들이나 하는 별난 재주라고 믿고 있다. 전투기 조종은 그렇다. 첨단 과학의 정수인 전투기 비행은 인체 생리현상의 한계를 넘나드는 매우 힘든 일이기에 젊은 체력과 거의 완벽한 신체 조건을 가져야 한다고 한다.

전투 비행훈련은 고도 약 2만 피트에서 시속 400 노트로 각종 훈련을 한다고 하는데 경비행기는 고도 4천 피트, 시속 60 내지 1백 노트 안에서 연습을 하고 실제 운항속도도 그리 빠르지 않기에 슈퍼맨이 아니더라도 누구나 즐길 수 있다.

지난날에는 환경과 여건 형성이 안 되었었지만 이제 이 나라에서는 누구나 마음만 먹으면 스키를 타러 가듯, 동네 구장에 테니스를 치러 가듯 손쉽게 시작 할 수 있는 취미생활 중의 한가지다. 더구나 젊은 청소년 시절부터 시작한다면 또 적성에 맞는다면 앞으로 파일럿이라는 직업으로도 진출 할 수 있는 좋은 경험이 될 수도 있다.

지금 항공업계는 팽창단계에 있어 파일럿의 수요가 무진하게 열려있어 작년에도 1만 5천 명 정도가 Commuter 및 대형 항공사에 채용되었다 한다.

많은 사람들이 비행기는 위험하다는 선입관을 갖고 있기 때문에 비행기 조종을 해보고 싶은 이들은 주위 사람들, 특히 가족들을 설득하기가 힘들다.

그러나 오늘날 우리들의 삶은 싫든 좋든 크고 작은 항공기를 타지 않고는 현대 생활을 할 수가 없다. 내가 손수 하지 않아도 어차피 남이 조종하는 비행기라도 타야 하는 현실이다.

이제는 대부분의 여행수단이었던 여객선이나 기차에서 항공기로 바뀌었다. 오늘도 수많은 사람들이 온 세계의 수많은 공항에서 비행기를 탄다. 현대를 살아가는 우리의 운명은 이 문명의 이기(利器)를 외면하려도 할 수 없는 지경에 이르렀다.

오늘 아침 뉴스에도 알래스카 항공기가 캘리포니아 인근 해역에 추락하는 사고가 있었다지만 그래도 오늘 온 세계 각 공항은 비행기를 타야 할 수많은 사람들로 붐비고 있다.

항공기 탑승이나 비행기 조종이 그렇게 위험하지 않다는 것을 사실로 인정하여야 한다. 대륙을 횡단하고 대양을 건너는 여행에 우리는 그래도 안심하고 비행기를 이용한다.

소형 비행기도 대형 여객기만큼이나 안전성에 문제가 없다. 우리의 옛 시조에 <풍파에 놀란 사공 배를 팔아 말을 사니…>하며 뱃길을 피하고 육로로만 돌아다닐 때 콜럼버스는 풍랑을 헤치고 아메리카 대륙을 발견하였다.

중학교에 들어가 교실 벽에서 처음 본 영어가 Boys be ambi-tious!(청소년들이어 대망을 품어라) 이었다. 특히 젊은 세대들은 더 높은 꿈을 품어야 한다. 드높은 하늘을 훨훨 날아 보는 꿈도 가져야 한다. 젊었을 때는 모험심도 있어야 한다.

칠십을 넘긴 죤 글렌 상원의원은 다시 우주비행을 하였고 또한 칠순이 지난 노인 죠지 부시 전 대통령은 낙하산 강하를 하여 젊은이들을 무색하게 하였다. 대를 이은 그 아들 부시 대통령이 이라크 전쟁을 마무리 짓는 연설을 하기 위하여 해군 S-3B 바이킹 전투기를 타고 항모 에브러햄 링컨 호 갑판에 착륙하였다.

앞가슴엔 비상용 야전 플래시를 달고 산소마스크의 주름진 고무호스 등 각종 장비가 주렁주렁 달린 녹색의 비행복장과 흰색 헬멧을 옆구리에 끼고 전투기에서 내려 환호하는 장병들에게 절도 있는 거수경례를 하는 늠름한 장면은 한편의 멋진 영화이다.

전 세계에 주둔한 미군들에게는 사기를, 온 미 국민에게는 꿈과 희망, 용기를 무언으로 전달하는 절묘한 연출이다. 이것은 결코 만용이 아니다.

인간에게 꿈이 없으면 미래는 황무지와 같다. 우선 나를 위시하여 우리 한인들은 진정한 모험심이 부족한 것 같다. 자라는 다음 세대에게 어려서부터 그 꿈을 심어 주고, 설계하여 주고, 보여 주는 길은 어디 있을까?

크리스마스 때가 되면 내가 사는 시골의 작은 동네를 불자동차가 경적을 울리며 골목골목을 누빈다. 불자동차 위에는 산타클로스 복장을 한 소방대원이 꼬마들에게 사탕을 나누어준다. 그래서 미국의 유치원생들이나 초등학교 학생들의 장래의 꿈은 대통령도 아니고 변호사도 아니고 FIREMAN(소방관)이다. 존경받는 직업 중의 하나다.

항공 박물관

미국 곳곳에는 비행기에 관한 박물관이 수도 없이 많다. 전투기만 모아놓은 곳도 있고 갖가지 모델을 전시한 항공박물관도 많다.

미국 관광의 필수 코스인 워싱턴 DC에는 세계에서 가장 규모가 크고 볼거리가 많은 항공 우주 박물관이 있다.

디즈니 월드로 유명한 풀로리다주 올랜도 키시미에 있는 WARBIRD ADVENTURE 박물관은 이차 대전 때 활약하였던 전투기, 전폭기. 복엽기등을 전시하여 관광객을 끌어 모으고 있으며 그때 출격하였던 WARBIRD라는 전투기를 3대나 보유하고 그 비행기들에 관광객을 태우고 짧은 시간 전투기 조종사의 경험을 관람객에게 팔고 있다. 물론 영리 목적도 있겠지만 그들은 하늘을 날아 보고 싶은 인간의 꿈을 팔고 있다.

상술은 더욱 발달하여 관광객이 타는 전투기의 날개 끝에 카메라나 비데오 카메라를 장착하여 사진을 찍어 주고 한 시간 비행에 무려 540달러를 받고 있다. 행복한 꿈, 즐거운 꿈은 많은 돈을 들여도 아깝지 않은가 보다.

그 액수이면 동부 뉴욕에서 서부 로스앤젤스까지 대형 여객기로 두 번이나 왕복 할 수 있는 금액이다. 한 시간짜리 전투기 조종사 경험을 마치고 비디오 사진을 찾아 나오는 한 중년의 미국인 남성을 만나 그 기분이 어떠냐고 물었더니 손가락을 V자로 그리고 <베리 굿>하며 수표를 창구에 던지고 나간다.

아마 그분은 일생동안 전투기 조종사의 꿈을 간직하며 살아갈 것이다. 또 그곳에는 한국전쟁을 소재로 한 M.A.S.H.라는 TV연속물에 등장하는 BELL-47 2인승 헬리콥터 역시 관광객을 태우고 뜨고 내린다.

올랜도 시에서 50마일 동쪽으로 케네디 우주센터 가는 길목에 WARBIRD AIR MUSEUM이 있다. 마치 장난감 같은 초창기의 항공기에서부터 T-33 훈련기, 2차 대전에 참전하였던 전투기, C-47 수송기, 심지어 MIG-17기까지 볼 수 있다. 이곳에 전시된 항공기중 1944년에 제작된 보잉 B-17, DOUGLAS C-47, NORTH AMERICAN B-25J 등 기종은 지금도 비행 가능한 상태로 정비가 되어있고 매년 열리는 AIR SHOW에 등장하기도 한다.

이 박물관의 한국전 기념 코너에는 한국에서도 보기 힘든 이승만 박사의 초상이 든 천원 권 지폐가 전시되어 있어 방문객의 가슴을 반갑고 뭉클하게 한다.

전쟁당시의 물자가 궁핍한 세상이라 조잡한 흰 천으로 만든 그 때의 태극기도 전시되어 있어 한국역사의 가슴 아픈 편린을 미국 남부 플로리다 반도에서 엿 볼 수 있다. 이런 박물관은 비영리기관에서 운영하는 기관이라 회원으로 가입하여 회비를 납부하면 그 액수만큼 면세혜택도 준다.

미국의 동 남단 플로리다주에 왜 이리 항공관련 역사가 많은가 살펴보니 1938년부터 1945년까지 2차 대전을 뒷받침하는 발자취를 알아볼 수 있는 모든 비행학교가 이곳에 몰려 있었다.

주(州)내의 모든 중소 도시에 공군, 육군, 해군의 비행학교가 들어서 있었다. 그리고 크고 작은 비행장이 도시마다 건설되었다. 동맹국 오스트랄이아, 영국, 캐나다, 인도, 중국, 남아프리카,

노르웨이, 체코슬로바키아, 그리스, 프랑스, 브라질, 폴랜드인들이 이곳에 와 파일럿 훈련을 받았고 또한 쿠바, 에콰도르, 볼리비아, 엘살바도르, 파라과이, 우루과이, 니카라과, 칠레. 베네수엘라, 아르헨티나에서도 비행사를 마이아미에 있는 비행학교에 보내 훈련을 시켰다는 기록이 있다.

이라크 전쟁의 원인이 된 9.11 무역센터 폭파 범인들도 이곳에서 비행훈련을 받았다니 역사의 아이러니가 아닐 수 없다. 플로리다주에는 지금도 수많은 공군기지가 산재하고 있으며 신형 무기와 폭탄을 개발하고 있다.

플로리다주에서 한인이 가장 많이 거주하는 탬파(TAMPA)시와 디즈니 월드 중간 쯤 폴크(POLK)라는 작은 도시에 한국어로 풀이하면 <환상의 비행 (FANTASY OF FLIGHT)>이라는 특이한 항공 박물관이 있다. 이곳에서는 열풍선 비행도 하지만 전시된 각종 항공기가 숫자나 규모에 있어 꽤 크다.

입구에서 문을 열고 들어가면 관람객은 바로 군용 수송기에서 웅웅 거리는 비행기의 소음을 들으며 낙하산을 짊어지고 뛰어내리는 체험으로 시작되는 일종의 테마 파크이다.

관람객은 이차 대전에 참전하였던 비행기의 내부를 직접 들어가 조종석에 앉아 각종 계기를 만져보며 전개된 TV화면에서 전투 비행을 하는 비행사가 되어 볼 수도 있다.

지금의 최신예 전투기의 모습은 공대공, 지대공 미사일로 무장하여 외모가 날렵하고 간편하게 처리되었지만, 그 때의 B-17 전폭기는 13개의 캘리버 50 기관총을 기수, 옆구리와 후미에 장착하고 수많은 폭탄을 탑재한 그 웅장한 위용은 어떤 전쟁영화에서보다 더 실감 나게 해준다. 줄줄이 실탄을 물고 있는 기관총

총신에서 금방이라도 불을 뿜을 것 같은 환상이 떠오른다.

격납고(HANGAR)에는 나치의 히틀러가 영국에 무차별 발사한 V1 로켓을 볼 수 있고 독일 전투기, 영국 전투기들을 한자리에서 비교할 수 있다. 초창기의 대형 쌍발 프로펠러 여객기 내부도 살펴 볼 수 있고, 도로를 달리다 날개를 펴면 하늘로 떠오를 수 있는 공륙(空陸) 양용 자동차는 더 이상 실용화되지 못하고 이상(理想)만 간직한 채 시제품만 전시되었으나 언젠가는 그 꿈도 이루어 질 날이 있으리라.

이 박물관의 백미는 1929년도에 제작된 Newstandard D-25 복엽기(BIPLANE)가 지금도 날고 있다. 날개를 만져보면 얼개 위에 튼튼한 천으로 덮어씌우고 페인트 색칠을 하였다. 피스톤엔진은 프로펠러 뒤에 밖으로 노출되어 있고 COCK PIT(조종실)은 덮개도 없다.

앞좌석에 호기심과 모험심이 많은 관광객 4명씩을 태우고 뒷좌석에 조종사가 앉아 이 단발 비행기를 조종하며 칠 십여 년 전 옛날 옛적의 타임머신의 세계로 안내한다.

3만 피트 상공에는 747대형 여객기가 비행운을 그리며 지나치고, 2000피트 하늘엔 한 세기 전 골동품 비행기가 시속 80 노트로 유유히 날아다니며 50 마일 동쪽 하늘의 케이프 캐너배럴 우주 기지에서는 우주 왕복선이 뜨고 내리는 곳이 미국 플로리다 반도의 하늘이다. 지상에는 광활하고 검푸른 잎의 오렌지 농장이 뜨거운 햇살아래 황금색 열매를 맺고 있다.

우리의 조국 한국에도 그런 비행기 박물관이 있어 어린 청소년들에게 꿈을 심어 주었으면 좋겠다. 한국에서 어느 개인이 낡은 여객기를 이용하여 식당을 꾸민 것은 보았다. 그런 단견적 발상

보다 중앙정부나 지방자치정부 차원에서 항공기 박물관도 여러 곳에 세웠으면 좋겠다. 용산의 삼각지 구 육군본부 자리에 전쟁 박물관이 있고 한국전에 참전한 비행기들이 전시되어 있어 그것으로나마 다행이라고 여겨진다.

대개 미국의 중소 도시 작은 비행장은 활주로를 옆에 낀 아담하고 맛깔스러운 레스토랑이 있다. 주말이면 가족끼리 연인끼리 이 식당에 와 뜨고 내리는 비행기를 감상하며 즐거운 식사를 한다. 뉴저지 링컨파크에 소재한 링컨 비행장의 레스토랑에서는 저녁 식사 후 뉴욕 시내의 야경과 자유의 여신상 주위의 밤하늘을 선회 비행하는 패키지 디너도 팔고 있다.

누구든 가까이에서 비행기를 보면 그것을 타보고 싶은 생각이 든다. 그것이 비록 퇴역한 먼지 끼고 녹슨 박물관의 고물 비행기일지라도…

인간이 옆구리에 날개를 달고 하늘을 날아 보고 싶은 원초적 꿈이 잉태하는 순간이다.

뉴욕시에서 북쪽으로 한 시간 거리에 있는 코네티컷주의 뉴잉글랜드 항공박물관에 전시된 수상 비행기가 한대 있는데 날렵한 요트에다 날개를 붙여놓은 것 같은 배 모형의 항공기로 해안 경비대에서 정찰, 구조용으로 사용하다 퇴역한 것이라 한다. 이 박물관은 한인이 운영하는 관광회사에서 투어 코스로 선정한 유일한 곳이기도 하다.

뉴욕의 만해튼 42가 허드슨강 항구에는 인터피리어드 항공모함이 영원히 정박하고 있다. 그 갑판에는 셀 수 없는 각종 항공기가 전시되어 있다. 여러 가지 기록영화도 볼 수 있고 시뮬레이션 속에 들어가 조종 체험도 맛보여 준다. 한국전 쎅션이 따로 마련되어 있어 육이오 사변 때 우리 머리위로 날아다니며 우리를 놀래 키던 조종사의 비행복과 여러 가지 장비들이 발길을 멈추게 한다.

한국에도 여성<빨간마후라>가 곧 탄생한다는데 미국에는 2차 세계대전 때 이미 여자 전투 조종사들이 활약한 사실이 있다. 그들은 2차 대전 중 국가에 봉사한다는 지대한 자부심을 가지고 치마를 비행복으로 갈아입고 참전한 자랑스러운 기록사진을 곳곳에서 찾아 볼 수 있다.

<빨간마후라>는 신영균씨가 주연하였던 신나는 한국산 항공영화의 타이틀이었는데 그 후 빨간마후라라는 포르노영화가 나왔다니, <빨간마후라는 하늘의 사나이>로 알고 고국을 떠난 구세대 해외 동포에게는 좀 헷갈리는 뉘앙스를 주는 일이다.

이라크 전쟁에서 전상 포로가 된 19세의 해맑고 어린 모습의 여군<제시카 린치> 일병의 구출작전을 극영화처럼 안방에서 TV로 지켜보았지만 2차 대전 당시에도 연 3십 5만 이상의 미국 여성이 군복을 입고 전 후방에 참전하여 많은 공헌을 한 사실을 볼 수 있는데 잭슨빌의 공작창에서도 거대한 항공기를 조립하고 정비하든 여군들의 모습은 남성 못지않게 온 국민들에게 일체감과 신뢰감을 주었다.

지금도 동네 비행장 옆을 운전하며 지날 때 뜨고 내리는 비행기만 처다 보면, 나의 몸은 자동차 운전대를 잡고 있지만, 마음은 그 비행기의 조종실 안에 있는 것 같다.

육중한 폭발음을 토하며 숨 가쁘게 질주하다가 가볍게 떠오르는 장면에서 조종간을 살짝 당기며 홀가분히 상승하는 그 기분이 나의 손끝에 느껴지는 것 같고 선회 비행을 하다 활주로에

기수를 겨누며 숨을 죽이고 하강하는 긴장된 순간을 그와 함께 느끼는 것 같다

이제는 꿈도 접고 날개도 접을 때가 된 것 같다. 하지만 사정이 허락되고 여건이 다시 조성되면 또 한 번의 날개를 퍼덕이고 싶다. 날아 간 파랑새의 꿈을 위하여… 꿈이여 다시 한 번…

<끝>

후기(後記): 전문인의 입장에서 보면 햇병아리의 날갯짓으로 그려놓은 졸문이다. 혹시 풀어 쓴 항공 용어 중 한국에서 사용하고 있는 것과 달리 표현 된 것이 있다면 아마추어가 독자적으로 옮기다 나타날 수 있는 실수로 보아 주셨으면 한다

당선 소감

날고 싶은 젊음이 훨훨 날아보기를…….

사면이 바다로 둘러싸인 섬 안에 사는 소년은 섬 밖의 세계가 항상 궁금합니다. 배만 타면 미지의 세계가 펼쳐지겠지만 파도를 타고 가야할 쪽배도 삿대도 없습니다. 발등을 적시는 백사장의 모래톱 에서 바라보는 먼 하늘 넘어 바다와 맞닿는 수평선 뒤의 미지의 세계는 신기루의 이상향이었습니다.

나이에 걸맞지 않는 일이라고 눈총과 비난도 들었지만 가슴 한 구석에는 미지에 대한 동경과 호기심은 지금도 어린 소년 같습니다.

기대하지도 않았던 당선소식을 듣고 주위의 또 한 번의 질책이 있지 않을까 미리 겁부터 납니다. 다음 세대의 젊은이들에게 권

하고 싶은 부탁이 있다면 날아 보고 싶은 욕망이 있을 때 호기심으로 끝나지 말고, 귀를 막고, 옆도 보지 말고 곧장 달려가서 한번 훨훨 날아 보라고 권하고 싶습니다.

졸작을 뽑아주신 심사위원님들께 감사드리며 어색한 어휘들을 옆에서 바로 잡아주며 도운 필에게도 이 자리를 빌려 감사드립니다.

제3장

꿈과 낭만으로
떠난 여행

이집트 기행

이집트 여행은 신전(神殿)과 무덤을 보는 것이 시작과 끝이다. 수많은 신전과 무덤은 그저 단순히 폐허를 볼거리로 보여 주는 것이 아니라 기원전의 역사적 사실을 후대에 확인 시켜 주는 현장이다.

영토가 넓은 나라이지만, 오직 인간이 살 수 있는 지역은 긴 나일 강을 끼고 있는 양안(兩岸)에만 국한된 나라이다.

통계상으로 나타난 이곳의 수치(數値)나, 역사적 고찰은 지금처럼 정보화 된 세상에서 누구나 알 수 있는 사실을 여행기에 옮기는 일은 읽는 사람에게 지루함만 더 할 것이기에 생략하기로 한다.

카이로 시내는 세계의 여느 도시와 마찬가지로 현대화 되어있고, 푸른 나일 강을 끼고 있는 아름다운 도시다. 카이로 타워가 솟아있고 나일강 위에는 수많은 유람선이 떠 있다. 또한 고급 호텔들이 들어서 있어 여행객이 머물기에는 손색없는 편리한 이집트의 수도이다.

현대화 된 신시가지를 지나 구 시가지로 들어가면 가난하게 사는 서민들의 냄새가 물씬 나는 풍경도 있다. 사막의 나라여서 먼지가 많아 건물의 외양이 항상 지저분하고 비가 오지 않으니 더더욱 그렇다.

이 나라의 수도이지만 카이로의 거리는 교통 신호등이 거의 없다. 모든 차가 알아서 비켜가고 건널목을 건너는 통행인이 알아서 건너야 하니 이방인의 눈에는 위험하기가 짝이 없다.

그들의 운전기술은 곡예에 가깝게 능숙하다. 길바닥에 차선이라는 선이 있지도 않고 있을 필요도 없는 도시다. 자기가 달리면 그게 차선이다. 그래도 교통사고는 잘 나지 않는다니 참 신기하기도 하다. 무질서 속에 그들만의 질서가 따로 있나보다.

한 발작만 시외로 벗어나면 사막지역의 모래 냄새와 황토 흙먼지에 황량한 사막의 나라임을 느끼게 한다.

수도 카이로에서 지중해 연안에 자리한 알렉산더 대왕이 건설한 알렉산드리아까지는 고속도로가 잘 정비되어 있고 도로의 양쪽은 계속 새로운 건물들이 들어서고 있는 중이며 이곳 역시 줄줄이 늘어선 광고 탑 사이에 기아, 삼성, 금호타이어, 한국타이어 등 눈에 익은 간판들이 새삼 한국 국력의 척도를 가늠하게 한다.

카이로의 인구 1700만 명 중 한국어를 사용하는 동포가 600여명 상주하며 시내에는 김치와 된장국을 먹을 수 있는 한국식당이 8곳이나 있고 음식맛과 질이 유럽 여러 나라에 있는 어느 한국 음식점 보다 한결 나은 것 같다.

한국 국적기가 카이로까지 직접 취항하니 고국의 관광객이 작년에도 4만여 명이 들어 왔다고 한다. 하루 한 끼라도 한국음식을 못 먹으면 못 배기는 한국인의 입맛 때문에 한국식당들도 성업 중이다.

시외 도로의 연변에는 망루처럼 생긴 콘크리트 구조물이 가끔 눈에 뜨이는데 창문이 없고 구멍만 숭숭 뚫려 있다. 그것은 야생 비둘기를 유인하여 잡는 일종의 비둘기 덫이라고 하는데 이곳에서 비둘기 요리는 정력 보양식으로 알려져 주로 신혼부부에게는 특별한 음식으로 제공된다고 하며 값도 닭고기보다 세 배나 비싸다고 한다.

이 지역은 아프리카 대륙으로 분류하나 원시의 아프리카가 아니고 온난한 지중해성 기후를 띤 유럽의 일부로 느껴지고, 대부분의 관광지는 이태리, 불란서, 스페인에서 온 인파로 붐빈다.

초등학교 때 세계 문명의 발상지로 배운 양자강, 유프라테스강, 티그리스강, 나일강으로 말로만 막연히 들어오던 그 희미한 기억을 더듬으며 아하! 여기가 거기로구나 속으로 중얼거린다. 생전 처음이며 언제 다시 와 볼지 모르는 이역의 모래땅을 밟아 본다.

이 나라는 전국토의 95%가 사막이라, 주요 도시는 긴 나일강을 끼고 형성되어있다. 상류로 거슬러 올라 수단과의 국경선부터 하류 비옥한 나일 삼각지까지가 삶의 텃밭이다.

고고학적 탐사가 아닌 일반 관광은 카이로에서 머무르다가 룩소로 이동하여 멤논의 거상과 카르낙 신전, 룩소신전, 왕들의 계곡에서 발굴된 고분들을 둘러보고 편안한 나일강의 크루스로 아스완댐까지 가서 하선 한 후 육로로 아부심벨까지 구경을 하고 카이로로 되돌아가는 코스가 여행의 백미(白眉)다.

왕들의 계곡에서 역대 왕들의 무덤 속의 그 벽화들의 현란한 채색과 상형문자는 지금까지 잘 보존되어 있다. 한국의 고대사에서 본 고구려의 무용총, 쌍용총보다 더 앞선 그들의 문명을 엿볼 수 있다.

그 무덤 속의 왕들은 영생과 부활을 믿고 그들의 육신을 미라로 만들어 수천 년을 지내 왔지만 값진 부장품과 시신은 후세의 도굴꾼들에 의하여 파괴되고 팔려가서 강대국들의 박물관에 전시된 초라한 신세가 되었다. 뉴욕의 메트로폴리탄 박물관에 가

보면 그 곳에서 온 많은 미라, 관, 유물들이 수도 없이 전시되어 있어 먼 곳에까지 가지 않아도 쉽게 그들의 문명을 견학할 수 있다.

진보된 현대 종교에서 영생과 부활, 환생을 설파하지만 원시 종교에서도 그들은 육신의 부활을 굳게 믿고 왕권을 잡은 절대자들은 왕위에 오른 날부터 엄청난 노력과 정성을 들여 지하 궁궐을 짓기 시작하고 죽는 날까지 공사를 계속하여 사후 세계를 대비하였다.

천만 다행으로 도굴의 피해를 입지 않고 고스란히 발굴된 투탕카멘의 무덤 속에서 나온 유물은 카이로 박물관에 전량 전시되어 있다. BC 1300년경에 축조된 그의 무덤 속에서 출토된 침상, 의자 등 갖가지 생활용품들은 대형 이삿짐 트럭에 실어도 몇 대분의 이를 것 같은 어마어마한 물량이다.

그의 황금 마스크는 가끔 세계를 돌며 전시해 몇 년 전 뉴욕의 메트로폴리탄 박물관에서도 전시되었지만 관람할 기회를 놓쳐 아쉬웠었는데 본 고장의 박물관에서 관람할 수 있게 되어 얼마나 다행인지 모르겠다.

나일강에서 크루즈 하는 유람선이 300여척이 넘으며 규모는 선실이 캐리비안을 떠도는 호화 유람선 버금간다. 그래도 밀려드는 관광객을 흡수 못하여 계속 그 숫자를 늘리는 중이라고 내가 탄 파이오니어호의 매니저가 들려준다. 이 배는 새로 건조된 최신 시설과 넓은 침실은 일류 호텔 급에 준한다.

이 나라의 관광 수입이 년간 40억 달러가 된다니 세계적 유적지임에 틀림없다. 시간대에 따라서 유람선들이 한꺼번에 이동하는데 한 떼가 약70여 척이 선단을 이루어 이동하는 장관을 연출하기도 한다. 나일강을 거슬러 올라가는 중 에드푸로 들어가기 전 에스나 갑문을 통과하기 위하여 유람선은 한 시간 이상 순서를 기다려야 한다.

그 짧은 시간을 틈타 노 젓는 2인승 보트에 이집트 특산물인 전통의상과 스카프, 타월 등을 싣고와 선상의 승객들과 흥정을 하는데 거래 과정이 진풍경이다. 잡상인들은 고개를 쳐들고 배 위를 향하여 목이 터져라 호객을 하고 상갑판에서 수영과 일광욕을 즐기던 여행객은 난간에 몰려가서 가격 흥정을 한다.

쌍방이 OK하면 비닐에 싼 물건을 10여 미터가 넘는 갑판으로 던져 올린다. 끝내는 유람선 한 척에 십여 척의 보트가 몰려 서로 자기 물건을 사라고 마구 던져 올린다. 사이즈가 맞고 마음에 들면 지폐를 비닐봉지에 말아 아래로 던지면 거래가 끝난다.

그날 밤은 모든 유람선에서 승객들이 이집트 전통의상을 입고 갈라비아 파티를 여는 날이기 때문에 소형 보트로 한 발 앞서 관광객들에게 그들의 전통의상을 팔려고 덤비나 나중 나루터에 유람선이 정박한 육지의 상점에서는 그들보다 훨씬 싼값에 같은 물건을 팔고 있었다.

관광객들은 여자 남자 애들 노인 할 것 없이 선객들은 이집트의 전통의상을 입고 나일강 크루즈의 한 밤을 가라비아(이집트 전통의상) 파티로 즐긴다. 열기를 식히러 갑판에 오르니 별은 총총히 빛나고 있다.

아스완에 도착하여 코옴보 신전을 구경하고 아스완댐 건설로 수몰위기에서 유네스코의 도움으로 언덕으로 이전한 파라오 람세스 2세의 신전을 둘러보았다. 신전의 벽화와 상형문자는 천연염료로 채색하여 지금까지 그 화려하고 섬세한 표현이 변색되지 않고 지금까지 남아 있어 그 시대의 생활의 단면을 수 천 년이 지난 우리에게 그들의 메시지를 들려주는 것 같아 어렴풋이나마 그들 영적 의도를 짐작 할 것 같다.

아스완 지역의 에리판틴섬에서 폐허로 남아있는 성 시메온 수도원의 잔해를 볼 수 있고 수도원에서 이집트 원주민인 누비안 족의 마을까지 약 5마일 정도는 낙타를 타고 캐러번을 하였다.

누비안 족의 여인들은 검정 옷과 검정 베일을 머리에 쓰고 먼 길도 플라스틱 슬리퍼를 신고 불편 없이 잘 걷는다.

아스완에서 에리판틴섬으로 가는 페리칸이라고 하는 돛단배를 이용하였다. 돛의 높이가 엄청나게 높다. 이 독특한 보트가 나일강 풍경을 받쳐 주는 범선이다. 보는 이의 심경에 따라 갖가지로 느껴지는 정취는 한 폭의 그림이다. 카메라로 한 컷을 찍어 보니 아마추어가 찍은 사진 같지 않게 멋진 작품 같기만 하다.

초등학교 2, 3학년 쯤 되 보이는 꼬마 소년이 합판으로 만든 길이 1M, 폭 50CM도 안 되는 손바닥만한 보트를 타고 손바닥으로 노를 저으면서 페리칸 뱃전에 달라붙어 구슬픈 노랫가락을 읊으며 나그네들의 동정심을 불러낸다. 1달러짜리 지폐 한 장을 받고 낙엽 같은 쪽배를 손바닥으로 강물을 저으며 다른 범선 쪽으로 향한다.

예의 그 구슬픈 노랫가락을 뒤로 남기며….

그가 다리도 못 펴고 쪼그리고 앉은 손바닥만 한 쪽배가 곧 가라앉을 것 같은 생각이 한 동안 맴돌았다.

에디프스에서 호루스 신전을 보기 위한 이동 수단은 관광지에서 흔히 보는 2인승 마차로 십 분 정도 달린다. 마침 등교시간이어서 초등학생들이 지나가는 마차에 대고 소리치는데 알고 보니 볼펜을 달라고 하는 소리다.

호주머니에 꽂힌 볼펜을 이름 모르는 소년에게 기념품으로 던져 주었다.

석유가 생산되는 산유국이고, 수에즈운하에서, 관광수입에서 매년 엄청난 돈이 들어온다지만 현 무바락 대통령의 20여년 장기 집권의 폐해는 소득의 분배가 잘 이루어지지 않아 서민들은 너무 너무 가난하게 사는 것 같다.

도심지의 사람들은 과거의 로마, 프랑스, 영국의 영향을 받아 인종이 서구화되었으나 이 누비안 족은 그들만의 독특한 문화를 지금까지 간직하고 있으며 인상은 왜소하고, 빈한한 생활을 지금껏 못 벗어나고 있는 것 같다.

이 나라는 이슬람 국가여서 많은 여인들이 머리에 베일을 쓰고 다닌다. 뉴욕에서 그런 복장을 한 여인들을 대할 적마다 약간은 거부감을 느꼈었는데 이 나라에 와서 하도 많이 이런 복장을 대하고 재차 방문 한 곳이라 이제는 친밀감마저 든다. 인간의 마음이란 이토록 간사한 것인가?

또한 여행객은 자기가 방문한 나라에서 친밀감과 우호적인 감정을 갖는 것이 공통된 심리인 것 같다.

수도 카이로를 벗어나 중소 도시의 현대식 주택이나 상용건물들이 미완성으로 콘크리트 기둥의 상단부가 철근이 삐죽삐죽 마무리되지 않은 채로 미관상 보기 좋지 않게 남아 있는데 이는 이 나라 제도상의 허점을 이용한 편법의 한 방도라 한다.

건축융자를 하고 그 건물이 완성되지 않으면 대출금을 갚지 않아도 되는 점을 이용, 2층이나 3층 건물을 올리고 마지막 층을 마무리 짓지 않고 미완성으로 남겨둔 채 그대로 두면 이자도 없는 대출금은 완공 시까지 갚지 않아도 된단다.

아래층은 자기 맘대로 사용하면서 대출금을 갚지 않기 위한 눈가리고 아웅 하는 식이다. C.O(입주 허가)제가 있는 미국 형편에서는 이해가 가지 않는 부분이다. 여하튼 이 나라의 은행은 저금을 하여도 이자라는 개념이 없는 나라라고 한다.

역시 이집트 여행의 하이라이트는 기자 지역의 피라미드와 스핑크스가 아닐까. 세계 7대 불가사의 중의 첫 번째인 피라미드 그 엄청난 크기와 기하학적인 좌표, 현대를 살고 있는 우리의 상상으로도 가늠 할 수 없다.

카프레왕의 피라미드에 딸린 스핑크스는 우리가 흔히 그림엽서나 캘린더에서 보아 온 이집트를 상징하는 거대한 두상(頭像)이다.

카이로 남서쪽 15km에 위치한 기자의 최대 피라미드 군(群), 쿠푸왕이 건설 하였다는 제1피라미드 옆에 제2, 제3피라미드가 있고 주위에 소 피라미드도 산재하고 있다.

돌 한 개가 평균 2.4t, 230만개의 돌을 146m의 높이로 쌓아 올린 거대한 형체는 일개 범부(凡夫)는 상상도 못할 구조물이다.

오천 년 전에 인간의 힘으로 어디서 그 엄청난 바위덩이를 운반하여 그 높이로 어떻게 모래벌판에다 쌓았을까. 14세기 경 대지진에도 끄떡 않던 그 매끈한 표면은 카이로 주민들의 주택수리에 쓰려고 그 돌을 떼어가는 바람에 지금처럼 모양이 앙상하게 남았다고 하니 역사적 유물은 짓는 사람이 있는가 하면 파괴하는 사람도 있는 것이 세상사인가보다.

그 신비에 쌓인 고분의 내부를 입장료만 지불하면 누구나 구경할 수 있다. 키가 작은 사람이 허리를 구부려도 비좁은 통로의 천정에 머리끝을 수없이 부딪치며 가파르게 경사진 좁은 계단을 내려간다. 부장품을 넣었다는 중간 중간의 작은 방을 지나쳐 또 좁은 통로를 통하여 내려가 현실이 있는 방 앞에 이르렀다.

세상에서 제일 큰 무덤에 남아 있을 호화로운 부장품과 유물을 볼 수 있는 기대를 하고 찾아온 마지막 현실은 두세 평의 텅 빈 공간 뿐 아무 흔적도 남아 있지 않았다. 거기엔 상형 문자도 부조된 그림도 없고 오직 회백색 네모난 방으로 눅눅하고 퀴퀴한 냄새와 오천 년의 허망함만 가득 차 있다.

어느 시기인지 모르나 후대의 도굴꾼들이 부활을 갈망하던 절대자의 시신과 값진 부장품은 모조리 빼 가고 빈껍데기만 남아 있는 셈이다. 이를 두고 제행무상(諸行無常)이라고 하여야 할까?

그래서 피라미드 내부를 보지 못해도 후회하고 보고 나서도 후회한다고 한다. 숨 막힐 듯한 탁한 공기가 가득한 밀실을 빠져 나오니 정오의 태양은 지중해의 훈풍을 타고 눈부시게 빛나고 있다. 그 피라미드 옆에는 오천 년 유적지를 낙타를 타고 돌아보는 세계 각처에서 온 관광객들만 오가고 있다. 우리 시조의 <오백년 도읍지를 필마로 돌아드니...>한 구절이 떠오른다.

11. 17. 2005 한국일보

북유럽

한 곳에 터 잡아 오래 거주해온 사람들에게는 그저 평범한 현지 풍물들이 이방인들의 눈에는 신비의 세계로 바뀌게 마련이다.

뉴욕에도 세계적 명소가 헤아릴 수 없이 많지만 십 년을 하루같이 살아가는 뉴요커에게는 그저 일상 대하는 평범한 풍경일 뿐이다. 하지만 뉴욕을 처음 찾는 사람들은 평생 잊을 수 없는 추억을 담고 떠난다.

북유럽 3국과 모스크바, 세인트 피터스버그, 체코의 프라하, 독일의 라인강 기슭을 더듬는 2주간의 짧은 일정은 주마간산(走馬看山)이 아닐 수 없었다.

이미 수많은 여행객이 지나간 자리이지만 여하튼 본인에게는 평생 처음 낯선 땅을 밟아 본다는 호기심과 모험심이 여행의 묘미다.

지난 5월 말 J.F.K. 공항을 떠난 밤 비행기, 브리티쉬 항공은 이튿날 아침 노르웨이행 항공기로 갈아타기로 한 일행을 영국 히드로 공항에 부려 놓았다.

노르웨이

노르웨이,스웨덴, 핀란드, 덴마크, 북구 몇 나라의 이름을 생전 처음들 기억은 초등학교 시절 한국 전쟁 때다. 한국 공보처에서 제작한 대한뉴스라는 홍보영화를 발전기와 영사기를 자동차에 싣고 산골 마을 구석구석까지 순회하며 전선소식과 국제뉴스, 한국을 도와 준 나라들과 참전국들 이름을 소개하였다.

가난과 전쟁에 찌든 삶을 살 때 그들 나라의 이름은 상상 속의 나라였다. 유럽 동화의 나라로만 알았던 아득한 안개 속, 아름다운 환상의 나라를 좋은 시절에 살다보니 반세기 지난 후 찾아보게 되었다.

해발 1000M 이상의 산에 사철 눈이 쌓여 있는 산악국가인지라 농지는 전체 면적의 3%에 불과하며 시골길을 한없이 달려도 채소나 곡물을 재배한 흔적은 볼 수 없다.

북해 브랜드유 생산으로 국민소득이 4만 2천 달러에 이른다하니 인구라야 4백만 정도의 국민이 얼마나 풍성한 삶을 살아가는지 짐작할 만하다.

유럽의 여러 나라는 소득 분배가 잘 이루어졌다지만 이 나라는 교회의 운영경비는 물론 성직자의 봉급까지 국가에서 지급한다는 안내자의 설명이다.

북위 60도 선상의 북미 앵커리지와 이곳 수도 오슬로는 같은 위도에 위치한 지라 이곳의 첫날밤은 밤 11시가 지나도 창가의 하늘이 훤하게 밝아 커튼을 내리지 않고는 잠들기 어려운 지경이었다.

36홀을 마치며 지는 해를 아쉽게 원망하는 뉴욕의 골프 친구들이 이곳에서 라운딩을 한다면 얼마나 좋았을까하는 부질없는 상념 속에 게일로라는 시골 여관에서 첫 밤을 샜다.

눈 내리는 겨울철은 스키를 즐기는 사람으로 붐비는 작은 도시지만 초여름의 스키장 주변은 적막하기만 한 산골이다.

북쪽으로 더 올라 갈수록 백야 현상이 두드러져 북극권으로 들어서면 마침내 여름철에는 태양이 지지 않고 서산마루에서 오고가다 아침을 맞는다고 한다.

이 나라에서는 물 맑고 산 좋은 대자연을 감사하며 즐기는 것이 관광의 주 포인트다. 크고 작은 호수, 천길 같은 폭포, 산굽이를 깎아 파고드는 터널이 수도 없이 많다.

공해에 찌들고 스트레스 많은 현대 생활에 지친 여행객에게 물 맑고 공기도 좋은 스칸디나비아 반도의 새벽과 아침은 상쾌하기 이를 데 없다. 이 나라는 협만(fjord), 빙하(glacier), 한밤중에 태양을 볼 수 있는 백야(白夜) 등이 볼거리이지, 역사와 유적을 탐방하고 지적 호기심을 충족시키는 여행과는 사뭇 다른 감흥을 주는 나라다.

피오르드라는 단어는 일반인에게 생소한 말이다. 노르웨이는 해안선이 내륙 깊숙이 파고 들어와 있다. 이렇게 내륙 깊숙이 해안선이 들어오게 된 원인은 100만 년 전 1000M 넘게 쌓여 있던 빙하 때문이다. 빙하가 점점 두께를 더하며 그 무게를 이기지 못해 하부로 흘러내리며 바닥을 깎아 자연스럽게 바닷물이 밀려 들어와 생성된 현상이다.

거대한 빙산이 소용돌이 치고 훑어 내려간 자리에 잔잔한 호수처럼 파도도 일지 않는 계곡 속의 바다 위에 대형 유람선은 '송네피오르드' 에서 관광객을 태우고 산굽이 물굽이를 돌고 돌아 '구드방겐' 이라는 산골마을에서 일정을 마친다. 자연보존이 잘된 뉴욕주의 Finger Lakes 같은 곳에서도 유사한 풍광을 볼 수 있지만 그 느낌은 사뭇 다르다.

"구드방겐' 에서 지붕이자 천장이 유리로 된(주위 높은 산의 설경을 볼 수 있도록) 현대식 건물의 식당에서 노르웨이식 점심을 먹었다. 옆에 있는 선물가게는 콘크리트로 된 단층 신식건물인데 잔디로 지붕을 덮고 있다. 한국의 움막집에다 뗏장을 얹은 연상을 하게 하였는데, 관심을 두고 살펴보니 노르웨이 곳곳에서 그러한 뗏장지붕 인 집들을 간간이 볼 수 있었다. 미국에도 그러한 건물이 더러 있다던데 견문이 짧아 아직 보지 못하였다.

바이킹 박물관에 보존된 천 년이 넘는 목선은 세계 각지에서 온 나그네들의 발길을 멈추게 한다. 한 대형 버스에 <유치원 교원 연수단>이라는 한글 안내판이 붙은 차에서 30대 정도의 젊은 여인들만의 그룹이 우르르 내린다. 어떤 과목의 연수를 하러 왔는지 모르지만 구경은 열심히들 한다. 낯선 땅에서 같은 언어를 쓰는 동족을 만나니 반가웠다.

1952년 육이오 동란으로 우리는 전쟁 참화에 시달리던 때 동계 올림픽이 열렸던 해발 412m에 세워진 하얀 '홀맨폴멘' 스키 점프대를 구경하고, 650개에 달하는 '구스타프 비겔란' 의 조각 작품이 전시되어 있는 프롱네르 공원으로 들어섰다. 사람의 몸체보다 약간 더 큰 화강암의 나상(裸像)들은 미술에 문외한인 일반인들에게도 작가가 의도한 메시지를 읽을 만하기에 충분한 걸작들이 전시되어 있는데 조각을 전공하는 미술학도라면 꼭 둘러보아야 할 코스가 아닐까 한다.

보리수가 심어진 가로수를 따라 인공호수 위에 놓인 다리의 난간에서 시작된 전시물은 보는 사람의 상상력을 극대화 시켜준다.

인생의 출생에서 사망에 이르기까지 한 평생 세상살이를 표현한 조각, 121명의 인간이 17M 높이의 화강암기둥에 갖가지 모습으로 새겨진 이집트의 오베르스크를 연상케 하는 석탑은 보는 이의 감탄을 자아내게 하기에 충분하다.

스웨덴

스톡홀름은 영세 중립국인 스웨덴의 수도이다.

9세기 경 바이킹족들이 200여 년 동안 스칸디나 반도에서 세력을 떨쳐 한때는 독일과 덴마크까지 영토를 획득하였던 나라였으나 18세기 북방전쟁에서 러시아에 패배 당하여 덴마크, 노르웨이, 핀란드를 모두 잃고 지금의 국경으로 영토가 줄어든 입헌군주국이다.

수도 스톡홀름은 14개의 섬으로 이루어진 북구의 베니스로 경관이 깨끗하고 수려한 도시다. 중세 때의 궁성 같은 건축물이 맑은 물위에 비치는 과연 환상의 도시였다.

애초의 계획은 <칼 밀레스>의 조각 공원을 둘러 볼 참이었으나 앞서 노르웨이에서 비겔란의 조각공원을 거쳤기에 대신 노벨상이 주어지는 시청으로 코스를 바꾸었다.

딱딱한 관공서 건물이 무어 볼거리가 있다고 구경을 가자고 할까 생각하였으나 가보니 이건 완전 관광 상품의 한 코스다. 수많은 관광객이 밀려들고 있었다.

시청건물은 북유럽 중세풍으로 디자인이 독특하다. 베니스 궁전의 영향을 받아 시청이라는 분위기라기보다 궁성이나 고성의 냄새가 난다. 106M 되는 성 탑까지 솟아 있어 요새 같기도 하다.

매년 12월 10일에 노벨상 수상식 후 만찬과 무도회가 열리는 블루 홀에 수많은 사람들이 각 나라말로 외치는 가이드의 설명에 기울이는 틈을 타 노벨상 수상자가 소감연설을 한다는 연단에 올라 마이크를 세우고 빠른 동작으로 수상기분을 내며 한 컷을 짤깍.

지금도 사용 중인 시의회 회의장도 개방하고 있다. 잊히지 않는 황금의 방은 온 벽면이 1900만개의 금박 모자이크로 장식되어 있어 황금 무더기 속에 사람이 빠져있는 것 같이 착각이 드는 환상의 방이다. 왕궁과 대성당, 밀레스 정원 등을 주마간산식 눈요기로 아쉬움을 달래고 헬싱키행 유람선 선착장으로 향하였다.

핀란드

북극권 지도를 살펴보면 노르웨이는 최북단의 일부가 소련과 국경을 조금 맞대고 있으나 핀란드는 강대국 소련과 긴 국경선을 접하고 있다. 스톡홀름에서 보트니아만을 가로질러 핀란드의 수도 헬싱키까지 하룻밤이 걸리는 유람선이 있다. 저녁에 출항하여 아침에 도착 하는 코스라 하룻밤의 숙박비를 절약 할 수 있어 이용객이 많은 항로이다.

칼리비안 바다를 떠도는 유람선이나 밴쿠버에서 알라스카에 이르는 초대형 유람선과 비교가 안 되어 규모가 작고 등급이 떨어지지만 저녁 식사와 아침을 제공한다. 카지노, 매점 기타 유흥시설 등 갖출 것은 다 있어 아무 불편 없는 침실에서 잠에 빠졌다.

1917년 1차 대전 직후 독립을 하였고 2차 대전 중 두 차례에 걸쳐 소련과 전쟁을 하며 국토의 동남부를 빼앗긴 역사가 있는 약소국으로 온 나라가 삼림과 호수로 이루어져 그림같이 아름다운 사회 민주주의 국가이다.

지금은 삼성이나 LG에 밀려났지만 NOKIA 셀룰러 폰으로 세계를 주름잡는 IT 산업이 발달한 임업국가이다. 이곳에 영주하는 교포는 거의 없고 상사 주재원, 공관원을 통 털어 20여명 정도의 한인이 상주한다고 한다.

북구의 모든 지역이 멕시코 만류의 영향으로 겨울에는 혹한 없이 지나고 임산물 수출이 큰 몫을 한다고 한다. 이곳에서 인상에 남는 조형물은 핀란드의 대표적 작곡가 장 시벨리우스를 기념하여 바닷가에 만든 공원이다.

스테인리스로 된 웅장한 파이프 오르간 형상과 시벨리우스의 조각상이 있는 이 공원을 찾는 관광객을 실어 나르는 대형 버스가 줄을 이어 몰려든다.

템펠리아우키오 교회는 커다란 암산을 파헤치고 천장 주변을 원형으로 잘라내어 바위 속에 지은 독특한 건축양식이다. 천장 유리를 통하여 들어오는 부드러운 조명과 둥그런 예배당은 차분하고 경건한 분위기를 이루어 참배객들의 머리를 숙이게 한다.

시집가려 하니 등창 난다고 길 떠나기 두 달 전에 입은 교통사고의 후유증으로 출발을 망설이다가 강행한 터라 두 무릎 관절이 슬슬 아파 오기 시작한다. 지팡이를 사려 백화점을 찾아 물어보니 영어가 통하지 않는다. 종이에 지팡이 그림을 그려 겨우 의사소통이 되었다.

아래층서부터 6층까지 훑어 겨우 지팡이 하나를 살 수 있었다. 이후부터는 두 다리 아닌 세 다리로 걷는 절뚝발이 관광객이 되었다.

성 피터스브르그

오후 5시 반 헬싱키 발 레닌그라드행 야간열차는 6명이 앉아 가는 유럽식 객차다. 007 첩보영화에서 보았던 낯 설은 객차에 자리를 잡고 짐칸 선반에 여행 가방을 얹으니 어느새 가방이 불어났다.

여행을 하면서 한두 가지씩 기념품을 사다보면 자꾸 짐이 부풀어지기 마련이라 휴대품 가방 조절도 계획을 세워야 한다.

레닌그라드와 헬싱키 중간쯤에서 러시아로 들어가는 국경을 통과한다. 서방 세계의 친절한 공무원이나 항공기의 상냥한 승무원의 접대에 익숙한 일행에게 러시아의 열차 승무원이나 국경 수비대 세관관리들은 고압적이고 딱딱하며 불친절했다. 그들의 태도는 불쾌감과 불안감을 안겨주었다.

군인 제복을 입은 그들이 조를 이루어 각 객실마다 찾아다니며 확인 점검을 한다. 옛날 한국의 숙박업소에서 야간 임검을 당하는 기분과 흡사하다.

미화 3천불 이상이면 신고를 하게 된 규정이 있는데 일행 중 어느 팀이 무료함을 달래려 객실에서 신나게 포커 판을 벌리다 <임검>을 당했다. 칸막이 객실 구조는 한 쪽 의자에 세 사람씩 마주 앉게 되어 있어 카드게임을 하기에는 아주 좋은 밀실 방이다.

현찰이 오고가는 노름판을 보고 그들의 심기가 불편했는지 게임의 가담자들은 각자 조사를 당해야 했고 규정을 초과한 달러 소지자들은 곤욕을 치르다 촌지를 찔러 주고 곤란을 무마하였다는 후일담을 들었다.

당사자 중 한 분은 옛 소련 시절의 무시무시한 선입감이 떠올라 입국을 못 할까 내복에 소변을 지릴 정도로 마음을 졸였다고 실토하여 일행을 웃겼다. 그분들은 포커 판이나 고스톱 판을 벌일 때마다 러시아 국경통과의 추억을 잊지 못할 것이다.

객실의 화장실은 열차가 출발하기 전까지는 문을 잠가 놓아 일을 볼 수 없고 교외 지역으로 빠져나가야 차장이 문을 열어주어 사용할 수 있다.

서울이 한양, 한성, 경성 등 역사의 부침에 따라 여러 이름을 가졌듯이 1703년 피터 대제가 수도로 건설할 당시 화란식 발음 <상트 피터브르그>로 명명된 이래 레닌그라드, 다시 옛 이름으로 돌아가 성 피터 브르그로 불리고 있으나, 러시아 현지 발음(뻬제르브르크)과 영어식 발음 등, 각 나라마다 독특한 억양으로 불리어 지지만 어느 이름으로 불러도 모두들 알아듣는 걸 보니 그만큼 유명한 도시이기 때문인가 보다. 미국의 플로리다주에도 같은 이름의 도시가 있다.

<네바강>과 바다, 중세의 건축물이 어우러져 호반의 도시 같은 이곳에 피터대제가 지은 겨울궁전이 있다. 러시아의 보물은 다 이곳에 모였다 하여도 과언이 아닐 것 같다.

러시아 황제들이 누리던 호화로운 궁전은 이제 <에르미타주>라는 박물관으로 바뀌어 회화, 그래픽, 조각, 장식, 주화 등 3백만 점에 이르는 소장품을 일반에게 공개해 하루에도 수천 명에 이르는 관광객이 세계 도처에서 몰려든다.

짙푸른 네바강변에 자리한 3층의 백색 건물에 황금으로 도금된 장식물과 지붕 위의 석상들이 석양의 햇빛에 출렁이며 흐르는 강물과 기막힌 조화를 이뤄 장관이다. 이 도시의 건축물 하나하나가 예술 작품으로 시가지 전체가 아름다운 실루엣을 만든다.

이 도시의 첫 눈에 들어오는 건물은 파울 요새에 있는 파울교회의 황금 첨탑이다. 하늘을 찌를 듯이 솟아있는 눈부신 황금의 첨탑은 어느 곳에서 보아도 잘 보인다.

이렇게 아름다운 섬의 한곳에 삼인조 악단이 이곳 민속악기인 커다란 삼각형 기타와 삼인조의 아코디언을 열심히 연주하며 관광객의 자비심에 기대를 걸지만 앞에 놓인 돈 통엔 몇 장의 지폐만 놓여 있다. 닥터 지바고에서 첫 장면과 마지막 장면에서 보여주는 그 기타(balalaika)로 애절한 선율을 연주하던 바로 그 러시아의 민속악기다.

집에 와서 생각하니 가는 곳마다 그런 비슷한 자선함을 외면한 인색함에 얼굴이 붉어진다. 다음번의 여행에서는 작은 적선이라도 챙겨야겠다고 다짐하여 본다.

그 다음 코스인 모스크바의 명동 거리 아르바트 거리에서는 빅토르 최(러시아에서 최초 서구의 록 음악을 도입하여 구소련에 자유사상의 유입을 선도한 고려인 2세로서 젊은이들에게 영웅 같은 인기가 있었으나 일찍 죽임을 당하였다함)를 추종하는 젊은 음악도들이 가이드의 요구에 따라 그의 음악을 연주할 적에 푼돈이지만 적선을 한 적이 있긴 있었지 암 그랬었어.

베니스가 아름다운 도시지만 이 레닌그라드는 그보다 몇 배나 더 큰 북구의 베니스다.

겨울궁전의 명성은 듣기는 많이 들었지만 실제 내 눈으로 실감하니 그 호화의 극치는 상상을 초월하여 어설픈 표현으로 설명하기엔 너무 아름다운 모습이다.

각 방마다 특색 있는 디자인과 그 규모는 말 할 것도 없거니와 하얀 인조대리석 벽면에 붉은색과 황금을 도금한 벽장식의 갖가지 입체모양은 더 이상 호화로울 수가 없다. 그리고 천장에서 내려온 대형 금빛 샹들리에, 황금의 옥좌, 에메랄드색 대리석 기둥 등 현란한 치장을 볼 적마다 입에서 감탄이 저절로 나온다. 에카테레리나 여제 때부터 수집하여 왔다는 각종 초상화, 조각, 반 고흐, 앙리 마티스, 피카소의 현대 작품까지 고루 소장하고 있다.

지금은 세상이 바뀌어서 이곳에도 한인 유학생이 4백 명 정도에 이른다고 하며 미술계통의 학생이 많다고 한다.

육이오 동란 후 멸공(거수경례시도 "멸공" 하고 구호를 외쳤음)을 외치고, 유신시대에 반공을 국시로 삼는 교육과정에서 러시아의 역사는 접할 기회가 없었다.

소련은 당시에 적성국가여서 소련 역사 공부란 생각해 볼 수도 없는 나라였다. 러시아 역사는 어느 특정인 말고는 거의 백지 상태다. 그래서 러시아를 관광하기 전에 역사를 대략이라도 훑어보고 가는 것이 이해에 도움이 될 것 같다.

관광은 아는 것만큼 보이고 돈의 흐름은 자기가 가진 것만큼 보이며 손님은 왕이고 가이드는 신이다. 어느 관광안내자가 들려준 말이다. 가이드의 풍성한 상식과 지식이 곁들여지면 그 여행은 충족감이 배가된다.

한국인 방문객이 매년 증가하니 이곳도 빠질 수 없는 것이 한국식당이다. 어디서 들어본 듯한 서울가든이란 식당에서 한식 비빔밥으로 허기진 배를 채우고 나오니 이곳이 그렇게 멀리 있는 나라로 여겨지지 않았다.

페테부르크에만도 한식집이 6곳이나 있다고 한다. 그런데 들르는 유럽의 큰 도시마다 한식집이 있어 좋기는 하나 모스코바나 독일 프랑크프트의 한인식당의 음식 맛은 뉴욕의 한인식당에 비해 질이 한참 떨어지는 수준이다. 그리고 한결같이 음식의 간이 짰다.

오후에는 러시아 민속공연관에서 러시아의 민속춤을 보고나서 소형 유람선을 전세 내 푸른 네바강위에서 캐비어 알을 안주삼아 본고장의 보드카를 마시고 6인조 악단의 러시아 민요를 들으며 한 동안 시름을 잊었다.

그들이 관광객의 비위를 맞추는 일은 통달한지라 오 서울 코리아를 외치며 한껏 분위기를 높여 주었다. 전번에는 한국에서 오신 어느 분이 기분이 절정에 달해 춤추는 무희에게 백 달러짜리 지폐를 팁으로 꼽아 주었다는 사건이 있었는데 분별없는 호의는 다음 사람들을 위하여서도 자제하여 달라는 가이드의 당부도 있었다.

그 선착장 지붕 위에도 삼성 광고판이 큼직하게 걸려있어 한인이라면 누구나 뿌듯한 자부심을 느낄 수 있을 것 같았다.

모스크바

소련의 열차는 1, 2, 3등급이 있는데 일행이 탄 차는 소프트 클래스 1등 칸이다. 문을 열고 방안에 들어가면 양옆으로 좌석 겸 침대가 놓여있는 한 평 정도의 방이다. 창 앞에 하얀 테이블 크로스가 덮인 작은 간이 탁자가 있고 화병에는 생화도 꽂혀있다. 시트커버도 깨끗이 세탁되어 있었고 시설은 낡았지만 청결한 편이다.

몸집이 커다란 여차장이 여권과 기차표를 회수하여 간다. 무뚝뚝하고 불친절 하기는 제 버릇 개주나 하고 한 마디 쏘아 주고 싶은 심정이다.

밤새 달려 모스크바까지 갈 열차가 출발한다. 레일 이음새를 지나며 내는 덜커덩거리는 소음이 잠을 재촉한다. 샌드위치, 비스킷, 초콜릿, 살라미 등 먹음직한 간식이 제공되고 식당차에서는 러시아인들이 좋아하는 슾도 팔고 있다. 이 기차는 일주야를 달려 시베리아를 횡단하여 불라디보스크로 간다는 특급열차라 한다.

내륙지방으로 이동하며 숨 가쁘게 달려온 터라 목적지 모스크바가 가까워지니 먼동이 트기 시작하고 철로 연변의 농가가 띄엄띄엄 지나친다. 자작나무 숲이 우거진 사이사이의 농촌 가옥들과 정차하지 않고 지나는 간이역들은 녹슬고 퇴락한 기색이 역역하여 윤택한 농촌이 아니라는 인상을 주었다. 미국의 농촌 풍경과 확실한 대비를 이룬다.

새벽안개가 서린 이른 아침 모스크바 시내의 첫 공기는 그래도 상큼하다. 모스크바 하면 스탈린이 연상되고 스탈린 하면, 육이오 남침을 획책하고 지원한 붉은 도배들이 살고 있는 곳으로 인식되었던 곳이 아니던가.

모스크바에는 9개의 기차역이 있는데 우리가 도착한 역은 출발지 이름을 딴 레닌그라드 역이란다. 나머지 모든 역 이름이 도착지 이름을 붙였다고 하니 이상한 감이 들었다. 호텔의 수도꼭지가 찬물 더운물이 오른쪽 왼쪽으로 바뀌어 나와 어리둥절한 적도 있었다.

자본주의의 물결이 드디어 이곳까지 침식하여 이제는 서방 유럽의 한 나라처럼 개방되어 삼성이란 대형 옥외간판이 크레믈린궁에서 제일 잘 보이는 시내 중심부에 걸려있고, LG 등 한국의 가전제품이 일제 SONY를 제치고 판을 치는 나라로 변하였다.

모스크바 교민신문인 한글판 <우리 신문>이라는 소식지를 살펴보니 시내에도 한국식당만 13개 업소가 있다. 한인회를 비롯하여 한인대상의 여행사가 7곳, 가라오케, 카페, 미용실, 식품점, 법률사무소, 선물점, 호텔, 민박집, 각 교단의 기독교, 원불교, 불교, 토요한국학교, 본국의 각 일간지 등이 들어오고 교민들의 소식지가 주간으로 발간되는 등 한인이 활동하고 생활하는데 불편을 느끼지 못 할 정도로 뉴욕의 한인 사회만큼 활발하게 돌아간다. 눈에 띄는 공지사항 란에 모스크바 한인회장 선거도 있다.

러시아의 인재를 길러낸 모스크바대학 본관 건물의 240M 높이의 첨탑에는 북극성을 표시하는 금빛 왕별이 빛나고 있다. 대학 캠퍼스 뒤쪽엔 모스크바 시내를 조망 할 수 있는 언덕이 있었고 시내를 관통하는 모스크바 강을 따라 전 시가지를 내려다볼 수 있는 광장에는 노점상들이 기념품을 팔고 있었다.

간단한 한국말을 하는 상인들을 보니 얼마나 많은 한인 관광객이 길을 내고 다녔는지 짐작 할만하다. 인천을 왕복하는 한, 러 양국의 항공기가 일주에 7번이고 그중의 7할이 한국인이라니 한국인들의 바람이 러시아로 불고 있는 중이다.

본국인들의 해외 나들이 붐이 동남아나 유럽에서 북유럽이나 러시아로 진로를 잡았나 보다. 점심을 먹은 한인 식당의 손님은 한인 단체 관광객이 백여 명이 넘었다. 식당마다 한 평 남짓한 코너에는 러시아 산 녹용과 차가 버섯을 파는 것을 볼 수 있다.

몸에 좋다는 보약과 암에 잘 듣는다는 차가 버섯을 한 뭉치씩 사가는 본국의 여행객들의 짐 보따리도 점점 부풀어 간다.

달러 한 장을 절약하려 세일 쿠폰을 오리는 미국생활에 젖어온 코아메리칸들과는 달리 고액권을 펑펑 뿌리는 한국의 여행객은 확실히 큰손임에 틀림없다.

음흉하고 속내를 비치지 않는 사람을 빗대어 부르는 크레믈린 궁은 워싱턴의 백악관을 구경하는 것 보다 더 쉽게 입장 할 수 있다. 현지 러시아인 가이드를 고용하고 검색대만 통과하면 노란색 벽돌집에 흰색 트림을 한 푸틴 대통령의 집무실 앞까지 관람이 허용된다.

세계 어디를 가나 그 고장에서 자랑하는 세계 최고가 있기 마련이다. 이 궁전 안에도 세계 최고를 차지하는 두 가지 명물이 있다.

16세기에 제작한 세계에서 가장 큰 대포가(구경 890mm, 무게 40톤) 거포(巨砲)이지만 한 번도 발사된 적이 없고, 1733년 주조된 세계최대의 종은 (높이 6m, 무게 200t) 주조 중에 불이나 물을 붓는 바람에 종의 일부분이 떨어져나가 한 번도 종소리를 울린 적이 없다고 한다.

이 궁전 앞뜰에는 1812년 나폴레옹 군대가 입성하였지만 끝내는 참패하여 버려두고 간 불란서 대포가 줄줄이 전시되어 있어 그들의 승리를 말없이 과시하고 있다.

세계를 제패하려던 크레믈린의 야욕은 사라지고 이제 세계 각국의 여행객이 자작나무 우거진 궁성 안 벤치에 앉아 지친 다리를 쉬어가도록 문을 열어 놓았다. 6월의 시원한 소슬바람이 개방된 궁전 뜨락을 식혀주고 있다.

사회주의 종주국도 무너진 이 마당에 폐쇄된 울타리 속에 우물 안 개구리처럼 갇인 북한 주민을 이곳 크레믈린 궁전에서 생각하여본다.

붉은 광장

모스크바 강변에 자리한 크레믈린 궁전 서북쪽 담 넘어가 바로 이 광장이다. 광장의 바닥 색이 붉은 색깔은 아니었다. 이곳의 상징은 양파모양의 지붕을 한 성 바실리 성당을 배경으로 한 넓은 광장이다.

가던 날이 장날이라고 그날따라 행사 준비로 군인들이 행진 연습을 하고 있어 중심부까지 걸을 수 없었다. 아쉬웠으나 메이데이나 정권탄생을 축하하는 러시아 군대의 행진은 뉴스에서 많이 보았던 터라 실물을 눈앞에 가까이서 보는 걸로 만족하였다.

몇 년 전 핀란드의 모험심 많은 한 청년이 경비행기를 몰고 국경을 넘어 이곳 붉은 광장에 착륙할 때까지 소련의 방공망이 이를 모르고 있었다하여 세상을 떠들썩하게 한 곳이기도 하다.

여하튼 가까이서 본 동방 정교의 상징으로 둥근 양파 모양의 돔이 정교하고 아름다운 채색을 한 채 석양빛과 어울려 나그네의 심사를 어지럽혀 준다. 갓 결혼식을 마친 여러 쌍의 신혼부부들이 하얀 드레스를 입고 무명용사의 무덤 앞에서 사진을 찍는 모습들은 참으로 아름다웠다.

꺼지지 않는 불꽃이 케네디 대통령의 묘소 앞에만 있는 줄 알았는데 이곳에도 그 불꽃이 타오르고 있다.

관광 안내서에 있는 수많은 볼거리를 짧은 여정에 소화 할 수 없어 다음 번 여행 때는 꼭 둘러보리라 하고 다짐하지만 한번 지나친 여행지는 두 번 다시 찾지 못하였다. 가고 싶은 곳은 많아도 인생유한(人生有限)이 한스럽게 여겨진다.

러시아 민속 인형 마트로슈카를 몇 개 샀다. 오뚝이 형상의 목각인형으로 인형 속에 인형을 집어넣어 서너 개가 들어있는 것부터 열 개가 넘는 것도 있어 가격이 십여 불에서 백여 불이 훨씬 넘는 것도 있다. 원래는 고전 복장을 한 농부의 아낙이나 동화 속에 나오는 민화를 그렸지만 요즘은 역대 대통령이나 우주인 같은 인물을 묘사한 인형도 많다.

'삶이 그대를 속일지라도 슬퍼하거나 노여워하지 말라…' 중고등학교 때에 많이 읊었던 시, 푸슈킨의 생가와 동상이 아르바트 거리에 있다. 그의 곱슬머리는 외할아버지가 아프리카에서 온 흑인이라는 사실을 엿보게 한다고 한다.

짧은 여정으로 수백 년에 걸쳐 이루어진 고도(古都)를 욕심대로 다 둘러 볼 수는 없는지라 미련을 남겨두기로 했다. 다음 행선지로 가기 위해 모스크바 공항 출국수속의 긴 행렬에 섰지만 아픈 다리 때문에 체면 불구하고 맨 바닥에 다리를 뻗고 앉을 수밖에 없었다.

프라하

2차 대전의 공습을 면한 유럽의 도시들은 천년의 아름다움을 그대로 간직하고 있다. 구시가의 광장에는 프라하의 봄에 희생된 젊은이를 추모하는 기념비가 누워있는데 항상 생화가 놓여있다고 한다. 자유를 부르짖다 죽어간 사람들은 여기에도 역시 꽃다운 청춘들이었다. 수유리의 4.19묘역에 묻힌 젊은 꽃들처럼….

엄숙한 묘비 바로 앞에는 알루미늄을 소재로 한 현대 조각이 실물보다 몇 배 큰 형상으로 한 점 서있다. 위치가 구 시청 광장을 내려다보는 대로의 녹지 한 가운데 버티고 있는데 서울로 말하자면 광화문 네거리의 이순신 장군 동상이 있을 자리 쯤 된다.

모습은 젊은 여인의 팬티가 무릎까지 내려와 있는 형상이다. 조국의 자유를 갈망하다 총 뿌리에 희생된 넋을 위로하기엔 너무나 야한 노출이 아닐까 하는 부질없는 생각이 든다.

구 시청 광장에 위치해 하루에 두 번씩 예수님의 열두 제자가 차례로 나타난다는 15세기경에 만들어진 천문 시계를 구경하기 위하여 자리가 제일 좋은 건너편 식당 노천카페에 자리를 잡고 느긋한 점심을 즐겼다. 시간이 되니 수많은 인파가 발 디딜 틈 없이 모여든다.

사소한 역사를 지닌 건축물, 유명한 시가지의 명소로 이름을 날리면 이토록 관광객이 몰리는데 멀리 고개 돌려 고국의 빈약한 관광자원을 생각하면 안타까운 마음이 앞선다. 북적대는 세계의 관광지를 볼 적마다 고국의 관계 부처 관광실무자들이 해외 명소를 제발 많이 둘러보고 관광입국의 미래 청사진을 세워 보라고 권하고 싶은 심정이다.

프라하 성을 둘러보고 대통령 궁의 동상처럼 서 있는 위병의 초소를 지나 쌍둥이 첨탑이 있는 틴 교회를 뒤로하고 블타바강을 건너는 아름다운 카를 다리를 건넜다. 자동차를 통제하고 사람만 다니게 하는 다리 위에는 그림을 파는 노점상과 즉석 인물 스케치 화가들이 있고, 석양의 블타바강과 붉은 지붕을 한 프라하 성, 하늘에 검은 윤곽을 그리는 교회의 실루엣은 지나는 길손들의 마음을 애상에 젖게 한다.

뮌헨, 프랑크푸르트

뮌헨으로 들어가기 전에 예정에 없던 다카우 유대인 수용소를 들러 보는 기회가 생겼다. 널따란 시골학교 운동장 같은 잘 다듬어진 울안에 군대 막사 같은 건물이 자리 잡았던 흔적이 줄줄이 있고 그중 한 동은 실물이 보존되어 있다.

옛날 논산 훈련소의 군대 막사처럼 된 목조 건물이다. 이층 나무침대, 공동변소, 취사장, 목욕탕, 그리고 문 하나를 지나면 시체를 화장하는 화덕 수 십 개가 나란히 줄지어 있다. 수많은 유대인을 화차로 실어와 먹이고 재우다 목욕탕에 보내 독가스로 죽여 옆방의 화장실로 보내는 일괄 공정(工程)(?)이 이루어지는 살인 공장인 셈이다.

50여 년 전 한국에서 상영 되었던 <나의 투쟁>이라는 나치의 기록영화를 본 적이 있다. 그들이 처형 직전 개스실 앞에 벗어놓은 안경테, 신발, 피골이 상접한 나신(裸身)으로 줄지어 선 남녀의 행렬과 그들의 공포에 질린 얼굴들을 지금 이 자리에서 보는 듯한 착각이 든다.

현대식 건물로 지어진 옆의 기념관에는 그들이 아끼는 유물과 기록물들이 당시의 참혹한 실상을 보여준다. 살아 있는 사람의 손목을 레일 위에 얹어 놓고 기차가 지나가는 실험, 바닷물을 들이키게 하는 실험이 보인다. 죄 없이 희생된 그들의 영령들에 짧은 묵념을 하고 인성(人性)이 이토록 악할 수도 있구나 하는 무거운 마음으로 그곳을 빠져 나왔다.

한국의 조선 시대에 백정이나 갖바치들은 한 마을에 살지 못하게 하였다. 육이오 이전까지만 하여도 필자가 자라던 동구 밖 당산 넘어에는 백정들이 따로 사는 마을이 있었다.

중세 14세기경에도 고리대금업을 하는 유대 민족들은 독일에서 따돌림을 당한 역사가 있었다고 한다. 당시에도 유대인들은 함께 살지 못하고 동구 밖에 살았다고 한다. 그들이 왜 괄시를 받고 살았는지 역사적 배경이 지금도 궁금하다.

중세의 도시국가 로텐버그는 현재도 그 모습이 그대로 잘 간직되어있다. 돌로 포장된 좁은 골목과 건축물이 타임머신을 태워 중세로 안내한다. 2차 대전 때 미국의 공습을 면한 고대 도시들은 모두가 관광명소인 것 같다.

독일의 독특한 건축양식을 프랑크푸르트 뢰머 광장에 가면 볼 수가 있다. 미국의 어느 지역을 가면 인상에 남는 특이한 목조 건물이나 목조 가옥을 보고 참 별난 모양이구나 하는 일이 있었는데 이제는 그 기원을 확실히 알 것 같다. 시간이 허락지 않아 마인 강 변의 박물관을 둘러보지 못하였는데 괴테의 생가와 그의 기념관을 둘러보는 것으로 위안을 삼아야 했다.

프랑크푸르트는 2차 대전시 구도시의 42%가 파괴되었으나 지금은 유럽에서 제일 높은 건물들이 들어 선 현대와 중세가 공존하는 아름다운 도시다.

4500리터를 저장하는 세상에서 제일 큰 술통이 있고 '황태자의 첫 사랑' 을 떠올리는 하이델베르크의 석양은 주황색 지붕과 함께 더욱 이국적 감상을 자아내게 한다. 그 커다란 술통 앞 나무기둥에도 '영남아 내가 왔다' 하는 한글 낙서가 휘갈겨져 있다. 한글을 보니 반갑기도 하였지만 그 낙서가 마음을 개운치 못하게 한다.

두어 시간여의 마인 강 유람선 선유는 강변의 산 중턱에 자리한 고성들을 감상하기에 너무나 편안한 자리였다. 그 영주들이나 왕들의 고성은 이제 관광객이 숙박도 할 수 있는 관광 자원이 되었다.

로렐라이 언덕 전설 속의 인어상 여인을 만져 보며 푸른 마인 강을 내려다보는 경치는 한 폭의 그림이었다.

10. 21. 2004 ~ 12. 9. 2004 한국일보

제4장

생활의 단상과 사색의 변주

유월이면 생각나는 일들

'아 아 잊으랴 어찌 우리 이날을 / 조국을 원수들이 짓밟아 오던 날을 / 맨주먹 붉은 피로 원수를 막아내어 / 발을 굴러 땅을 치며 의분에 떤 날을 / 이제야 갚으리 그날의 원수를/ 쫓기는 적의 무리 쫓고 또 쫓아.......'

지금은 쌀을 보내주고 비료를 지원하고 대한민국 대통령이 두 번씩이나 평양을 다녀왔지만 당시에는 타도하여야 할 원수였고 <원쑤>였다.

3개월의 인공(人共)치하가 퇴각한 뒤 폭격으로 학교 건물은 불타 없어지고 난 빈 운동장 에서 비분강개(悲憤慷慨)한 음정으로 아침 조회 때마다 손바닥만 한 학교 운동장을 몇 바퀴씩 돌며 갖가지 군가와 육이오사변의 노래를 목이 터져라 부르던 초등학교 3학년 시절이 엊그제 같건만 쉰여덟 해가 바람처럼 흘러갔다.

겨우 철들 시기 초등학교 때에 겪은 전쟁 이지만 그 처절하고 살벌한 광경은 평생 뇌리에 사라지지 않는데 하물며 당시 청장년시기에 대한민국 육군으로 참전하여 격전을 벌였던 노병들의 감회란 더 할 나위 없을 것이다.

후퇴하는 국군 차량들이 시골학교 운동장에 집결하여 휴식을 취할 때 장교들이 지프 보닛 위에 대공표시판을 하였으나 우군기가 날아와 오폭 한 것을 보고 어린 나이에 전쟁의 공포를 처음 느꼈다.

밤에도 반딧불처럼 반짝이며 북쪽으로 날아가던 UN군의 폭격기와 정찰기들 때문에 밤에 모깃불도 지피지 못하던 때가 엊그제 같다.

매미소리가 극성을 부리던 한가위가 지나며 퇴각하는 인민군들의 맥없는 행군을 보았다. 우리 집 사랑채를 빌려 잠자리를 마련한 인민군들은 등화관제를 한다고 모포를 창문에 치고 지도를 보며 숙의하던 일행은 새벽녘 바람처럼 사라지고 없었다.

날이 갈수록 UN군의 폭격이 심하여지고 오십 리 멀리 떨어진 남원역을 때리는 야간 공습이 조명탄으로 비쳐진다. 동구 밖 언덕 위의 소나무 밑에서 공습장면 구경은 무섭고도 재미있는 전쟁영화의 일부 같았다.

은빛 날개를 번쩍이며 소리도 없이 날아 온 쌕쌕이 호주기가 퇴각하는 인민군 차량에 불방망이 같은 로켓을 발사하면 섬광을 내며 비행기보다 앞서 날아가다가 터지는 장면은 흥미 있는 구경거리였다. 전폭기가 지나고 나면 제트기의 폭음은 천둥소리보다 더 크고 숨이 콱콱 막히는 공포의 굉음이었다.

인민군이 후퇴하고 UN군이 올라 올 동안 진공상태 같은 짧은 정적이 있었고 이윽고 고요한 침묵 속에 굉음을 울리고 북상하는 아군탱크 소리는 세상을 붉게 물들였던 짧은 인공(人共)치하를 마감하여 주었다.

초라한 인민군의 행색만 보다가 비포장도로 먼지를 막기 위하여 옆구리에서 얼굴까지 긴 호스를 연결한 구형 방독면을 쓰고 무개차에 탑승한 흑인 병사들의 무장 모습은 화성에서 온 사람 같았다.

하얀 무명천으로 지은 핫바지 저고리차림의 주민들은 목이 쉬도록 만세로 환영하였다. 다시 운동장에 주둔한 UN군은 천진한 꼬마들에게 생전 처음 보는 <바둑 껌>을 손에 쥐어 주었고 우리는 그것의 달콤하고 황홀한 향기에 취해 그 껍을 꼭꼭 씹어 맛있게 삼켰다.

지난해 6월 25일자 한국 신문에서 교육부가 육이오 사변을 6.25전쟁으로 명칭을 통일한다는 보도가 있었다. 사전적 의미에 맞게 한다는 설명이 있으나 원래 대한민국 정부는 북한정부를 한 국가의 구성원으로 보지 않았다. 북한을 괴뢰집단으로 폄하하였고 이 사변을 이조시대 홍경래의 난이나 동학란 정도로 국가가 상대할 전쟁이 아니어서 여수 순천 같은 반란으로 간주하여 동란으로 불러 온 터였다.

국가와 국가 간의 수많은 전쟁이 있어 왔고 어제의 적이 오늘의 파트너가 되어 미국과 일본이 번영을 이루어 가는 화해의 시대에도 우리는 같은 민족끼리 아직도 한반도의 허리를 가시철조망으로 가로 지르고 휴전선 남북으로 이산가족이 살아 있다. 한 울타리 속 좁은 반도위에 전쟁이라는 참상은 없어야 함은 우리 민족 모두의 소망이다.

유월이 가면 이육사의 청포도 익는 성하(盛夏)가 온다.

'내 고장 칠월은 청포도가 익어가는 계절 / 이 마을 전설이 주저리주저리 열리고 / 먼데 하늘이 꿈꾸며 알알이 들어와 박혀…

그 전란 중에도 감자밥 보리밥이라도 배곯지 않게 온 식구들을 거두어 주시던 하얀 모시 두루마기에 흰 중절모를 쓰시고 고개길을 쉬엄쉬엄 올라가시던 아버님의 모습이 지금도 눈에 선하다.

북한 동포는 사랑하지만 당시 북한 괴뢰군 총수 김일성이 저지른 육이오 동란은 잊지 말아야겠다.

‘비열한거리’ 에 선 회장님들

트라이베카 영화제가 지난 4월 25일부터 5월 6일까지 뉴욕에서 열렸었다. 맨 마지막 날 순서가 한국영화(비열한 거리: 영어제목 A Dirty Carnival)여서 품 들여 맨해튼 나들이를 하였다.

2006년도에 제작한 한국사회의 독버섯 같은 조직폭력배들의 세계를 그린 폭력과 욕설이 난무하고 피 튀기는 비정한 영화로 상영기간이 무려 2시간 20분이 넘는 대작이다.

주인공인 귀공자 이미지의 조인성(병두 역)은 과부된 병든 어머니와 남동생과 여동생을 책임진 가장이지만 그의 직업은 건달이고 두목을 하늘처럼 모시고 산다. 때로는 자기의 이익에 어긋나면 상급자 두목도 인정사정없이 회칼로 살해하다 결국 자기도 하급자 폭력배에게 살해되는 끔찍한 폭력세계의 내막을 고발하고 있다.

자신의 부를 위하여 조직폭력과 손잡은 영화 속의 황 회장은 주인공 건달에게 인생이 성공하려면 자기에게 필요한 사람이 누구인지, 그리고 그 사람이 무엇을 필요로 하는지 알면 된다는 그의 생활철학을 화두로 던져주고 폭력배를 자기의 사업에 이용한다.

내용 전개도, 화면 구성도 지루하지 않고 영어 자막도 세련된 구어체로 잘 번역되어 옛날에 한국영화에서 보던 촌티 나는 활동사진에서 벗어나 관객들에게 작가의 의도가 비교적 잘 전달된 작품이라고 봐주고 싶다.

생각하기 나름이지만 때가 때인 만큼 버지니아 총기사건이 한인으로 인한 참사인지라 폭력과 한인이라는 엉뚱한 이미지를 세인들에게 심어 줄까봐 근심이 되기도 한다.

요즘 젊은이들이 좋아하는 영화는 미국영화든 한국영화든 폭력과 욕설이 거침없이 튀어나와 자녀들과 함께 보기가 민망한 때가 많다.

이 전 한인회장이 모 한인단체의 전 전 회장에게 폭력을 휘둘러 고소하였다는 보도를 접하고 과연 대 뉴욕지구 한인 파워를 우리는 실감하고 산다. 밖에서 매 맞고 들어온 자식의 분풀이로 조폭을 동원하여 통쾌한 복수를 하였다 하여 한국에서 한참 매스컴의 조명을 받은 한화그룹의 김 회장이나, 지난 일의 앙금 때문에 따끔한 맛을 보여주려다 미 사법당국의 조사를 받아야 하는 한인단체 전 회장의 폭력혐의 구설수는 힘든 세상을 살아가는 장삼이사(張三李四)들에게 심심치 않은 안주거리를 챙겨주고 있다.

'비열한 거리' 라는 한국 조폭영화를 보고 나니 앞서 말한 회장들의 전투가 그 영화와 오버랩 된다. 요즘은 모방 범죄가 자주 일어난다는데 이들도 혹시 이 영화를 보고 영화 속의 주인공 흉내를 내려다 사태가 이렇게 번지게 되었는지 모르겠다. 대기업의 회장이나 사회단체의 회장 자리는 여러 사람이 지켜보는 직책이기에 처신이 올바르지 못하면 뭇사람들의 입방아에 올라 망신살 뻗치기 십상이다. 시대를 뒤로 거슬러 전두환 정권 시절이라면 모두 삼청교육대 입소감이다.

한국 영화가 세계적 수준에 도달하여 세계 많은 영화제에서 각종 상을 수상한 이 마당에 이제는 폭력이나 전쟁영화만 만들어 세상 사람들의 인성을 황폐하게 하지 말고 순정 영화나 순애보를 그린 '사운드 오브 뮤직' '닥터지바고' 같은 영화를 만들어 말세처럼 인간들의 정서가 거칠어지는 이 사바세계에 인정과 사랑으로 평화를 추구하는 아름다운 영화를 만들어 보시라고 권하고 싶다. 그러면 회장님들의 상투 잡기 싸움이나 조폭을 수족처럼 부리는 회장님들의 마음도 한결 순화되지 않을까 싶다.

5. 16. 2007 한국일보

도산(島山)과 민족개조론

도산의 전기를 읽은 지 반 세기가 지나도 잊히지 않는 대목이 있다. 그가 가슴 아픈 장면을 목격하고 기술한 회고록 중 한 부분이다. 그때 샌프란시스코에는 중국 관동지방에서 이주해 온 화교들에게 인삼을 팔던 한인 상인들이 있었는데 어느 날 큰 길거리에서 장사 구역 때문에 상투를 휘어잡고 싸우고 있었다. 이 인삼장사들을 보고 자신의 공부보다 동포들에게 직업을 알선하며 깨끗한 생활을 하도록 가르치는 일이 더 급하고 중요하다는 것을 깨닫고 친목회를 조직하였다.

안창호 선생이 1902년 샌프란시스코에 상륙하여 시작한 운동은 한인 동포들의 그릇된 습성을 바로 잡아 백인사회에 비치는 추한 한인들의 인상을 바로 잡자는 민족애에서였을 것이다. 긴 담뱃대 물고 길거리에 나가지 않기, 속옷 바람으로 거리에 나서지 않기, 언제나 깨끗한 흰 셔츠를 입기 등 현대 미주 사회생활에 손가락질 받지 않을 기본적 상식을 실천하여야 문명생활을 하는 일이고, 독립을 향유 할 수 있는 국민의 조건이라는 것이 그의 사상이었다. 또 그는 동포들의 가정을 방문하여 커튼 달아주는 일도 손수 시범을 보였다. 그의 그러한 행적은 지금도 동포사회에 전해져 내려오고 있다.

그의 전기를 읽을 당시 해방 전 시골에서 자란 필자는 창호문만 알았지 커튼이 어떤 장식품인지 알 길이 없었다.

한국 행정부서의 관할권 싸움에서 이권이 있는 업체는 자기 관할권으로 끌어 들이려 하고 골치 아픈 사건이면 자기 관할이 아니라고 우긴다.

미 동부 지역에서는 대 뉴욕지역 한인회가 인접주인 뉴저지 주를 관할권에 두느냐? 안 된다 세력 다툼도 벌어진다. 초등학교 일이 학년 때 땅 바닥에 동그라미 그려놓고 가위 바위 보로 땅 빼앗기 하던 시절과 진배없는 소아기(小兒期)적 미망(迷妄)에 빠져 있는 것 같다.

도산 선생의 가르침은 지금 현재 새로운 이민 생활을 하는 미주동포들에게도 적용되는 귀한 말씀이다.

통치권이나 행정력도 구사 할 수 없는 각 지역 한인회간의 관할권 싸움은 백여 년 전 앞서 이민 온 인삼 장사꾼들의 현대판 한인들의 상투 잡기 싸움과 맥이 같음을 엿볼 수 있다.

한인회장 선출에서 선거의 패자는 선거가 잘못되었다고 미국법원에 소장을 내는 한인들의 병폐는 미주 곳곳에서 년 중 행사처럼 일어난다.

한인회장 선거도 투표절차에 명백한 하자가 있을 때는 바로 잡아야 하고 그래도 해결이 안 되면 법의 심판을 요구할 권리가 있지만 한 걸음 뒤로 물러서 생각하면 순리로 웃으며 해결할 일이다.

순간적인 감정으로 세인의 비웃음을 사기도 하고 본인의 인격에 스스로 먹칠하는 결과를 가져와 대다수 동포들의 외면 속에 끼리끼리 잔치로 유야무야 임기는 끝난다.

머나먼 이국 땅 대로에서 상투를 휘어잡고 싸우다가 구경하는 백인들의 웃음거리를 만들어준, 그때 그 시절의 동포들이나 회장감투를 휘어잡고 미국 법에 제소하여 타 민족으로부터 대접받을 만한 일을 못하는 추태는 오늘날 미주에 사는 동포들의 의식수준이 백 년 전이나 별로 나아지지 않은 것 같다. 이 역시 실속도 없는 감투를 놓고 으르렁대는 미주 동포들의 현대판 상투잡이 싸움을 보는 것 같다.

무슨 장사가 잘된다 하면 바로 코앞에다 동종 업체를 차려놓고 코피 터지게 동족끼리 싸우는 우리의 현실은 옛날 인삼장사들의 장사 구역 싸움과 같은 현대판 상투잡이라고 해도 과언이 아닐 것이다. 다행히 우리의 1.5세 2세들이 전문 직종에 진출하여 주류사회에 파고드는 현재의 추세로 보면 우리 동족의 앞날에는 새 희망이 보이고 우리들의 의식전환도 좋은 곳으로 흐를 것이다.

작은 일에서부터 민중을 계몽한 도산의 민족 개조론을 우리의 이민 생활에서 다시 한 번 음미 하여야 하지 않을까.

5. 31. 2007 한국일보

회장님, 회장님 우리 회장님

옛날에 명동에서 "사장님" 하고 부르면 열에 아홉은 뒤돌아보았다더니 요즘 한인들이 모인 한국식당에 가서 "회장님" 하고 인사하면 열 명 중 다섯 사람은 뒤돌아본다는 말이 있다.

'회장' 이라는 직함은 수십 개의 기업군을 거느리고 있는 총수를 지칭할 수도 있고(어떤 기업 군(群)에는 회장님이 하도 많으니 왕 회장님도 있었다.) 저명한 학술단체를 이끌어 가는 학회를 대표하는 자리일 수도 있고 동창회나 친목회에서 수고하는 사람일 수도 있다.

세계 어느 나라이고 한인이 모여 사는 도시에 들려보면 어김없이 그곳의 한인회가 있고, 그 지역 한인을 대표하는 회장님이 있어 서로 의지하며 타향살이의 어려움 속에 서로 돕고 살아가는 아름다운 모습을 엿볼 수 있다.

힘들고 외로운 이민사회에서 같은 언어, 같은 생활정서를 가진 동족끼리 오순도순 모여서 애환을 나누고 친목 모임을 향유하려 모이다 보면 어느덧 인원이 불어나고 대내, 대외적으로 체면을 세우려다 보니 명칭이 그 지역 한인회라 이름 하여 미국 전역에도 수백 개의 지역 한인회가 자생(自生)되어 있다.

이민사회의 지역 한인회장은 고국을 떠나 타국에 살며 민족의 동질성을 유지하고 한민족의 자부심을 북돋우며 회원에게 필요한 정보 제공과 권익옹호에 개인적인 시간과 경제적 손실을 감수하며 헌신하는 무보수의 명예직이자 권력과는 무관한 봉사직이다.

지역 한인회장은 그래서 그 지방 어느 모임에서나 여러 사람의 존대를 받고 있다.

대 뉴욕지구의 역대 회장님 가운데는 오늘처럼 튼튼한 한인회의 초석을 다져놓은 명망 높은 인사도 있었고, 학식 있는 전문직의 교수분도 있었고, 유창한 영어실력으로 미 주류사회와 한인사회를 연결하는 충실한 교량 역할을 한 훌륭한 회장님도 있었다. 재임 중 강철 심이 든 튼튼한 동아줄을 잘 잡아 본국의 정치판에 뛰어들어 한때를 풍미한 정치꾼도 있었다.

그러나 개중에는 함량 미달의 인사가 한인회장을 맡을 때는 꼭 말썽을 일으키곤 했다. 그도 인간인지라 실수나 시행착오는 있을 수 있다. 하지만 제 삼자가 오류나 실수를 지적하면 솔직히 시인함과 동시에 사과하고 시정하여 더 좋은 한인사회를 꾸려갈 수 있는 인품의 소유자였으면 좋겠다.

자칭 대 뉴욕한인회는 요즘 바람 잘 날이 없이 평지풍파를 일으키며 동포 언론에 이맛살을 찌푸리는 기사를 제공하고 있다. 이곳에는 수많은 지역 직능단체가 있으나 개중에는 아무 활동상이 없는 유명무실한 단체의 회장님만 존재하는 회도 있다. 아무튼 한인회는 그중의 좌장 격으로 그 지역 한인을 대표하는 자생단체이다. 동포사회 위에 군림하는 권력기관은 더더욱 아니다.

평통 회장과 달라 본국정부에서 임명하는 직책도 아니고, 어떤 통제력을 가진 행정기구도 아닌데 때로는 뉴저지 거주 주민이 대 뉴욕한인회에 포함되느니 안 되느니 '관할구역' 논쟁으로 지역 회장끼리 세력다툼이 벌어지는 희극이 벌어진 때가 있었고, 또 근래에도 어느 지역 한인회에서는 회장 선거가 잘못 되었다

하여 미국법원 명령으로 회장을 다시 뽑는 촌극을 연출하는 단막극도 있었다.

자질 부족의 회장일수록 당대의 세도가 (勢道家)처럼 한인들의 모임에는 빠짐없이 나타나 얼굴 내밀고 사진 찍고, 한인 TV뉴스에 나와 생색을 내지만 막상 한인들의 권익을 대변할 주류사회의 모임에는 그 흔적을 찾을 수 없다.

또 해바라기성 본국 지향파는 한국에서 유명 무명 정치인이 오는 날이면 더욱 명성을 휘날리며 눈도장 찍기에 바쁜 모습이다.

능력 있는 한인회장이라면, 목에 힘주며 우물 안 개구리처럼 한인 모임에서만 눈썹 휘날리며 휘젓고 다니기보다 그곳 지방정부의 실세들과 교분을 쌓고 동포들의 애로사항, 복지향상, 권익을 찾아주기 위해 능력을 보여줄 수 있는 인사가 진정 존경받는 그 지역 한인회장 상(像)일 것이다.

역대 뉴욕 한인회장님 중 이런 업적을 남긴 많은 분들은 아직도 뉴욕 동포들의 기억 속에 아름다운 정분으로 남아 있다.

차기 대 뉴욕지구 한인회장님은 제발 덕망 있고 인품 있는 인사이길 바란다.

끝으로 한인 언론도 동포사회를 위하여 애쓰고, 공헌하는 이들을 격려하며 미담을 함께 나누고 칭송하는 일에 적극이었으면 좋겠다.

2. 23. 2007 한국일보

충동구매

캄보디아 여객기 추락 참사는 죄 없는 관광객만 희생된 사건으로 비난의 화살은 여행사들의 저가 덤핑관광으로 날아갔다. 타

업체와 경쟁에 휘말리다 보면 싸움에 이길 최고의 약발은 타 업체보다 낮은 가격이다. 이러다 보니 저질관광으로 변질되어 즐거워야 할 여행이 마음 개운치 않은 일로 되어버리는 경우가 많은 것이 한인관광의 한 단면이다. 업소는 수지 타산을 맞추려 옵션과, 쇼핑으로 손님을 유도하고 손님은 봉으로 취급된다.

호기심이 발동하여 지난해 모 한인 여행사를 통하여 캐나다 로키 산맥을 연결하는 코스를 다녀왔다. 언론에서 극찬하고 인터넷에 아무리 좋은 정보가 떠돌아도 내 눈으로 직접 보고 느끼는 맛으로 우리는 여행지를 찾는다.

비디오를 빌려다 보면 세계 유명지 관광을 앉아서 돈 안 들이고 구경하는데 뭐 하러 비싼 관광여행을 가느냐고 비방하던 구두쇠 노인도 마음을 바꾸어 미국까지 여행 온 한국의 어떤 지인을 본적도 있다.

눈먼 망아지가 앞서가는 말방울 소리만 듣고 따라 가듯이 가이드의 안내가 아니면 아무것도 안 보이는 구경이 단체관광이라 가이드의 말 한 마디에 여행객은 일희(一喜) 일소(一笑)한다.

시간이 지나 낯이 익고 가이드와 정이 들면 그 고장의 명산품 설명과 함께 대체 약품, 건강식품의 효능이 과대 포장되어 특히 마음 약한 노인들의 호기심을 자극한다. 이윽고 설명한 건강식품을 파는 곳에 도착하면 동서양 공히 대체 의약품을 파는 업소는 판매원이 하얀 가운을 입고 손님을 맞는다.

지금은 그렇지 않지만 옛날에 의료인들이 가운을 입고 권위와 신뢰를 나타내던 식으로 하얀 가운에 흰 장갑을 낀 판매원이 등장하고, 그의 신분은 본 제품회사의 고위 연구원이 된다. 이번 여행객을 위하여 특별히 시간을 내 오셔서 강의하시니 행운으로 여기라며 일행을 줄 지어놓은 의자에 앉힌 후 갖가지 통계자료와 온갖 효능을 나열한다.

일행 중 어떤 분은 행여 그 제품이 품절 될까 염려하여 맨 먼저 앞서 나가 테이블에 놓인 물건을 두 팔로 쓸어 자기 몫을 확보하는 성급한 손님도 있고, 아들 딸 손자가 쥐어 준 용돈을 꺼내어 계산을 맞추는 노인도 있다.

나이 들면 나타나는 성인병 증세로 내과, 외과, 피부과 등 만병(萬病)에 효과가 있다는 설명을 들으면 피로에 지친 나이 드신 어르신들은 마음이 동한다. 흥미 있는 사실은 대개 젊은 층은 외면하고 슬며시 자리를 뜬다.

어느 날 한국 신문에 노인들에게 무료 효도 관광을 시켜 준다고 버스에 싣고 가서 터무니없는 보약을 강매 하였다는 보도를 보고 정신만 차리고 안 사면 되지 구입 후에 원망하는 사람이 어리석다고 생각 한 적이 있었다.

나이 들어 당해 보니 남들이 우르르 몰려 몸에 좋다는 것을 모두 사는데 나만 안 사면 손해 보는 것 같고 또 그 달콤한 말에 이미 마음이 기울어 졌으니 안 사고는 못 배기는 충동구매가 이래서 이루어지는가보다.

여행 일정 중 두 세군데 선물가게를 들르고 버스에 올라 좌석에 앉고 나면 이곳저곳에서 내외간에 불평이 쏟아진다. "여보 전번에 중국에 가서 천여 불 넘게 주고 사온 보약 먹지도 않고 버리더니 또 기어이 이걸 샀구려." "아무리 귀한 석청 꿀이라지만 1kg에 백 불씩이나 주고 다섯 통이나 사다니…"

충동구매의 열기가 가시고 나면 여기저기서 후회가 쏟아진다. 이 어색한 분위기를 재치 있는 가이드는 마이크를 잡고 본업으로 들어간다.

옵션 신청에 참가자가 적으면 가이드는 흥이 떨어지고 신명이 죽지만, 노련하고 경험 많은 이는 이 상황을 잘 비켜 간다.

모스크바 관광을 갔을 적에 마침 한국에서 유학 와 파트타임으로 가이드를 하는 학생을 만난 적이 있었는데 순진한 그는 기념품점을 안내하며 여기서 여러분이 선물을 사시면 저는 몇 퍼센트를 사례로 받으니 필요하신 선물은 여기서 많이 사주시면 좋겠다는 권유에 일행은 거부 반응 없이 기꺼운 마음으로 쇼핑을 한 적도 있었다.

악어와 악어새 같은 관광안내와 기념품점 안내는 나무랄 일도 아니다. 출발 전에 예산과 범위를 잘 잡아 마음을 절제하면 충동구매에 휩쓸리지도 않고 가이드를 원망할 일도 없다.

관광버스가 모이는 휴게소에서 어느 가이드들끼리 주고받는 농담을 옆에서 우연히 들은 적이 있다. 가이드는 왕이고 손님은 봉이다. 라는 말을….

7. 19. 2007 한국일보

소문난 UN 한국음식 잔치

아무데서나 간단히 먹을 점심식사이지만 지난 화요일은 모처럼 넥타이를 매고 이스트 강이 잔잔히 흐르는 전망 좋은 유엔 빌딩 내의 DDR 식당으로 갔다. 200여 가지가 넘는 한국 궁중요리

음식 페스티발이 있다는 요란스러운 홍보에 감동되어 뉴욕생활 30여년이 넘도록 한 번도 가본 적이 없는 유엔 빌딩을 찾았다.

삼중 사중의 삼엄한 보안검색대를 지나서 예약한 시간에 뷔페 음식이 차려진 식당의 좌석에 자리 잡고 앉을 때까지는 기대에 부풀었었다. 전망도 좋고 식당 분위기도 아늑하고 품위가 있었으나 차려진 식단을 둘러보고 실망이 앞섰다. 홍보 내용대로 하루에 200여 가지 내용을 다 차릴 수는 없을 터이나 내가 갔던 날은(7월 24일) 차림표가 형편없었다.

우선 한국 궁중음식이라면 우리가 아는 상식으로 신선로나 구절판이 있어야 하고 전통음식으로 삼색전과 삼색나물 정도는 있어야 한식의 기본인데 그게 없으니 대중식당의 보통 메뉴였다.

눈에 거슬린 몇 대목을 지적하면, 서양 채소를 썰어 놓은 샐러드와 소스는 한국 전통음식과는 거리가 멀었다. 혹시 이 샐러드는 개화기에 고종황제가 궁중에서 먹었다고 한다면 이해가 갈 일이지만….

싸구려 중국식 'to go' 음식 같은 닭튀김, 해물잡탕, 서양식 스프, 국적 불명의 국수 국물 맛, 후식 코스에 웬 서양 케이크가 서너 가지나 있었다. 한국의 대표적 음식 중 하나인 불고기도 없고 식혜나 수정과도 없었다.

식당 입구에 전시된 샘플 그릇도 크기들이 너무 작아 초라하고 쌀 튀각, 보리 튀각이 비닐로 포장된 과자 종류를 보고 주최 측의 상식을 의심하였다. 삼성이나 LG가 세계의 전자시장을 석권하는 이 마당에 빈약하게 포장된 초라한 과자 부스러기 전시는 차라리 치워버렸으면 좋을 일이었다.

기계로 뻥 튀긴 쌀 튀각이나 보리 튀각은 우리 전통이 아니고 일제 후에 들어온 튀김 방식이다.

전통 튀각은 찹쌀 벼의 낟알을 무쇠 솥에 볶으면 꽃잎처럼 하얗게 퍼져 맛도 고소하고 모양도 우아한 것이 우리 전통 튀밥이다. 찹쌀가루를 반죽하여 들기름에 튀겨 조청이나 꿀을 바른 후 깨나 튀밥을 묻힌 산자 같은 것이 우리의 전통 과자다.

금년이 4회째나 되는 행사라니 그동안 쌓아온 노하우가 있었을 터인데 주최 측 기획이 너무나 소홀하고 성의가 없어 보인다. 그 날의 식객은 중국인 및 타민족 몇 그룹을 제외하면 거의가 고국을 사랑하는 현지 동포들이었다.

유엔빌딩은 세계 각국의 사람이 모이는 곳인데 한국 음식문화를 소개한다는 행사에 차려진 한국 전통음식은 너무나 부끄러운 엉터리 식단이었다.

앞으로도 이렇게 좋은 기회를 살려 우리 전통 음식을 세계에 알리는 일을 계속하려면 차라리 음식 값을 더 받더라도 제대로 갖추어진 메뉴로 손색없는 행사가 되게 하라고 부탁하고 싶다.

한국관광공사와 문화원이 주최한 국가 공영기관의 행사라면 영리를 목적으로 하는 음식 판매가 아닐 터인데 손익 면에서 적자를 보더라도 면(免)창피한 자랑스러운 축제가 되기를 바란다.

충언역이(忠言逆耳) 이어행(以於行)이고 양약고구(良藥苦口) 이어병(以於病)이라고 좋은 충고는 귀에 거슬리나 행함에 좋고, 좋은 약은 입에 쓰나 병 치료에는 좋다는 옛말도 있다. 그 날의 음식 수준은 뉴욕 뉴저지 지역 격조 있는 대형 한국식당의 뷔페보다 훨씬 질과 양이 떨어진 수준 이하의 행사였다는 한인들의 공통된 불만을 내려오는 승강기 안에서 들었다.

그래도 그날의 수확은 비록 관람료는 지불하였지만 6.25 전쟁 후 초등학교에서 우리를 공산괴뢰 마수의 위기에서 구해준 유엔에 관하여 새겨듣고 공부하였던 안전보장이사회, 경제사회이사회, 유엔총회장을 구경하고 자랑스러운 세계적 한국인 반기문 총장의 이름이 이곳저곳 가이드들의 설명에서 들릴 때 소문난 잔치에 먹을 것 없다고 실망하였던 마음이 안위로 바뀌었다.

8.2.2007한국일보

출어기(出漁記)

제목을 뽑아 놓고 보니 구약성경의 어느 한편을 연상하게 하지만 말씀과는 상관없는 평범한 낚시체험담일 뿐이다. 하기는 예수님의 사도 중에 낚시꾼이 많은 걸 보면 믿음 생활과 고기 낚는 일을 연계하여 봄직도 하지만 사람을 낚는 일이 고기 낚는 일보다 훨씬 어려운 일일레라.

낚시라고는 삼십여 년 전 친구 따라 롱아일랜드 몬탁에서 배타고 나가 블루피쉬를 잡아 본적은 있지만 입맛을 돋우는 광어 낚시는 생전 처음이고 아무런 장비도 없는 맨손인 처지에 연로하신 이부춘 장로님의 모험심을 자극하는 간곡한 권유와, 낚시 장비가 없어도 된다는 말에 고무되어 덜컥 약속을 하였다. 그분은 말이 연로이지 악수를 하여보면 악력이 젊은이 못지않다.

군대시절 야간 출동 때 무기고에서 개인화기와 소총실탄을 지급 받는 것처럼 장로님 댁 차고에 걸려 있는 30여개의 낚싯대 중 하나씩 지급 받고 아이스박스도 각자 하나씩 안겨주며 챙겨주신다.

출동차량을 책임진 이재선 집사님의 늦장으로 예정시간보다 한 시간 늦은 밤 11시에 출발, 매사추세츠의 유명한 마사 빈야드에 새벽 4시에 도착하니 코네티컷에서 출발하신 이재완 장로님과 뉴욕에서 세탁소를 운영한다는 이 사장이란 분은 벌써 포구에 도착하여 일행을 맞는다.

마사 빈야드는 부유층의 별장이 모인 휴양지로 유명하지만 이곳 앞 바다는 존 에프 케네디 2세가 수년전 그의 부인과 함께 조종하던 소형 비행기가 바다 속으로 추락하여 꽃다운 나이에 이 세상을 하직한 항공참사의 현장이기도 하다.

그가 출발하였던 뉴저지 에섹스 카운티 비행장에서 필자도 그 날 비행 연습을 하던 날이라 이곳 지형과 사고 당시의 보도상황을 누구보다 생생히 기억하고 있는 곳이기도 하다. 불의의 사고로 숨진 그들의 넋을 위로하는 짧은 묵념을 하며 그 해역을 지났다.

두어 시간 정도 바다로 항해하는 동안 아래층 간이 선실에서 잠깐 눈을 붙이고 나서 갑판에 올라오니 이부춘 장로님과 세탁소 이 사장은 긴 고무장화와 앞치마를 두르고 있었다. 영락없이 어판장에서 도매하는 생선장사 모습이었다.

이 장로님이 예약한 전세 낚싯배는 정원이 6인승이다. 선장과 보조 승무원까지 합하여 여덟 사람은 한 배를 탄 공동 운명이 되었다. 일행 중 입심 좋은 김찬열 집사님도 낚시는 처음이라 멀미 예방약을 한 시간 전에 미리 먹었는데 나도 한 알 예방차원으로 얻어먹었다. 그분 역시 장로님의 설득과 꾐(?)에 빠져 따라나온 나와 같은 낚시의 왕초보이시다.

낚시에 미끼 다는 법, 추가 바다 밑 바닥에 가라앉을 때까지의 느낌, 고기가 낚시를 물었을 때 잡아채서 릴을 감아 끌어 올리는 법 등 간단한 기초교육을 받고 첫 낚시를 던졌다.

욕 잘하는 사람이 침도 길게 뱉는다고 낚시 오래한 분들은 추의 무게를 이용하여 낚시를 뱃전에서 멀리 잘도 던지나 초보인 김 집사님이나 나는 기껏 코앞에 떨어진다. 이윽고 "엇차" 하는 함성과 함께 누구인가의 낚시에 광어가 펄떡거리고 요동치며 끌려온다.

레이더로 수심을 측정하여 광어들이 모일 장소에다 배를 세운 터이다. 여기저기서 함성이 교차되며 갑판 위에 내동댕이쳐진 광어들이 펄떡펄떡 뒤집어 졌다 엎어졌다 필사의 몸부림을 친다.

옆자리의 왕 초보 김 집사님도 어느 듯 한 마리가 걸렸는지 회심의 미소를 띠며 슬슬 릴을 감아 건져 올리는데 나의 낚시는 미끼가 빠졌나 기척도 없다.

우리 일행은 낚싯배 빌리는 것도 공동으로 공평히 분담하였고 제반 경비도 공동 분담이며 풍랑을 만나도 함께 겪어야 할 한 배를 탄 공동 운명이니 어획(漁獲)도 한군데 모았다가 공산주의 식으로 공평히 나누어 가지나 생각하였는데 가만히 눈치를 보니 하나씩 나누어 준 아이스박스에 자기가 잡은 것만 자기가 갖는 것으로 자본주의 방식이다.

다른 사람은 몇 마리씩 건져 올리는데 이대로 빈손으로 집에 가야하나 생각하니 참담한 생각이 더욱 조바심 나게 한다.

드디어 나의 손에도 묵직한 감이 들어 낚싯대를 슬며시 잡아채니 한 마리 딸려 오는 느낌이 온다. 릴을 감아올릴 때 손에 닿는 감각은 마치 경비행기를 조종할 때 느끼는 스릴과 같다. 한동안 활주로를 힘껏 달리다 슬며시 조종간을 앞으로 당기면 지면을 구르던 바퀴의 충격이 없어지며 공중으로 떠오르는 느낌은 사바세계의 번뇌를 다 잊고 천상으로 비상(飛上)하는 경지다.

낚시에 걸린 물고기가 살랑거리며 끌려올 때 느끼는 이 짜릿한 손맛의 희열이 낚시꾼이 매료되는 포인트가 아닌가 한다.

초보자인 필자에게 선장이 달려와 낚시에서 광어를 빼는 것도 도와주고 미끼도 끼워주지만 눈금이 새겨진 도마 위에 광어를 올려놓고 길이를 재어 보고는 17.5인치 미달이라고 간신이 잡아 올린 나의 첫 수확을 주인의 승낙도 없이 바다로 휙 집어 던져 방생(放生)한다.

한국에선 불탄일에 방생용으로 외국에서 거북이나 외래종 물고기를 사다가 방생하는 바람에 한국의 생태계를 파괴한다는 근간의 보도가 있었는데 애초에 그 자유로운 생물들을 포획하지 않았다면 그들은 훨씬 자유로웠을 텐데…. 진리를 알지니 진리가 너희를 자유케 하리라(요8:32)

모처럼 잡은 놈을 도로 놓아주어 아쉬움이 한동안 맴돌았으나 시간이 지나니 각자의 아이스박스에 광어가 채워진다. 과일도 절기 따라 수확하는 종류가 있듯이 낚시도 철따라 어종이 바뀐단다.

고등어철, 광어철, 오징어철, 대구철, 계절마다 어종이 바뀌며 낚시 모양과 추의 무게도 각각 바뀐다. 낚시꾼의 집엔 커다란 후리져가 두어 개 이상은 있다.

광어는 해저 바닥을 헤엄치는 어종으로 아랫배는 하얗고 등쪽은 검어서 낚시에 걸려 팔딱거리며 끌려 올 때 넓적한 몸집의 흑백 색 조화가 허공에서 현란한 춤을 춘다.

세탁소를 운영한다는 이 사장은 차라리 생선가게를 하면 나을 정도로 생선회 뜨는 솜씨가 일품이다. 갓 잡아 올린 광어를 네 번 칼질에 한쪽 살결을 포 떠내고 엎어서 또 한 쪽도 떼어 낼 때까지 그 놈은 살아있다. 머리와 등뼈, 꼬리만 붙은 광어를 뱃전에서 바닷물에 집어 던지면 살래살래 꼬리치며 가라앉는 모습이 무척 안쓰럽다.

바다의 물고기, 공중의 새, 땅에 움직이는 모든 생물을 다스리라(창 1:28)는 말씀에 따라 육류와 어류를 양식으로 삼아 잡아먹어도 우리는 죄책감을 안 느끼는지 모르겠다.

이 장로님이 준비하여온 초고추장과 온갖 야채 셀러드를 광어회와 버무리니 그 회무침은 어느 식당의 메뉴보다 싱싱한 요리였다. 아침과 점심을 거른 일행에게 그 맛이 천하일미인 것은 불문가지(不問可知)이다.

광어 낚시 간다고 동네방네에 광고를 하고 온 김 집사님은 자기가 잡은 마릿수로는 큰 소리 치고 온 지인들께 돌릴 광어가 턱없이 부족한지 선장이 잡은 것까지 챙겨 자기 아이스박스에 채웠다. 그날 김 집사님의 어획량이 최고로 많았다. 아마도 이글을 읽지 못한 분은 집사님을 베테랑 낚시꾼으로 알 것이다.

그날은 운이 좋은 날이었는지 포구에 닿아 배에서 내리니 옆 배의 선장이 콘치(한아름 마켓에서 파운드당 4.99달러에 파는, 알맹이 보다는 소라 껍데기가 더 무게가 나가는)를 인심 좋게 공짜로 가져가라고 하여 한 개가 두 주먹 합친 것 보다 커 두 파운드 이상 됨직한 것을 각자 한 다즌 씩 얻어왔다.

이런 사연이 있어 지난 7월 두 번의 낚시 출항으로 머릿돌 교회의 낚시 동호회가 이부춘 장로님의 말 한마디로 결성 되었으며 우리 교회의 성도면 누구나 회원으로 받아들인다는 장로님 아닌 회장님의 선포였다.

7. 2007

한글날에 생각나는 일들

국경일이라고 온 나라가 축하하며 기리던 한글날이 1991년부터 기념일로 하향 조정되어 이제는 그런 날이 있었던가 하는 정도로 되고 말았다. 글로벌 세상이라고 본국의 국력이 신장됨에 따라 한류 열풍이 세계 곳곳에 일고 있으나 세계로 향한 한글 홍보는 그 균형이 안 맞는 것 같다.

해외동포가 가장 많이 거주하는 미주의 미국 기업들은 한인고객 유치에 적극 나서고 있다는 보도도 있었고 미국에서는 한국어를 외국어 교육에 포함하려는 여러 가지 시도가 있다는 보도도 근간에 보았다.

한국산 제품을 사라고 한국 메이커들은 기회 있을 때 마다 해외동포들에게 호소한다. 그러나 성능이 우수한 여러 가지 메이드인 코리아 제품이 세계시장을 누비고 있는 차제에 제품사용 설명서가 한글로 작성된 품목은 찾기가 힘들다.

일본산 제품이나 중국제품 중에는 가끔 한국어 안내문이 들은 제품을 본 적도 있다. 미국에서 판매되는 소니 제품의 50인치 TV포장 상자에는 영문 및 기타 몇 개국 언어와 함께 한글로 주의사항이 인쇄된 안내서를 접하고 작은 감동을 받았을 뿐만 아니라 제품에 대한 친밀감까지 새삼 느껴졌다.

필자는 벌써 십여 대의 한국산 휴대폰을 구입한 경험이 있지만 설명서에 영어와 스페인어는 있어도 소수민족 즉, 중국어나 한국어의 설명서를 본 적이 없다.

세상에는 3,000여개의 언어가 있다고 한다. 대부분의 사람들이 사용하는 영, 불, 중, 소, 스페인어에다 한국어를 첨가하여 제품을 출하한다면 세계의 소비자들 모두를 망라하지 않을까 한다.

세계로 수출하는 한국제품에 앞서 언급한 몇 개 국어의 설명서를 첨가한다면 장기적 안목으로 세계의 모든 소비자들에게 한국산 제품의 친밀도를 높여줄 것임을 믿어 의심치 않는다. 이 발상은 글로벌 마케팅 전략의 일환으로 국가에서 장려, 독려하여야 할 시책이라고 생각한다.

최첨단 기술로 만들어지는 한국산 제품에 나보란 듯이 한국어 설명서를 첨부하여도 제품의 지명도가 떨어질 일도 아니고 생산 원가가 더 드는 일도 아닐 터다. 한글을 모르는 최종 소비자가 한글이라는 진귀한 문자를 사용하는 국민이 이토록 좋은 물건을 만든다는 호감을 가질 수 있는 사안이다.

중국의 국력이 성장하니 그 잠재성을 인식하고 미국에서 중국어 붐이 일고 대입과정에서 중국어가 인정되고 있는 추세에 온 세계로 수출하는 한국 상품에 한글 표기를 병행하는 설명서를 삽입한다면 그 간접효과는 장기적으로 큰 수확이 있으리라 의심하지 않는다.

한글은 모양이 예쁘고 독창적이며 과학적인 체계를 가진 창제 발명 문자로서 1997년 유네스코의 세계유산 기록으로 지정된 온갖 소리를 표현할 수 있는 우수한 문자이다. 전 세계적으로 문자 탄생의 기념일을 갖는 날은 한글날이 유일하다고 한다.

우물 안 개구리 식으로 대내적으로만 떠들 일이 아니라 그 실제 모양을 특별한 예산 없이 세계에 홍보할 한글 설명서를 꼭 만들어 달라고 본국 관계자들에게 새삼 당부하고 싶다.

한국정부에서 파견 나온 관계부처의 요원들은 의무적으로 상부에 보내는 정부 보고에 필자의 건의를 참고삼아 보고하여 건설적 의견이 국가시책에 반영되기를 바란다.

좋은 결과가 나오면 어제(御製)하신 세종대왕께서도 지하에서 '오 기특한 백성들' 하고 기뻐하실 것이다.

10. 5. 2007 한국일보

영하의 날씨면 생각나는 일들

겨울이 되면 북반구의 대륙은 추워지는 일이 당연하다. 뉴욕에서의 추위는 아무리 추워도 문만 열고 들어가면 따뜻한 피한처가 있다. 기록을 읽어보면 반세기 전 한국전쟁 때 유엔군이 겪은 추위는 영하 30도까지 내려가고 체감온도는 영하 50도 정도였다니 난방이 잘된 훈훈한 곳에서 생활하는 우리는 상상하기도 어려운 추위였나 보다.

유엔의 안정보장 이사회의 결의로 공산마수의 남침을 저지하여 준 유엔군이 혹독하게 추운 곳에서 자유와 민주주의 체제 보호라는 명제 하에 공산군과 싸우다 숨진 참전국의 젊은 영혼들의 은혜는 잊지 않아야겠다.

죽지 않는 노병 맥아더 장군의 인천상륙작전으로 압록강까지 북괴군을 밀어부처 통일이 되는가 하였으나 중공군의 참전으로 한반도는 다시 허리가 잘려있다.

한국전쟁이 발발한 해 11월 중 함경남도 장진호 부근에서 미제 10군단 휘하 해병 제 1사단과 중공군 제 9병단 송시륜 휘하의 치열한 접전의 역사가 그동안 몇 권의 책으로 출간되었다. 'Breakout' : 1999 마틴 러스, 미 해병대원으로 한국전 참전, 임상균 역(譯), 'The Coldest Winter' : 2007 데이비드 하버스탬, '얼어붙은 장진호' : 2007 고산 한국어 장편소설. 두 권의 책은 정확한 전사(戰史)에 입각한 다큐멘터리이고 고산 씨가 쓴 것은 전사에 나온 장병들의 실명에다 작가의 감성을 가미했다. 독자들에게 혹한의 추위 속에서 싸우다 죽어간 젊고 젊은 병사들의 애환과 생환한 병사들의 옛 회고를 들려준다.

1950년 11월 승승장구하던 2만여 명의 미 해병대의 북진은 장진호 부근에서 12만 여명의 중공군에 겹겹이 포위되어 섬멸당할 위기에 처한다. 그때 미군들의 장비와 무장은 중공군에 비할 바 없이 우수하였지만 빈약한 장비로 무장한 그들이 수적으로 우세하여, 선발대가 쓰러지면 후발대가 밀려오고 그들이 쓰러지면 또 후속부대가 파도처럼 몰려와 감당하기 어려운 전세였다.

그래서 그랬는지 인해전술(人海戰術)이라는 야전교범이 새로 생겼었나보다. 죽여도 죽여도 끝없이 개미굴에서 줄지어 나오는 불개미 떼처럼 밀려오는 그들의 작전에 포위된 주 병력이 흥남까지 후퇴작전을 하면서 치른 미군전사(戰史)는 패퇴(敗退)라는 치욕과, 그래도 주력부대가 온전히 포위망을 뚫고 철수하였다는 명예로운 전투로 기록되었다.

우리말 장진호가 미군전사에는 초신(Chosin)으로 통한다. 2차 대전이 끝난 지 얼마 되지 않아 맥아더 장군이 일본어로 표기된 지도를 가지고 작전지휘를 하였는데 그 일본식 군사지도에 장진이 초신으로 표기되어 있어서 그리 되었다는 작중인물의 대화도 나온다.

그때 미군의 우수한 화력과 해병항공단의 지원으로 중공군의 시체가 전선에 낙엽처럼 쌓여 수 만 명이 되었다지만 미군 역시 그 전투에서만 2천 5백여 명이 전사하고 5천명이상이 부상당했다.

그들이 영하 30도가 밑도는 혹한에서 야전식량 C 레이션 깡통마저 얼어붙어 먹지 못하고 중대별 소대별로 참호 안에서 고향생각하며 졸다가 기습도 받았다. 동장군의 엄습으로 손발에 동상이 걸리고, 때로는 지친 몸으로 백병전을 치루며 죽어간 애처로운 그 병사들을 생각하여 본다.

따끈한 커피라고 야전 컵에 데워 마실 때나, 어쩌다 텐트가 쳐진 임시 막사에서 더운 치킨 스프을 먹을 때 그들은 고향을 떠올렸고 어머니 아버지 형제와 사랑하던 연인을 그리워하였다.

혹한 속에 맞는 추수감사절 특식을 먹으며 모락모락 김이 나는 칠면조 구이와 그들의 따뜻한 안방이 머리에 떠올랐을 것이다.

그들은 2차 대전 때 참전하였던 역전의 용사도 있었고 갓 입대한 꽃다운 이십대의 젊은이가 대부분의 병사였다. 그리고 어느 날 참호 안으로 날아와 작열하는 수류탄에 두개골이 깨지고 내장이 터지는 부상으로 처참하게 죽기도 하였다.

전사자를 처리하는 영현 기록반은 한군데 모아진 시체들을 후송할 수 없으면 불도저로 땅을 파고 집단 매장을 하였다. 반세기가 지난 지금도 미국은 북한 땅에서 억울하고 외롭게 죽었던 영혼들을 달래고 막대한 예산을 써가며 그들의 유해를 찾아 국립묘지에 안장한다.

그들이 한국전쟁에 휩쓸려 산화하지 않았다면 풍요로운 땅 아메리카에서 아들 딸 손자 보며 인생을 즐겼을 터인데, 안타까운 마음이 맴돈다. 아메리카 합중국에서 반세기 전 그들이 한국전쟁으로 떠나고 돌아오지 못한 자리를 우리 이민 세대가 대신 차지하고 살고 있다는 미안하고 송구스러운 마음이 든다.

또한 미군들의 흥남부두 철수 작전 때 함께 구출되어 내려온 10만여 피난민 중 현재 미국에 정착한 분들도 상당수 있을 것이다. 한국국민이라면 오늘의 한국이 존재할 수 있도록 지켜준 미국이라는 나라에 은혜를 잊으면 안 될 일이다.

1. 17. 2008 한국일보

미소의 지혜

한여름철 개미 떼들을 관찰하다 보면 재미있는 한 가지 사실을 발견할 수가 있다. 비가 오기전이면 다른 때 보다 더욱 활발히 개미집을 드나들며 먹이를 저장하기에 바쁘다. 번갈아 드나들며 서로 마주칠 때마다 더듬이를 까닥대며 인사 하는 것을 볼 수가 있다.

앞에 먹잇감이 더 있다는 얘기인지, <하이>하고 수고한다는 소리인지 알 수는 없지만 바쁜 발걸음 중에도 빠지지 않고 인사하는 모습은 우리가 배워야 할 모습 같다. Discovery채널을 보면 여러 가지 동물들이 약육강식의 세계 속에서 살아가는 생존의 지혜를 엿 볼 수 있다.

지혜란 학식이나 인격하고 정비례하는 것이 아니다. 많이 배웠다고 더 지혜로운 것도 아니다. 오히려 덜 배운 사람이 인생을 더 지혜롭게 사는 경우를 우리는 주위에서 많이 본다. 사물의 이치를 빨리 깨닫고 슬기롭게 정확히 처리하는 것이 지혜의 정의다.

인생경험이 많은 연장자로부터 우리는 많은 삶의 지혜를 전수받는다. 물불을 가리지 않던 청장년 시절 부모님들의 간섭이 우리에게 그들이 평생 익힌 지혜를 일러주는 교훈이었지만 그 당시엔 잔소리로만 들리던 불경스러운 때가 어버이날을 즈음하여 생각난다.

우리 속담에 <웃는 얼굴에 침 못 뱉는다>고 한다. 미소가 주는 처세의 이점(利點)은 우리 생활을 훨씬 부드럽게 이끌어 준다. 언어 소통이 불편한 이민 1세들께는 여러 가지 타국살이에 곤란한 경우가 많다.

스몰 비즈니스의 가게 주인이 손님과 마찰이 있을 때, 택시기사가 손님을 맞을 때, 헤어 살롱에서 고객이 마음 안 들어 할 때, 세탁소 문턱을 넘어 들어오는 단골손님에게, 식당에서 계산서를 전할 때 웨이트리스의 잔잔한 미소는 잠깐 스치는 인연이라도 우리의 삶을 한결 여유롭게 인도할 수 있다.

모든 사람이 다 그런 건 아니지만 서양 사람들 특히 여성들의 얼굴 표정관리를 주의 깊게 관찰하여보면 우리가 참고하여야 할 일이라고 생각한다. 그들은 서로 안면이 있고 없고 간에 사람을 만나면 우선 얼굴 근육이 자동적으로 얇은 미소 짓는 형태로 변형된다. 그리고 상대방과의 정도에 따라 미소의 크기가 달라진다. 아마 어린 시절부터 어머니의 표정을 보고 배운 탓이리라.

여자가 웃음이 헤프면 천한 여자로, 남자가 웃음이 많으면 체신머리가 없다고 배우며 자랐다. 정숙한 여인은 낯모르는 사람에게 미소를 보이지 않아야 한다는 우리의 여성교육은 여성들의 얼굴을 성난 얼굴로 서양인들에게 비치게 한다. 물론 이곳에서 나고 자란 세대들은 예외지만 나부터 얼굴표정 관리가 현지 적응에 어려운 게 사실이다.

내가 사는 아파트 수백세대 중 우리 한인이 약 절반 정도 살고 있다. 어느 날 엘리베이터에서 만난 젊은 여인이 말을 걸어 왔다 "아저씨 한국분이세요?" "네." "그런데 왜 한국 사람들은 서로 인사가 없지요?" "나도 동감입니다만…." 이곳으로 이사 온 지 얼마 안 된 주민 같다.

좁은 공간 엘리베이터에서 만나는 서양인은 먼저 가벼운 인사가 있어도 대부분의 동양인들은 허공만 쳐다본다. 승강기를 탈 적 마다 동양인을 만나면 내가 먼저 인사를 하느냐 마느냐 순간적으로 작은 갈등을 느낀다.

일개미들은 서로 만나면 더듬이를 흔들며 인사하는데 우리 인간에게는 미소와 같은 손쉬운 인사 방편이 있으면서도 서양인들이 보기에 항상 성난 표정처럼 얼굴 근육을 굳혀 놓고 있으니 미물인 개미들로부터라도 지혜를 배워야겠다.

5. 25. 2008 한국일보

붉은 악마의 최면술

한국에서 소포로 보냈다는 붉은 티셔츠를 입고 나타난 아들 내외와 어느 골프대회에서 선물로 준 뉴욕판 '필승 코리아' 티셔츠를 입고 온 가족이 한 방에 모여 한-불 축구 전을 응원하며 관전하였다.

세상 어느 곳에서나 한인이 모여 살면 자연스레 이루어진 월드컵 축구 열기가 드디어 우리의 안방에까지 밀려온 결과였다. 스포츠 중계를 혼자서 관전하는 것보다 몇 명이 모여서 보아야 분위기가 고조되고 그 열기를 주고받을 수 있어 친구끼리 모여서 보는 것이다.

16강 좌절로 붉은 악마의 집단 최면에서 이제 풀려날 때가 되었다. 한국의 온 거리와 수많은 광장들이 온통 붉은 악마의 열광이었지만 그 흥분의 태풍이 썰물처럼 밀려 나갔다.

온 세계에 퍼져 사는 한인들도 태풍을 맞고 이제 비에 젖은 세간살이를 햇빛에 말리는 일상으로 돌아와야 한다.

붉은 악마들이 토해내는 응원의 열기는 역사 속으로 흘러간 갖가지 군중들의 함성과 대비(對比)된다.

히틀러가 가는 곳마다 광장에서 주먹을 불끈 쥐고 열변을 토할 때 환호하는 독일 군중들, 전장으로 나가는 황국 병사가 천황에게 절하며 비장한 각오로 출전하는 자칭 대일본제국 병사들의 함성, 장충체육관에서 99%의 득표를 얻게 되는 대통령 선출의 일사불란한 구호를 외치는 유신시대의 대한민국 국민들의 관선(官選) 외침, 미 대륙을 누비며 개최되는 민주, 공화 양당의 지도자 연설이 숨을 돌릴 적마다 울려 퍼지는 박수와 환호성이 터지는 아메리카 합중국인들의 광기(狂氣), 이 모두가 군중이 하나 되는 집단최면 현상이다.

이쯤 되면 개개인의 사소한 감정과 사고 능력은 군중심리에 동화되어 모든 근심 걱정이 순간에 사라진다. 독재정치 지도자가 국민의 관심을 돌리기 위하여 쓰는 스포츠 장려가 헛된 낭설은 아닌가 싶다.

거기다가 날로 발달된 매스미디어는 건조한 들판에 불붙는 불씨를 광풍처럼 불어 부친다. 거기다 월드컵 중계료로 큰돈을 만진 한국의 TV 지상파 3사는 세계 어느 나라 언론보다 많은 중계를 하여 균형 잡히지 않은 편향된 보도라고 식자의 비난을 받고 있다. 언론매체의 극성스런 중계는 작은 국토의 국민들 잠을 설치게 하며 붉은 악마의 응원 열기를 연출하였다.

그렇게도 열렬한 응원에도 16강 진출에 실패한 한국의 응원단을 보며 누구나 안타까움을 안 가진 한인은 없었으리라. 경기에 탈락하였다고 눈물 흘리며 아쉬워하는 순진한 South Korean여인들의 모습을 영상에서 보니 위대한 수령이 서거하였다고 자기 부모 죽은 것보다 더 서럽게 우는 북녘의 인민들 모습에 오버랩 된다.

텅 빈 경기장이나 도심 한복판 광장에 수만 명이 모여 대형 스크린을 통하여 관전하며 응원하는 행사는 한국이 원조라는 기사도 본 적이 있다. 선진국이 되어가니 별의별 것도 앞장서서 가고 있나 보다.

먼 곳에서 기도하여도 응답이 있는 것처럼 먼 곳에서 하는 응원도 기도처럼 일맥상통 하는 이유가 있으리라 생각되기도 한다.

요즘같이 하루하루가 불안한 현대인은 어떤 강력한 집단에 의하여 집단 최면에 걸리기 쉽다. 개인의 사소한 불만이 공동으로 뭉치면 폭동으로 변한다. 문명국으로 쳐주는 불란서의 지난번 취업난의 폭동이 이를 설명하여 준다.

최면술도 좋은 방향으로 유도되면 질병 치료, 심리 치료에 원용된다.

미국에 사는 소수민족으로서 권익을 찾을 수 있는 최선의 방법은 선거 때 투표에 참여하여 한 표를 행사하는 일이라는 사실은 누구나 다 알고 있는 상식이다. 선거가 끝나고 보면 한인들의 너무나 초라한 투표 참여율 통계는 우리를 안타깝게 한다.

한인들이 많이 모여 거주하는 웬만한 미국의 대도시에는 한국어 신문, 한국어 방송이 존재한다. 또 그들 나름대로 투표 참여 홍보를 하고 있다. 그렇지만 필자가 보기에는 그 성과가 미미하기 그지없다.

미주에 산재한 모든 언론기관 사주(社主)들이 붉은 악마의 최면술에 걸려든 미국에 거주하는 한인들의 잠재의식에 투표 참여를 권고하는 의식(儀式)을 최면술처럼 불어 넣어주는 프로그램을 짜 넣으라고 권하고 싶다.

11월 투표 한 달 전부터 집중적으로 우리들의 의식(意識)에 투표의식(儀式)을 불어 넣어 주면 그 성과가 지대할 것을 확신한다. 심리학적으로 한번 최면에 걸린 사람은 그 다음에도 최면에 잘 걸린다는 통계가 있기 때문에.

7. 7. 2008 한국일보

영화 '괴물' 관람기

지난 일요일 맨해튼 42가 '괴물' 영화를 상영하는 영화관에 시간 맞추어 입장하니 관람석이 만원이어서 가까스로 스크린 바로 앞좌석을 차지할 수 있다. 본인의 경험으로 영화관의 객석이 꽉 찬 일을 거의 본 적이 없다.

뉴욕타임즈를 비롯하여 워싱턴포스트, USA 투데이 등 미 주요 언론들이 호의적으로 높이 평가한 탓인지 한국영화가 미국의 대도시 뉴욕, 그 중에서도 타임스퀘어 옆에 자리한 영화관에서 미국인 관객들로 꽉 찬 극장 안을 둘러보고 미국에 사는 한인으로서 뿌듯한 자긍심을 느꼈다.

동포사회에는 홍보가 미처 안 되었는지 한인 관람객은 우리 식구를 제외하곤 한 사람도 보이지 않아 조금 섭섭했다.

과거 미주에서 상영되었던 한국영화는 헐리웃 풍의 액션이나 한국인 정서에 치우친 내용이라 외국인들이 관람하기에는 기대에 미흡한 내용들이었다. 이 영화는 'The Host' 라고 호기심을 유발하는 영자 제목부터 잘 뽑았다고 생각된다.

지루한 진행 없이 내용이 전개되며 극중에 미국인들이 간간이 등장하여 영어 나레이션 삽입이 미국 현지인들에게는 이질감을 덜어주는 효과가 있지 않나 싶다. 필자는 영화평론가도 아니고 작품 자체를 비평할 실력도 없으니 평범한 관객의 소감일 뿐이다.

더더구나 주인공 누가 어떤 연기를 하고, 감독의 수준이 어떻고, 극중 내용이 어떻게 진행된다는 줄거리를 어설프게 소개하는 일은 내 몫이 아니다.

첫날 상영에서 박스오피스 20위 밖이지만 평균 흥행 수위 10위를 기록하였다는 것도 한국 영화산업의 해외 진출에 좋은 징조를 보여주는 현상이라고 생각된다.

이제 화사한 봄날이 되었으니 안방에서 한국 비디오테이프만 돌릴 것이 아니라 모처럼 시간을 내어 가족들과 함께 관광객들의 어깨를 부딪치며 브로드웨이도 걸어 보고 영화관 안에서 팝콘을 야금거리며 동심으로 돌아가 괴물 영화도 감상하면 시름 많고 걱정 많은 우리 생활에 한동안은 윤활유가 되지 않을까?

이 영화는 5월 4일까지 미전역 122개의 스크린에서 상영된다니 우리 뉴요커뿐만 아니라 미주에 거주하는 한인 모두가 한국 영화산업에 용기를 보태주기 위해 관객 수를 높여주는 것도 보람된 일이라고 생각한다.

3. 15. 2007 한국일보

풍수지리(風水地理)

믿자하니 황당하고 안 믿자니 꺼림칙한 일이 풍수설이다. 고국에 들릴 때마다 선산에 성묘를 하고 온다. 초등학교 유년시절 추석이면 그 때는 멋모르고 아버지를 따라 고향선산이 있는 시골의 이 산자락 저 산골짝 풀숲을 헤치며 6대조 할아버지 산소부터 증조부모 조부모 묘소를 성묘했다. 70이 넘은 아버지가 마지막에는 조부모 무덤 앞에서 절하고 꺼억꺼억 우셨는데 그때 그 모습이 반세기가 지나도록 엊그제 일처럼 기억에 새롭다.

일제 말기 집안에 몰아쳤던 재난을 면하기 위하여 종중의 선산이 있음에도 유명하다는 지관(地官)의 말만 믿고 조부모님의 유해를 이곳저곳으로 이장을 하신결과이다.

지금의 한국이 눈에 띄게 달라진 두 가지는 시골에도 고층아파트가 들어서 있고 또 하나는 매장지가 시골의 논밭 언저리까지 자리를 잡아 구석구석 분묘 없는 곳이 없다.

유사 이래 내려오는 매장 풍습이 온 국토를 뒤덮을 만큼 계속 늘어나고 있다. 나라 법에는 엄연히 매장 및 묘지에 관한 규정이 1961년 법률 제799호로 제정되어 대도시 주변에 공원묘지 납골당이 있다고 하나 오래된 매장 습관으로 손바닥만 한 국토를 해마다 잠식하고 있다.

믿을 수도 없고 안 믿자니 찜찜한 풍수지리설 때문에 선대의 어른들은 조상의 유골을 칠성판에 짊어지고 그 명당을 찾아 방방곡곡을 헤매었다. 어찌 옛날의 선대 어른들만 그랬는가?

근래에 들어와서도 DJ가 선친 묘를 이장하고 대통령이 되었다니 HC도 그의 선산을 옮겼으나 결국에는 실패한 것이 엊그제 일이다. 국민을 지도하겠다는 대통령부터 이러할 진대 소박한 일반 서민은 조상의 음덕을 빌어 금시발복(今時發福)으로 신세를 바꾸어보고 싶은 마음이 아니 들 수 없다.

한때 권력을 잡았거나 재벌급으로 부를 축적한 이들의 선산 묘소는 왕릉을 흉내 내고 있다. 뿐만 아니라 이들이 앞서 제정한 법을 위반하고 호화분묘를 썼다고 언론에서 폭로한 사실이 한두 건이 아니다. 하지만 그 후 그들의 분묘가 법 규정대로 고쳐졌다는 후속기사는 본적이 없다.

어느 주간지에선 현 대통령의 선산이 대통령이 나올 명당이라고 치켜세운다. 어느 풍수가가 자기의 명성을 업그레이드 하려고 불어대는 나팔이렸다.

과연 풍수지리설이 믿을만한 학설인가? 자연환경과 사람의 길흉화복을 연관 지어 설명하는 학설로 주역에서 나온 음양오행(陰陽五行)이론이라 한다. 화장한 유해를 캡슐에 넣어 우주로 장사지내는 이 시대에 '못되면 조상 탓' 만 하고 명당 찾아 삼천리를 헤맬 일일까.

인간이 자연에 적응하면서 터득한 지혜로 집터는 양지바른 곳에 잡고 홍수나 재난을 피할 곳이 명당 집터이다. 풍수설에 따른 이론이 아니고 경험에서 나온 상식이다.

조선왕조들의 능묘는 당대의 내로라하는 지관들이 최고의 명당을 잡았을 터인데 지기(地氣)가 다해서 왕조는 망하고 왕손들은 몰락하였는가? 부시대통령 일가가 명당 찾아 조상 묘를 잘 써서 부자(父子) 2대가 내리 대통령을 하고 있을까?

미주에 사는 우리들은 사후 명당자리 찾아다닐 걱정 없어 행복한 편이다. 좌청룡, 우백호, 전주작, 후현무 따지지 않고 규격에 맞는 비석을 세워 자리 가리지 않고 한 평도 못되는 공동묘지에 평등한 민주주의 이념대로 묻혀있을 테니까.

6. 7. 2008 한국일보

설교와 선동을 읽고

어수선한 세상이다. 살벌한 세태 속에 우리들의 감성도 이성도 마비되는 것 같다. 누가 일렀던가 4월은 잔인한 달이라고…….

비평과 비난은 비슷한 어감이지만 의미는 판이하게 다르다. 하나님의 공의와 예수님의 가르침을 선포하는 유명 목회자들의 설교를 비평하는 정용섭 목사의 비평집 '설교와 선동' (대한기독교서회 2007년 2월 출판)이 새로 나왔다.

그렇지 않아도 어수선한 세상에 정통 교단의 뉴욕소재 대형 교회의 어느 담임목사가 긴 세월에 걸쳐 성장시킨 그 교회의 여신도들과 부적절한 관계가 세상에 드러난 후 그의 변명은 자기가 모든 것을 고백하였은즉, 예수님도 간음한 자를 정죄하지 않았으니 자기도 사함을 받아야 한다고 온 천하에 광고하여 다른 성직자들까지 부끄럽게 한 사건이 있어서 <설교와 선동>이 혹시 유명 성직자들의 흠집을 들추는 내용은 없을까 하는 염려는 기우였다.

역사적으로 고찰할 때 중세 가톨릭교회의 부패나 사제들의 타락 때문에 종교개혁이 있었고, 불가에서도 파계한 스님이 속세의 여인과 접하여 역사에 나오는 인물(원효대사의 아들 설총)을 출산한 아버지 스님도 있었고, 역대의 교황 중에도 아들을 가진 사람(교황 알렉산더 6세 1432~1503)도 있었다.

성직을 맡고 있는 사람도 육신을 입고 있는 인간인지라 오류나 흠집이 없을 수는 없다. 인간이 완전무결하다면 그들은 예수나 부처다. 다만 시대나 환경에 따라, 도덕규범이나 율법을 재단하는 인간의 잣대 기준이 다르기에 그러한 사건이 용납될 때도 있었고 부정되기도 하였다.

현대 인간들의 정신세계를 지도하는 모든 종교의 성직자는 고도의 도덕성과 투명성이 요구되는 직책이기에 그들의 일상이 윤리적, 도덕적 판단으로 상식에서 일탈할 때는 지탄받고 정죄된다.

지금처럼 인권과 사생활이 보장된 세상에 쓰임 받고 선택된 목자(牧者)에게는 고귀한 사명을 멍에처럼 지고 가라고 우리 일반인들은 요구한다.

정 목사의 설교비평 제1집 '속빈 설교 꽉 찬 설교' 에서 우리가 익히 들어 잘 아는 한국의 대형교회의 유명 목사들의 설교에 대한 예리한 비평을 펼친 바 있는데, 제 2집에서는 교회를 담임하지 않는 목사님의 설교도 있고, 목사가 아닌 신학박사의 설교집도 도마 위에 올랐다.

미주 휴스턴 교회에서 시무하는 목사님이 있는가 하면 그들의 저서가 한국교계에 선풍적 바람을 일으켰던 서양 목사님들의 설교까지 비평의 대상에 올려놓았다. 앞으로는 대 뉴욕지구 대형교회 목회자의 설교도 정 목사의 도마 위에 오를 날이 있지 않을까 조바심이 든다.

그의 글을 읽는 독자라면, 나는 왜 진작 신학이라는 오묘한 학문의 세계에 입문하지 못했나 하고 후회가 들 때가 많을 것이다. 철학적 사유(思惟), 신의 존재, 작금(昨今) 동서양 수많은 신학자들의 학문적인 고뇌를 엿볼 수 있으므로 삶의 궁극적 목적을 추구하던 젊은 시절 동경의 세계로 삼을 만한 것이 신학이었는지 모르기 때문이다.

저자가 구사하는 책 내용의 현란한 용어는 머리가 어지러울 정도로 현학(玄學)적인 대목이 많이 나와 나같이 짧은 언어감각의 소유자라면 두번 세번 음미하여야 행간의 맥을 짚을 수 있는 문장도 많다.

그러나 옥에 티가 있다고 그가 비평한 어떤 장(章)에서 타인의 용어 선택을 지적하였지만 그의 글에도 영어 단어의 삽입이 무수히 남용되어 북한에서 탈출한 사람이 읽는다면 한글로 쓴 영어책이 아닌가 할 것 같다.

아무튼 정 목사 덕분에 평신도로서 신학적 지식도 넓혀졌고 신앙적 지평도 멀리 내다 볼 수 있게 되었을 뿐 아니라 함량 미달의 설교도 분별할 줄 아는 영적 안목이 열렸다.

비평 대상의 목사님들에게는 껄끄러운 고언일지 모르나 인품을 모독하지 않고 그들의 설교와 저서들을 성서적으로 비평한 글 솜씨는 독자로 하여금 제 3편을 기대하게 한다.

5. 7. 2007 한국일보

올개닉(유기농) 식품 먹어야 하나

30여 년 전 일이다. 한국에서 건강식품이라고 이름만 붙여 광고하면 어떤 제품이든지 불티나게 팔려 한 때 재미를 보았다는 지인이 있었다. 그 제품이 정말 건강에 좋은 상품이었는지는 그도 잘 몰랐다는 고백을 들은 적이 있다.

세월이 흘러 이젠 올개닉 시대가 되었다. 모든 식품에서부터 화장품, 의류, 침구, 수제인형, 애완동물 사료에 이르기까지 올개닉 수식어가 붙어서 소비자의 눈길을 잡는다. 매스미디어의 광고 덕에 '올개닉' 을 모르는 사람이 없고 수요가 창출되니 올개닉 전문 쇼핑몰이 등장하고 프랜차이즈까지 생겨난다.

세상이 좋아지니 먹거리 때문에 고민이 하나 더 생겼다. 곱절이나 비싼 식재료를 매번 사먹어야 하나? 아니면 식품위생 당국의 철저한 검사를 믿고서 무신경하게 보통 브랜드를 먹어야 하나?

뉴스에 의하면 시중에 유통되고 있는 대부분의 식품은 환경오염에 젖어 있다고 한다.

수백 마리의 가축을 움직일 수 없는 우리에 가두어 놓고 사료를 주어 계란도 얻고 육용가축은 일정기간 키운 후 도살된다. 이 과정에서 집단으로 전염병에 걸리지 않도록 항생제를 투여하고 성장을 촉진시키는 호르몬제를 투여한다고 한다. 이에 대한 허용범위의 한계를 정하고 있으나 이를 준수하는 나라는 거의 없다고 한다.

가두리 양어장에도 항생제를 듬뿍 뿌린다는 보도도 심심치 않게 나는 현실이다. 야채나 곡물류는 맹독성의 농약, 화학비료를 살포하고 유전자 조작까지 하여 마음 놓고 먹을 것이 없는 세태라 한다.

이와 대조적으로 유기농 재배로 생산된 농산물, 축산물은 비교적 안전하다 한다. 화학비료 대신 자연산 퇴비를 쓰고, 가축은 방목으로 키워 생산된 식품이 이른바 올개닉 식품으로 포장되어 출하된다. 생산성이 떨어지니 값도 비쌀 뿐만 아니라 수요가 많아지면 그 질적인 면도 보장할 수 없게 될 것이다.

오래 전에 보도된 일이라 명확한 기억은 없지만 올개닉 성분이 5%만 포함되어도 올개닉 상품으로 인정받는다 하니 그 올개닉 표기의 신빙성에 의심을 아니 할 수가 없는 형편이다.

유기농 농산물 및 천연섬유 인증에 대한 주요 기관들이 각 나라마다 있고 국제적으로 인증을 하여 준다고 하나 기관마다 성분의 종류나 함량 등 기준이 모두 달라 아직은 동일화된 기준이 없는 상태여서 미국 FDA와 같은 권위가 있는 국가 기관 말고는 그 신빙성을 짐작할 수가 없는 현실이다. 그러니 문자적으로 인정하여 준다는 것이지 강제성이나 인가 취소나 리콜을 명령할 수 있는 기관도 아니다.

한 예로, 뉴욕타임스는 지난 1일 “유기농 천연화장품이 일반화장품보다 더 뛰어난 효능이나 안전성을 가졌다는 것이 과학적으로 증명된 바가 없다” 고 지적했다. 또 식품의약국이 이들 천연화장품을 별도로 분류하거나 관리기준을 따로 설정하지 않고 일반화장품과 똑같이 취급한다고 하는 보도가 있었다.

건강하게 오래 살아야 한다는 웰빙시대에 유기농 올개닉 제품의 선전을 보면 마음이 안 끌릴 수가 없다. 그러나 외식문화가 보급된 이때에 아무리 고급식당이라고 하여도 유기농 제품인 올개닉 재료를 사용한 식당은 아마 없을 것이다. 그러자니 올개닉으로만 식사를 하려면 외식이나 장기간 여행은 단념해야 할 형편이다. 결벽증 환자가 아닌 바에야 외식 때 올개닉 식사를 도시락에 싸들고 다닐 사람은 없을 것이다.

유기농 제품만 먹고 살았던 우리 할아버지들, 그 윗대 할머니들은 올개닉 식생활만 하였었건만 평균수명은 오염된 식품을 먹고 사는 현대인 보다 훨씬 짧은 생을 살았다. 인체 생리학에 문외한이지만 불량식품도 오래 먹으면 그 방어기전이 형성되는 것 아닐까 하는 무식한 상상도 하여 본다. 이 과제는 식품학자나 영양학자들의 연구 몫으로 돌린다.

일반 식품이나 제품보다 더 비싼 값을 치르고 올개닉 제품을 입고, 먹고, 사용하는 소비자들은 일반인들이 할 수 없는 소비생활을 한다는 우월감과 웰빙 삶을 산다고 스스로 만족하여 정신건강 면에서나 득을 본다고 해야 할까.

왕조시대 어느 상감마마가 수라상이 늦게 들어오기에 창호지 문구멍으로 밖을 내다보았다. 그때 마침 내시가 들고 오던 수랏상에 올려놓은 홍시가 땡그르르 굴러 떨어졌다. 내시는 얼른 주워 홍시에 묻은 먼지를 버선발에다 싹싹 문질러 닦더니 제자리에 올려놓는 것이 아닌가. 시치미를 떼고 들여오는 밥상을 받고 상감께서 하문하였다. "이 세상에서 제일 깨끗한 게 무엇인고?" 이에 내시가 아뢰었다. "상감마마! 보지 않는 것이 제일 깨끗한 줄 아뢰옵나이다."

11. 30. 2007 한국일보

동아줄

굵고 튼튼하게 꼰 줄을 동아줄이라 한다. 우리나라 전래 동화에도 자주 나오는 든든하고 믿음직한 상징이기도 하다.

한국의 정치판은 줄을 잘 잡아야 하고 또한 줄을 잘 서야 급물살을 타고서 일약 출세의 가도를 달릴 수 있다. 메뚜기도 한철이라고 동아줄 잡을 시기가 바로 이때가 아닌가 싶다. 지금 고국에서는 정치적 야망을 가진 이들이 빅 쓰리 후보에게 줄을 대고 어느 줄을 골라잡아야 할까 눈치를 보다가 이제 그 동아줄을 잡아야 할 때가 된 것 같다.

미주 동부에도 YS 시절 민정 비서관으로 출발하여 조선왕조 때 같으면 관찰사나 감사(監司) 벼슬인 도지사를 거쳐 한국 정계의 거물급으로 급물살을 탄 인물이 있다. DJ 집권 때엔 유수한 주립대학교 상아탑에서 후학을 지도하던 경제학자가 전라도 감찰사로 나간 적도 있고, 측근 중의 측근으로 2인자 역할을 하며 도승지 벼슬인 비서실장으로 입신양명한 인사를 배출한 명당이 뉴욕이기도 하다.

앞서 언급한 두 정권 시절, 뉴욕에서 잘 나가던 필자의 대학 동문, 고등학교 동문 한 사람씩 출세의 연고를 찾아 한국으로 역이민 간 지인들이 있었다. 그 후 어느 지방의 국영기업 장 자리를 차지한 분은 화려한 직함이 인쇄된 연하장도 보내오고 때가 되면 크리스마스카드도 해마다 보내 왔으나 불행히도 줄을 못 잡은 한 분은 한국으로 역 이민 간 후 여태까지 연락두절이다. 이래저래 인간들의 세상살이는 동서양을 불문하고 줄을 잘 서야 행운도 따르는 모양이다.

인간만사 새옹지마(塞翁之馬)라고 도승지 벼슬을 하던 분은 정권이 바뀌니 있는 죄 없는 죄 다 뒤집어쓰고 옥방(獄房)살이 하며 판관(判官)앞에서 휠체어에 타고 앉아 선처를 부탁하는 신세로 전락한 인생유전(人生流轉)을 목격한 바 있다.

또 한 분은 전진을 위한 일보 후퇴인지 정치 무대에서 사라져 근황이 보도된 바 없다. 또 명문대에서 잘 나가던 경제학 교수분은 문민정부 시절 전라도 지방 관찰사 벼슬길에 올라 한국경제 발전에 기여 하려나 하는 국민적 여망을 저버리고 독직(瀆職) 수뢰(受賂) 사건에 연루되어 오랏줄에 묶인 채 법정나들이를 하다가 결국 감방살이로 추락 하였으니 그가 잡은 동아줄은 썩은 동아줄로 변질 되었나 싶다.

앞선 본국 출세의 <롤 모델>에 크게 자극되어 여하튼 내일 일이야 어떻게 되든지 본국정부에 목을 매고 쇠심줄 같은 동아줄을 잡으려고 발버둥 치는 인사도 많은 것이 동포사회의 현실이다.

세상을 살아가면서 적당한 타협과 때로는 아부(阿附)로 권력자에 빌붙어 교묘한 줄타기로 출세를 한 인물은 사극에 흔히 등장한다. 지금도 얼굴에 철판 깔고 밥상머리에 앉은 파리처럼 앞발 뒷발 비비며 출세의 줄타기를 하는 인물을 종종 마주치기도 한다. 남이 보기엔 비굴한 인간처럼 보일지 모르나 아마 본인에게는 생존에 관한 문제일 터이니 제 삼자가 탓할 바는 아니다.

글로벌 시대에 한국의 대선 열풍이 바로 옆집의 행사처럼 미주에도 불고 있다. 앞으로 이중국적이 실현된다면 세계각처에 흩어져 사는 한인들이 본국투표에 참여할 수 있겠고 청군 이겨라 백군 이겨라 응원과 훈수를 두어도 어색하지 않겠지만 현재는 투표권도 없는 해외 한국인이 대선 열풍에 휩쓸린 과열현상을 보고 있자니 저 충만한 에너지를 거주국의 정착에 필요한 정치력에 쏟는 다면 우리의 후세를 위하여 얼마나 좋을까 반추하여 본다.

몇 세대가 지나도 한인들의 정신적 고향은 한국이다. 미래 한국의 발전을 염원하는 해외동포들이 본국 정치에 후원을 하던, 이를 위한 집회를 하던, 간접선거운동을 하던 어느 누구도 간섭

할 수 없는 헌법에 보장된 기본권이기에 타인이 왈가왈부할 사안은 아니나, 다만 이 활동을 빌미로 새 정권이 들어서면 해오동포 몫의 논공행상(論功行賞) 자리를 두고 침 흘리는 얄팍한 동기는 없었으면 하는 바람이다.

우리는 일제의 강점기 때처럼 한국의 독립운동을 하러 온 것도 아니고 군사독재시절 때처럼 민주화운동을 하러 온 것도 아니다. 이민 1세대는 정착하고 후대에겐 이 땅에 뿌리박고 살기 원하며 신대륙 선진국에 나름대로의 꿈을 안고 이 땅에 살아가는 개척민이다. 한국을 향한 해바라기가 아니라 미국의 저 높은 곳을 향한 해바라기가 되어야 한다.

한여름밤 무논에서 개구리 한 마리가 울기 시작하면 옆에 있는 놈은 영문도 모르고 따라 운다. 그 흑심 없는 개구리들의 합창은 한 여름 밤을 장식하는 아름다운 자연의 조화이지만, 타국에서 한국의 선거판에 누군가 야망을 가지고 개골개골 울기 시작한다고 선거권도 없는 해외 동포들이 편을 갈라 명박이다, 회창이다, 동영이다 목청 높여 따라 우는 개구리들의 삼중창은 오순도순한 동포사회를 편 가르는 소용돌이다. 아예 휘말리지 말고 묵묵히 결과나 지켜보며 착실히 생업에 종사하는 일이 한국을 사랑하는 해외거주 동포 역할이라고 생각된다. 그리고 노무현 상감마마의 표현을 빌려 '깜도 되지 않는' 인사들이 한 다즌이나 출마한 이번 한국의 대선은 해외 동포들에게도 흥미와 스릴이 있는 관전이 되고 있다.

12.17.2007 한국일보

Golf 사화(四話)

제 1화(話)

꼭 삼십 년 전, 이민 보따리를 풀고 그해 연말 동창회가 있다는 모 식당 겸 연회장에서 먼저 온 선후배들을 만나는 반가움 속에 나를 알아주는 동문들이 있다는 것에 포근한 안도감을 느꼈었다.

학연(學緣)과 지연(地緣)에 익숙한 삶을 살아 온 터라 먼 이국 땅에서 여과 없이 대할 수 있는 사실이 외로움을 덜어 주었다.

당시 뉴욕 한인 사회에 몇 개 안되던 그 식당의 사장 겸 주방장이었던 분은 이제 한식 일식 식당을 여러 개 운영하며 부를 축적하고 성공한 동포 중의 한 사람이 되었다.

여흥이 무르익고 으레 따르는 경품 뽑기 순서에서 얇은 선물 꾸러미를 타가지고 집에 와서 풀어 보니 가죽 장갑 한 짝이 나왔다. 이 겨울에 사용하라는 보온용 장갑으로 여기고 나머지 한 쪽을 찾았으나 뜯겨진 포장지 어디에도 나머지 한 짝을 찾을 수 없었다. 젓가락도 짝이 있고 짚신도 짝이 있는데…. 시간이 갈수록 선물을 받고 기뻐야 할 마음이 괘씸한 생각으로 변했다.

추운 겨울에 낄 장갑이면 성의껏 챙겨 한 켤레를 만들어 넣어 주지 않고 장난처럼 골탕 먹으라고 한 쪽 장갑만 그나마도 왼손잡이도 아닌데 왼쪽 장갑 한 짝에다가 내피도 없는 얇은 홑겹 장갑이라니….갓 이민 온 처지에 어느 누가 쭈그러든 냄비 한 개라도 거저 주면 요긴할 때라 조리 후 가스레인지에서 뜨거운 냄비 들어내는 데 요긴하게 사용하기는 하였다. 장갑의 용도는 작업 할 때나 추위에 손을 보호하기 위한 것이니 한 쪽이라도 제 구실을 한동안 해줘 고맙게 생각 했었다.

그것이 골프경기 때 착용하는 골프용 장갑이라는 사실을 십 년이 지나 골프를 시작 하고서야 알았다.

칠 십 년대의 고국에서는 재벌 정치인들이나 고급관리 등 선택된 인사들만 즐길 수 있는 놀이였으니 새파란 젊은 나이에 이민 온 서민의 자제로서는 한국에서 골프라는 것을 알 리가 없었다.

제 2화(話)

골프 레슨을 열 번도 마치기도 전에 소위 토너멘트에 초청을 받았다.

하도 오래전 일이라 기억도 희미하지만 조 편성을 받고 경기에 들어갔다. 필드에 나와 스코어를 기록하는 경기는 처음이고 성적 기록은 나보다 젊은 후배가 하였다. 좌우지간 어떻게 경기를 마쳤는지 모르지만 저녁 식사 후 시상식에서 영광스럽게 3등 트로피를 안겨 받았다. 골프란 이렇게 쉬운 운동이고 시작만 하면 금방이라도 선수처럼 되는 줄 알았다.

잘못된 수상(受賞)이라는 것을 알아차린 것은 오랜 시간이 흐른 후에야 간파하였다. 퍼팅 클럽으로 한 자 안에 드는 것은 기브(지금도 그 용어의 정확한 표기와 정의(定議)를 알지 못하고 있다.

라운딩을 하다 보면 서양 사람들은 기미<Give me>라고 하는데 나는 그때 기브를(기부(寄附)로 알아들었음) 주기에 한 타

(打)를 빼고 기록을 하였다. 매 홀 마다 한 타씩을 감하여 기록하였으니 수상권에 드는 일은 따 놓은 당상(堂上)이었다.

주최 측에서 조 편성을 초보자로만 짜 주었으니 잘못을 잡아줄 골퍼는 같은 조에 한 사람도 없던 상황이었다. 부끄러운 과거지사를 고백하는 만용(蠻勇)과 치졸(稚拙)함은 또 한 번 더 나의 얼굴을 붉게 한다.

다만 아직 골프에 입문하지 않은 분이 이글을 보면 무슨 뜻인지 잘 모르리라는 짐작으로 자위하여 본다.

골프채는 매년 새 스타일이 출시되어 골퍼들을 망서리게 한다. 남들이 <신무기>를 가지고 나와 샷이 자기보다 멀리 나가면 안 사고는 못 배기는 것이 골프 치는 사람의 심정이다. 그래서 골프채 기술도 향상되고 모양을 바꾸어 내 놓아야 메이커의 비즈니스도 지속 될 일이다. 새 스타일의 골프채가 나오면 안 사고는 못 배기는 성인들의 장난감이다.

제 3화(話)

골프라는 놀이에 빠져 들면 으레 고참이 앞서고 신참은 고참의 행동을 뒤 따라 배울 수밖에 없다. 먼저 시작한 골퍼와 한 동안 오랜 기간을 연수 받으며 경기의 룰과 기술을 익힌다.

경기를 하다 보면 타수를 기록할 때 혼동이 오는 경우가 가끔 있다. 네가 옳다 내가 맞네 하며 감정이 뒤틀릴 수가 있다. 내기 골프에서 액수가 높아지면 고성이 오가고 심지어는 주먹다짐으로 이어진다는 한인 동포들의 무협담(武俠談)이 간간히 들린다.

한 번은 골프를 치다 고참 플레이어가 점수를 가지고 티격태격하다 이런 골프는 안 치겠다고 가방을 들고 귀가 하는 경우를 보고서는 아하 골프라는 경기는 경기 도중에도 기분이 나쁘면 중도 포기하고 일찍 귀가하여도 되는 경기로구나 하고 생각 한 때도 있었다.

옛날 한인 직능단체의 장도 지내고 뉴욕에서 사업을 하며 골프대회에서 상 잘 타오기로 이름난 모 인사의 뒷이야기를 지금도 심심하면 가끔 듣는다. 후미진 곳에서 볼을 찾다가 <알을 깠다>느니 수풀 속에서 볼을 차 내었다니 하는 뒷소리가 무성한 처지에 또 다른 부정행위를 하다 발각되어 퍼팅 그린 위에서 안경이 날아가고 이빨이 흔들릴 정도로 얻어 터졌느니 하는 에피소드다. 본격 이민 초창기의 한인 사회에서 골프 붐이 한창 일어날 때의 옛날이야기다.

요즈음은 거대한 한인 커뮤니티 골프대회의 규모와 참가자들의 실력, 기량, 매너는 프로급에 이르러 흘러간 옛날과 비교하면 금석지감(今昔之感)이 교차한다.

심판도 자기가 하고, 기록도 자기가 하는 가장 신사적 놀이가 골프라는데, 지금은 한인들의 성숙한 이민 역사와 함께 이제는 나처럼 우둔하고 무모하며 불행한 초보 골퍼는 없으리라 믿는다. 고 박 대통령이 군복을 벗을 때 전역하는 식장에서 눈물을 닦으며 '이후에는 나 같은 불행한 군인이 다시 없도록…' 당부를 한 것처럼.

제 4화(話)

골프를 제법 오래 전에 시작하였다는 지인(知人)과 라운딩을 하였는데 마지막 홀에서였다. 공이 모래밭에 빠져 골프 용어로 에그 프라이 형태가 되었는데 그 분은 공을 집어 들고 모래를 모아 고인 다음 공을 티샷처럼 올려놓고 다음 타를 치는 것이었다. 어째서 그런 샷을 하느냐고 물었더니 치기 어려운 볼은 그렇게 하여야 하지 않느냐는 자연스러운 설명을 들었다. 규칙을 모르면 저지를 수 있는 우화였다.

무식하면 용감하다고 지금 생각하면 동서남북도 분간 못 하던 처지에 골프라는 신사 놀이를 무식하게 시작한 옛날이야기다. 하지만 무지가 낳는 촌극은 우리가 일상생활에서 누구나 흔히 있을 수 있는 일이다.

부언하자면 한인이 거주하는 미국의 어느 도시이건 그곳 골프장에는 무수한 한인 골퍼들이 한국에서 즐기지 못하였던 한(限)을 풀고 있다.

아시아나 항공의 파일럿들의 파업이 한창일 때 그들을 비난하는 대목 중의 하나가 미국에 내리면 골프에 빠지지 말고 그 시간에 영어 회화공부나 더 하여 삼류 조종사 소리나 듣지 말라는 보도도 있었지만 동네의 퍼블릭 골프장에서 푼돈으로 그 한을 풀기에는 너무나 좋은 나라에 우리는 살고 있다.

천사의 도시 로스앤젤레스의 인근 골프장들은 예외 없이 한인들로 붐빈다. 어떤 골프장들은 한인 골퍼가 오지 않으면 운영이 안 될 거라고 한 현지인의 설명을 들은 적이 있다.

육신의 건강에 좋고 스트레스 푸는 정신 건강에도 좋다는 운동이지만 이제는 필자 같은 미련하고 우둔한 골퍼는 지금쯤은 없으리라 믿는다.

입신양명(立身揚名)을 위하여 제 2의 타이거, 박 세리, 미셸 위를 꿈꾸는 후진들이 태동(胎動)하는 동 서양의 골프 붐은 작금(昨今)엔 고국에서도 선택된 귀족들만의 놀이가 아니다.

하지만 롤과 에티켓만은 지켜야 타 민족으로부터 손가락질 받는 일이 없으리라 믿는다. 동포들이 휩쓸고 지나간 골프장 후미진 곳에 버려진 OO잔칫집 김밥 포장지를 볼 때는 한인들의 위력을 실감하나 에티켓을 저버린 동포들의 양심을 보는 것 같아 마음은 개운치 않다.

10. 12. 2005 한국일보

배달사고

한국에 새 정부가 들어서면서 구정권의 부정과 비리를 파헤치다 보니 새로운 범죄가 들어 났는데 이른바 배달사고를 저지르는 암생이꾼들이다.

서민들은 감히 생각지도 못하는 거액을 이권과 특혜를 얻기 위하여 사과 상자나 차떼기로 전달하는 과정에 운반책 하수인이 슬쩍 한 뭉치 해먹는 수법을 배달 사고라 한다. 주는 쪽에서나 받는 사람이 서로 액수를 확인하는 일 없이 그저 꿀 훔쳐 먹다 들킨 놈처럼 서로 눈치로만 확인하는 일이라 중간에 심부름꾼이 눈먼 돈 나도 한입 먹자하고 가로채는 수법이다. 옛날 옛적 케이크 상자 밑에 보증수표 한 장을 넣어 전달하던 시절에 비하면 세상이 많이 변하였나 보다.

지금 미주에 살고 있는 한인들도 배달사고를 가끔 경험하고 있으니 앞서 생각나는 사고와는 차원이 다른 신문 배달 사고가 바로 그것이다.

신문배달하면 옆구리에 신문을 한 움큼 끼고 골목을 누비는 정경을 연상할 수 있으나 이곳의 한적한 교외 주택가 신문 배달은 자동차를 타고 가며 집 앞에 던져 주는 것이다. 달리는 차창을 통하여 던지는 무거운 신문 뭉치는 집 앞 드라이브웨이에 낙하하자마자 얇은 플라스틱 봉투가 손상을 입어 비오는 날의 젖은 신문은 조심스레 말리며 보아야 한다.

옛날 30여 년 전 스크랩하여 두었던 뉴욕판 한국일보를 보니 그때의 활자는 깨알처럼 잘아서 보기조차 힘들 지경이고 지면의 크기도 지금의 주간지 사이즈이며 내용도 아주 추리고 추려서 모아놓은 바둑판 같이 생겼다. 그래도 그때는 그런 신문이 한글 매체를 접할 수 있는 유일한 길이었다.

한인사회가 발전하고 보니 본국의 지면을 고스란히 옮겨 미주에서 동시인쇄로 한국과 한 날에 접할 수 있고 미국의 어느 지역에서나 우편으로 또는 인근 지역에서는 직배로 고국의 일간지를 구독할 수 있으니 참 편리한 세상을 살고 있다.

한 가지 아쉬운 점은 본국의 4대 일간지 중 한국일보와 중앙일보만 뉴욕지역에 자리 잡고 여타 신문은 발을 드려놓다가 얼마 못가서 퇴진하였던 적이 있다. 여타 경쟁지도 들어와 자리를 잡았으면 하는 욕심은 하나만 알고 둘은 모르는 우매한 한 독자의 욕심이리라.

신문경영의 전문지식이 없는 우리 일반 독자는 그 내막을 알 수 없을 뿐만 아니라 알 필요도 없는 일이지만 좀 궁금할 뿐이다.

크리스마스가 다가오는 연말이 되면 얼굴도 대면한 적 없고 이름도 모르는 신문 배달인으로부터 온 싸구려 크리스마스카드가 우편함에 들어있다. 무언의 강요에 외면 할 수 없는 일이라 발신인 주소로 소액의 수표를 감사하는 마음을 담아 우송하였건만 신문 배달 사고는 종종 일어난다.

어느 날은 H 일보가 와야 하는데 J 일보가 드라이브웨이에 떨어져 있다. 다른 집으로 가야 할 편지를 무심코 열어 본 것 같은 기분이 들곤 한다. 같은 동네에 사는 어느 한 구독자도 나와 같은 경험을 하였을 것이다. 이 같은 배달사고는 심심하면 일어난다.

한 배달 구역에 두 신문사가 공동으로 배달을 의뢰한 까닭에 한글에 까막눈인 그 남미계통의 배달인이 급한 대로 던져주고가 생기는 일로 짐작이 된다.(그의 이름은 수표에 적은 기억이 있는데 남미 계통의 이름이었다.)

신문사 구독부에 전화하니 다른 집에서도 그런 일이 종종 있다고 한다. 다행히 구독부에 일하는 J씨라는 여자 직원이 잘 처리하여 주어 연속사고는 없었다. 훗날 전화를 하여 신문이 잘 배달되었는지 확인까지 하는 J씨의 성실한 근무 태도는 칭찬 받을 만한 일이다.

외국어 문자를 배운 적이 없는 한 다른 나라의 글자를 구분하기란 참 어려운 일이다. 예를 들면 아랍어를 모르는 사람이 아랍문자를 알기란 참 막막한 일이다. 우리의 자랑 세종(世宗)어제

(御製) 한글을 모르는 타민족 신문 배달꾼이 격자(格子)무늬의 한글 제호의 신문을 구분하기란 또한 어려운 일이리라. 이런 배달사고는 중도에 가로채는 일도 아니니 한갓 애교로 봐 줄 수 있는 일이다.

뉴욕지역에 양대 신문은 사업상으로는 경쟁관계일지 모르겠으나 동포들의 권익을 대변하고 한인들의 지위 향상에는 상호 보완(補完)관계에 있으니 갓 난 아기의 주먹만한 신문제호의 색깔을 한 신문에서는 청색이나 기타 다른 색상으로 꾸며도 과히 나쁜 일이 아닐 것이라고 생각된다.

우편으로 배달되던 때는 어떤 날은 며칠 치가 한꺼번에 몰아오던 일이 다반사였는데 직배로 바뀐 후부터는 배달사고로 뒤바뀌어 오는 다른 신문이라도 제때 받아보니 다행한 일이다.

2. 9. 2005 한국일보

졸음운전

운전 중에 졸음이 오는 경험은 누구나 일상 있는 일이다. 특히 점심이나 저녁식사 후 30분이 지나 운전석에 앉으면 뒤따라오는 졸음이 집중력을 혼미하게 만든다. 거기다가 반주라도 한 잔 곁들인 상황이라면 사태는 더욱 좋지 않게 전개될 수 있다.

맨해튼에서 뉴저지 집까지는 한 시간 거리이지만 절반 정도 지나면 슬슬 스며드는 졸음은 사계절을 가리지 않고 때때로 일어난다.

졸음을 쫒는 응급조치의 첫 번째 일은 운전석 창문을 열어 놓는다. 다음 단계는 음악이나 라디오의 음량을 높인다. 껌을 씹거나 사탕 같은 단맛 나는 것을 입에 넣는다. 큰 소리로 노래를 부른다.

그래도 효험이 없어지면 양 허벅지를 손바닥으로 때려 잠을 쫒아본다. 또는 의자 등받이를 90도 각도로 고추 세워 앉는다. 이상은 필자의 졸음운전을 쫒는 나름대로의 방법이다.

AAA에서 2005년 1월 발표한 회보에서 운전자들의 관심을 끄는 것 중에 한 가지는 경찰이 취중운전으로 의심 가는 차량을 검문하여보면 졸음운전이 십중팔구라는 것이다. 고속도로 안전청의 통계에 의하면 매년 10만 건의 충돌 사고가 경찰에 집계된다고 한다.

졸음운전으로 인한 사고를 줄이려면 미 수면협회(National Sl-eep Foundation)가 제공하는 정보를 관심있게 보아두면 도움이 될 것이다.

무엇보다 안전하고 건강한 수면 실천을 도모하여야 한다고 한다.(www.drowsydriving.o rg에 들어가면 졸음이 오는 신호나 예방법을 제공)

고속도로 안전청이 의뢰하여 조사한 갤럽 여론조사에 의하면 운전자의 95%가 타인의 졸음운전에 안전을 위협받는다고 하며, 응답자의 37%가 운전할 때 푹 잠에 빠진 경험이 있었다고 한다.

필자의 경험을 말하자면 운전 중 깜빡 잠이(1초나 2초 정도) 든 경우인 것 같다. 시속 60마일이상 달리는 차에서 깜빡하는 졸음이 얼마나 위험한 일인가? 밤샘 운전을 많이 하는 대형 화물차 옆을 지날 때는 주의 깊은 관찰이 필요하다.

고속도로를 달리다 보면 중심을 잡지 못하고 지그재그로 질주하는 승용차나 트럭을 가끔 볼 수 있다. 그럴 때는 그 차량을 멀찌감치 피하여 가는 것이 상책이다.

안전운전을 위하여 AAA는 다음 몇 가지를 제시한다.

● 졸리면 운전하지 말 것

● 카페인 든 음료수를 마시고 그 카페인이 혈액순환 속에 섞일 때까지 30분 동안 기다릴 것(그 동안 20분이나 30분 살짝 잠을 즐긴다.)

● 장거리 운전이나 밤샘 운전을 생각하지 말 것

● 단숨에 운행을 마치려 하지 말고 밤에는 자고 가는 계획을 세울 것

● 하루 중 졸리는 시간을 피하여 운행할 것

● 오후 중간쯤 낮잠을 자고 자정부터 아침6시까지 숙박할 곳을 찾을 것

● 잠들지 않는 사람을 옆좌석에 앉힐 것

● 매 2시간 또는 100마일 마다 쉬어 갈 것.

매일 밤 6시간미만의 수면이 운전 중 피로와 졸음을 유발한다고 경고하고 있다.

(www.aaafoundation.org/pdf/sleep.pdf) AAA에서는 졸음운전 방지를 위하여 각 지역 지사에서 상담을 받거나 우편으로 자료를 무상 제공하고 있다. 비즈니스 사이즈 봉투에다 수신인 주소와 우표를 붙여 아래 주소로 보내면 된다고 한다.

To: Wake up, AAA Public Affairs, 1 Hanover Rd., Florham Park, NJ 07932

새벽을 깨워주는 닭처럼 을유(乙酉)년에는 운전석 옆자리에 졸음운전을 쫓아주는 아름다운 목소리의 승객을 대동하고 어디로 멀리 훌쩍 떠나고 싶다.

1. 13. 2005 한국일보

태산명동(泰山鳴動) 서일필(鼠一匹)

태산이 떠나갈 듯 떠들썩했는데 나타난 것은 쥐새끼 한 마리만 나왔다는 고사가 딱 들어맞는 해프닝이 얼마 전 위대한 아메리카 합중국의 수도에서 일어났다.

백악관이 어떤 곳인가?

온 세계를 쥐락펴락 하는 대 군주(君主)가 기거하는 곳이며, 주위에는 온 세상을 요리하는 미 국회의사당, 대법원, 재무부 등 주요 부서가 산재한 요충지가 아닌가.

또 사건 당시에는 현 퍼스트 레이디 로라 부시여사와 전 퍼스트레이디 낸시 레이건 여사 등이 커피를 마시고 담소하는 중이었는지는 모르지만 두 황후가 송구스럽게도 백악관 지하 벙커로 긴급 대피하는 상황으로 전개되었다 한다.

황색경보가 격상되어 적색경보가 내려지고, 각 건물에서 일하는 수천 명의 공무원이 대피하고, 공군 전투기가 출격하는 등 워싱턴 일원과 미국을 공포 속으로 떨게 만든 실제상황이 벌어졌다.

사건 사고를 좋은 먹이거리로 치는 각종 언론 매체는 이 좋은 표적을 신나게 두들겨 댔고, 특히 항공기 관련 사고는 자동차나

기차사고 보다 일반 독자나 시청자에게 더더욱 흥미 있는 관심의 대상이 된다.

두 대의 F16전투기와 1대의 블랙호크 헬기가 섬광탄을 발사하여 비행금지구역을 잘못 든 참새 한 마리를 인근 비행장에 강제착륙시켜 두 명의 조종사를 엎어놓고 수갑을 채우는 사진이 AP통신을 타고 온 세계로 알려졌다.

사진으로 본 문제의 경비행기는 두 사람이 타는 아주 초보적인 소형 비행기다. 지상에서 한 사람이 손으로 떠밀어 파킹을 할 수 있고, 비행 중 강풍이 불면 공중에서 바람에 한없이 밀려가는 바람개비 같은 단발 프로펠러를 장착한 장난감 같은 경비행기다.

온 세계를 요동치게 한 문제의 두 사람은 조종 교관 짐 시퍼와 조종 교습생 트로이 마틴으로 펜실베이니아 스모크타운에서 에어쇼가 열리는 노스캐롤라이나로 비행하던 중 비행기 조종에 흠뻑 빠져 착각에 의한 실수인지, 계기 고장인지 모르겠으나 넘지 않아야 할 선, 비행금지 구역(야생동물 서식처도 비행금지 구역임)을 들어선 후 일생일대의 곤욕을 치르게 되었다.

자라보고 놀란 가슴 솥뚜껑 보고도 놀란다고 9.11 사태의 예상치 못하였던 엄청난 피해를 본 당사국이 사후 철저한 대비로 신속하게 대응해 국민들은 안심할 수 있었으니 이번 해프닝은 갑옷 입은 장수가 모기 보고 칼을 빼든 격이었다.

필자도 한창 비행기 조종에 열을 올릴 적에 동승하여 보호하던 조종교관을 떨치고 단독비행을 즐기던 때에 사소한 실수로 곤욕을 치른 기억이 있다. 오래된 일이라 비행장 이름도 기억에서 지워졌지만 뉴저지 에섹스 공항을 출발해 펜실베이니아 어느 비행장에 내려 연료를 보충 한 후 귀환하여 에섹스 공항에 착륙하려고 관제탑을 호출하니 나의 착륙을 위하여 활주로가 클리어하다는 응답이 왔다. 신나게 하강, 활주, 택싱을 하여 주기장을 들어오니 사무실에 야단이 나 있었다.

실제 상황은 나보다 앞선 응급 비행기가 내리려 하니 나더러 활주로를 깨끗이 비우라는 내용을 알려왔다고 한다. 그러나 나는 나를 위해 활주로를 비워놓은 줄 알고 의기양양하게 내렸으니 사태가 심각하게 발생할 뻔한 해프닝이었다.

백악관 상공 괴 비행체 출현 사건은 불행 중 다행으로 인명피해나 기체가 피격되는 불상사가 일어나지 않아서 천만 다행이다. 나라를 말아먹을 대역죄를 범하지 않은 이상 가련한 두 조종사 시퍼와 마틴은 고생하지 말고 곤장 몇 대 맞고 사건에서 쉽게 풀려나기를 기대하여 본다.

5. 25. 2005 한국일보

화학작용

번역을 할 때는 의역(意譯)과 직역(直譯)이 있다. 직역은 단어 하나하나를 풀어 놓으면 되지만 의역은 그 나라의 문화와 습관, 일상회화를 잘 알지 못하면 엉뚱한 풀이를 하게 된다.

영어를 한국어로 번역하려면 쉽고도 어려운 일이 많다.

Bank란 말은 쉬운 단어이지만 항공기 조종에서는 회전하며 돌아 갈 때 기울기를 이르는 뜻이다. 물론 은행과 제방 같은 뜻은 누구나 알고 있는 상식이지만.

뉴욕 OO일보 2004년 10월 20일 자, '무비리뷰' 섹션은 새로운 영화를 소개하고 있다.

그중 기사 하단에 'Shall We Dance? (춤추실까요?)' 를 독자에게 안내하는 기사에" 로맨틱하고 코믹한 재미있는 작품이다. 따스한 온기와 흐뭇한 만족감을 준다. 만들 때부터 주연하는 리처드 기어와 제니퍼 로페스 간의 화학작용이 화제가 됐었다."고 소개하며 연이어 "물론 영화에서 둘은 연인 사이는 아니지만 댄스 선생과 제자로서 둘의 화학작용은 영화의 성패를 가름할 정도로 중요한 것. 그런데 막상 뚜껑을 열고 보니 그 화학작용의 열기가 별로 대단치 못하다."는 기사였다.

이 기사를 보면 이 글은 기자가 작성한 글이 아니라 영문기사를 직역하여 전재하였음을 간파 할 수 있다. 그렇지 않고서야 우리말에 없는 화학작용이란 글이 세 번이나 들어가 독자로 하여금 어리둥절할 기사를 쓸 리가 없다.

아마도 원문을 보지 못했지만 그것은 chemistry를 문자 그대로 직역하여 쓴 기사로 짐작된다.

필자가 다시 풀이하면 그 뜻은 남녀 간의 만남에 있어 '첫눈에 반함' 을 의미한다. 영한사전에도 그 뜻이 사람과 사람 사이의 공감대, 죽이 맞음 이라고 풀이하고 있다.

필자가 유식하거나 영어를 조화유 씨처럼 잘 알아서 아는 것이 아니라 며느리감을 만나 혼인을 하게 되는 아들 녀석이 그녀를 보고 chemistry왔다는 표현을 듣고 배운 풍월이다.

항공기 조종에서 비행기가 옆으로 기울면서 비행하는 현상을 Bank를 준다고 표현하는데 한국말로 잘못 직역하면 비행기 조종을 하며 은행(銀行)을 준다고 직역하는 오류를 범할 수 있다.

이렇게 간단한 기사를 번역하는 데도 힘이 드는데 외국 문학전집을 쉽게 읽도록 우리말로 번역하여 준 번역가들의 노고가 새삼 고맙게 생각된다.

황금만능

돈 많은 사람이 이 세상을 하직할 때 제일 안타까운 일이 피땀 흘려 모은 재물을 저 세상으로 가지고 가지 못하는 아쉬움일 것 같다. 궂은 일 좋은 일 가리지 않고 동서남북 누비고, 온갖 수모 다 겪으며 평생 이룩한 재물을 한 푼도 가지고 가지 못하니 얼마나 분통 터지는 일일까?

고국의 모 일간지 보도에 의하면 한국의 장의업계가 호황이라 어느 벤처기업이 안동포에 순도 99%의 금을 입혀 판매 중이라고 한다. 황금수의를 발명하고 특허까지 냈다고 하니 그 기업은 머지않아 황금방석에 앉을 날이 곧 오지 않을까 한다. 그리고 그 가격이 무려 1천 8백만 원이나 된다니 최신 이태리 양복보다 몇 곱절이나 비싼지 모를 일이다.

돈 많은 사람들이 한도 많고 아쉬움도 많은 이승을 떠나 멀고 먼 저승까지 입고 갈 예복을 화려한 황금 옷으로 치장하고 갈 것이라고 하니 왕조시대의 임금님 부러울 것 하나 없는 세상이 되었다.

하루하루를 고달프게 살아가는 우리 같은 서민들에게는 먼 나라 이야기만 같다. 하기야 지구 저 편에 있는 <고요한 아침의 나라> 고국은 미주에 뿌리박아 살고 있는 한인들에게는 딴 나라임이 분명하다.

미화 달러로 환산하면 대충 15,000달러 정도인데 현대의 한국인이 저승으로 짊어지고 가는 최대한도의 금액이며 호사인가 보다.

만일에 몇백 년 후 그들의 무덤이 개발에 밀리거나, 천재지변에 의하여 노출될 때가 온다면 우리의 후대들은 그들의 조상에 대한 경외심으로 또 한 번 감탄 할 것임이 틀림없을 것이다. 우리가 신라시대 금관총이나, 중국의 명(明), 청(淸)시대의 고분에서 출토된 고대 왕실의 호사스런 황금 유물을 대하고 감탄하는 것처럼.

경주의 고분에서 출토된 황금 왕관을 만든 옛 선조들 세공기술의 예술성이 면면이 이어 내려와 세계 최초로 인간 배아줄기세포 복제에 성공했고 이제는 삼베 적삼 위에 황금을 입힐 정도로 금을 다루는 기술이 뛰어난 민족임을 증명한다.

부호들의 무덤에 이집트의 투탄카멘왕(BC 1361)의 황금 마스크 같은 부장품을 넣어 보내는 날이 언제 곧 올지도 모르겠다.

백화점의 부엌용품 진열대에는 나무로 만든 샐러드 담는 큰 그릇과, 나무집게, 나무 숟가락이 있다. 금속제보다 운치 있고 자연스러워 보인다. 일제강점기에 물자부족이 극심할 때 한반도의 시골 구석구석까지 공출이라는 이름으로 놋 제품인 식기, 제기, 세숫대야, 숟가락, 젓가락은 말할 것도 없이 요강단지까지 빼앗아 갈 때 나무 숟갈로 밥을 먹은 기억이 난다.

우리의 어머니 세대는 은반지 은비녀가 최상의 장신구였다. 거기다 칠보(七寶)를 입히면 최고급으로 상류층에서나 쓰던 귀금속이었다.

황금주화는 사라지고 니켈 주화가 통용되는 이 시대에도 우리는 황금을 너무 좋아한다.

화장품 비누에도 순금, 마시는 소주에도 순금가루를 넣어 마시고, 침(針)도 금침을 (한때 한창 유행) 찔러 넣어 평생 살 속에 넣고 산다. 술잔도 금잔이요 숟가락도 금이면 최고다.

춘향전에 금준(金樽)미주(美酒)는 천인혈(千人血)이요 옥반(玉盤)가효는 만성고(萬姓膏) 라는 표현을 보면 춘향전시대에도 금으로 만든 술통이나 금 술잔이 있었지 않나 싶다.

신문명이 들어 온 일제치하(日帝治下)에 여유 있는 한량들은 멀쩡한 앞 이빨을 뽑고 금이빨을 해 넣고 다녔다는 일화도 있다.

성경말씀에도 황금이 12번, 정금(正金)이 39번이나 나오는 걸 보면 황금에 대한 갈망은 동서고금을 통 털어 변치 않는가 보다.

불교에서 불상의 극치도 역시 황금 부처님이시다. 고려시대의 유물 '순금 금강경 판' 처럼 경전 역시 금으로 제작된 불경이 천년만년 이어진다.

충치 치료에 옛날에는 <아말감>을 사용하였지만 지금은 충치 구멍을 금으로 때우고 있다. 필자의 어금니도 30년 이상 넘은 <아말감> 땜이 삭아져 근래에 금으로 메웠다. 머리 부위를 X선 촬영할 일이 있어 사진을 찍어보니 금이빨이 시커먼 사진 속에 밤하늘의 혜성처럼 보였다.

알몸으로 왔다가 이 세상 떠나는 날 옷 한 벌이라도 얻어 입고 가니 인생은 수지맞는 일이라는 유행가도 있다.

아무도 다녀 온 적 없는 미지의 세계에, 황금 수의를 입고 가든 삼베 수의를 입고 가든 평소 깨끗한 영혼이면 천국이나 극락세계로 인도되지 않을까?

황금 보기를 돌 같이 하라는 선현들의 교훈을 흔히 들어 온 터이지만 현대의 황금은 바로 돈이라 인간의 마음과 영혼을 뒤흔드는 혼탁한 세상에 우리가 살고 있다.

3. 10. 2004 한국일보

'Frances' 그녀를 만나고

중부 플로리다를 폭군 같은 '찰리' 가 휩쓸고 지나간 3일 후 올란도 공항에서 숙소까지 가는 동안 곳곳의 신호등은 먹통이었다.

8월 13일 밤, 시속 105마일로 플로리다 서남부 푼타고다항에 상륙하여 올란도를 거쳐 동북 해안으로 빠지는 한 시간 반의 피해는 잠정 집계 150억 달러에 이른다 한다.

한 시간 반 동안의 융단폭격과 같은 광란의 질주를 집안의 목욕탕에서 은신하여 겪은 사람은 지붕 위로 기차가 지나가는 소리처럼 들렸다 한다.

엄청난 공포를 남기고 간지 3주일이 못되어 예쁜 이름을 가졌으나 무서운 4급 태풍이 다시 몰려온다니 이곳에 상주하는 주민은 다시 한 번 고역을 치러야 할 판이다.

각 TV방송마다 프랜시스의 궤적을 바하마 제도부터 예상 진로를 그려댄다. 카테고리 4는 풍속 150마일이라니 그 세력이 줄지 않고 그대로 들이닥치면 그 피해는 엄청날 것이다.

다행히 몰려오는 진행 속도가 시속 7마일 정도로 서서히 다가와 이곳 주민들은 여유를 가지고 나름대로 대비를 하였다.

넓은 테이프를 유리창에 붙이는 사람 (사실 이 정도는 아무 도움이 안 됨), 합판을 창문에 대고 못질하는 사람도 있었다. 목재상이나 홈 디포는 합판이 이미 동이 나 배달 트럭이 도착될 때까지 몇 시간씩 기다린 다음에야 몇 장의 합판을 구할 수 있었다.

태풍이 이곳까지 오려면 아직도 이틀이나 남았는데 정규 방송을 중단하고 30분마다 그 진로를 점치고 대피 요령, 쉘터(대피소) 위치, 준비사항을 챙기라고 반복한다.

태풍의 눈으로부터 백여 마일 거리가 있는 플로리다의 중심 올란도는 맑은 하늘, 상쾌한 바람이 분다. 한여름임에도 골프장에서 골프를 즐기는 골퍼들은 태풍이 온다는 사실을 남의 집 사정으로 여기는지 걱정 없는 표정이다.

각 TV 방송은 저마다 예상지점 해변에 카메라를 대놓고 특종 장면을 경쟁적으로 노리는 것 같다.

예상 시간이 되니 TV 화면은 케이프 캐나베랄 스페이스 센터 남쪽의 Vero 비치에서 몰려오는 구름떼를 잡아 비춰 준다. 재색 바탕 위에 흰 구름이 겹쳐 있고 그 앞에는 아름다운 무지개가 떠 있는 장면이다.

오색 무지개는 상서로운 일을 상징하는데 프랜시스는 그 음흉한 속내를 무지개로 감싸고 먹구름과 비바람을 거느리며 서서히 다가온다.

방송은 이런 규모의 태풍은 미국 역사상 처음 있는 큰 규모의 태풍이라고 하며 예상 진로를 화면에 그려낸다.

일몰과 비바람이 동시에 와 어두워지고 전기불이 깜빡이기 시작하더니 한 시간쯤 지나 정전이 되었다.

예비한 손전등으로 밖을 비추어보니 빗줄기가 수직으로 떨어지는 게 아니고 180도 옆에서 날아온다. 바람은 쇳소리를 내며 유리 창문을 두드린다. 언제 유리문 틀이 확 밀려들어올지 겁이 나기 시작했다.

건전지로 작동하는 라디오방송도 수시로 끊긴다. 대비가 철저한 방송국도 전기사정이 안 좋은 모양이다. 몰아치는 비바람의 속도가 강약을 되풀이 한다. 내일을 위하여 잠을 자 두어야 하는데 깊은 잠이 들지 않는다.

아침이 밝아오고 한참이 지나니 전기가 다시 들어왔다. 그 반가움이라니…. 비바람은 9월 4일에도 하루 종일 계속된다.

허리케인의 피해는 쿠바나 바하마 제도에서 입는 줄 알았는데 1992년 마이애미 지역을 강타한 후 또 다시 세계 최강국 미대륙의 꼬리를 집어 들고 패대기쳤다.

인간의 지혜와 능력으로는 아직도 태풍의 진로를 바꿀 수 있는 방법이 없다.

9. 9. 2004 한국일보

나이 드신 호박

우리말에는 재미있게 말할 수 있는 아기자기한 어휘가 참 많이 있다. 그러나 한국 문화와 역사의 시대적 배경을 이해하지 못하는 외국인이나 해외에서 성장한 2세 이하 한인들께는 이해하기 힘든 한국말이 있을 수 있다.

가난을 표현하는 말 중에 좀 쑥스럽고, 활자로 옮기기엔 점잖지 못한 말이지만 '똥구멍이 찢어지게 가난한다.' 고 표현하는 말이 있는데 그냥 '찢어지게 가난하다.' 라고도 한다.

지금 세계에서 가장 풍요로운 미국도 옛날에는 가난하였었다. 수세식 변기가 오래전 문명의 이기가 아닌 것처럼.

1930년대만 하여도 텍사스에 몰아친 모래바람으로 흉년이 들어 농민들은 은행 빚에 몰려 농토를 빼앗기고 캘리포니아로 이주하는 과정과, 낙원으로 여기며 찾아간 그곳도 포도농사가 흉년이 들어 비참한 농민들의 삶을 그린 <존 스타인벡>의 불후의 명작 <분노의 포도>에서 보다시피 그 시절에는 이 나라도 먹을 것이 없는 가난한 나라였다는 사실을 엿 볼 수 있다.

우리가 자라던 한국도 옛날에는 가난하였다.

요즘 세상은 너무 직설적으로 표현하는 때라 일전에 한국의 어느 일간지는 '전철역에서 20대의 젊은 여성에게 똥침을 놓다 붙들린 치한' 이라는 기사가 난 적이 있다. 문제의 'O침' 은 국어사전에도 없는 단어다.

많은 표현들 가운데 왜 하필이면 '찢어지게 가난' 이란 말을 썼을까 나름대로 그 유래를 유추하여 보았다.

옛 노인들의 회고담에서 들은 과거의 흉년은, 지금처럼 먹거리가 남아도는 현대인들이 상상할 수 없는 극한 상황이었나 보다. 먹을 것이 없어 굶다 보면 영양실조가 되어 살가죽이 들떠서 붓고 누렇게 되는 부황(浮黃)병에 걸린다.

배를 채울 수 있는 것은 아무거나 먹어야 하는 절박한 때라 앞마당의 꼬리 흔드는 멍멍이도 잡아먹어야 했고 농가에서 없어서는 안 될 암소도 잡아 들에서 캐온 나물들과 함께 푹 고운 육죽(肉粥)을 쑤어 먹었다고 한다.

그래도 먹을 것이 없으면 들판에서 먹을 수 있는 풀뿌리를 캐어 삶아 먹고, 산에 가서는 어린 소나무의 껍질을 베껴다 먹어야 하였다. (어린 소나무의 껍질을 베끼면 하얀 피막이 나오는데 아마도 이 피막에 전분이 있는지 이것을 송피(松皮)라고 하며 좁쌀가루에 버무려 쪄서 먹었다.)

이리하여 초근목피(草根木皮)라는 고사성어(故事成語)가 생겼다. 일제 강점기 말년에도 미곡은 공출로 빼앗기고 힘없고 가난한 농민들은 초근목피로 연명하는 어려운 세상을 겪어야 했다. 필자의 유년기 시절(1944년경)에 송피로 만든 송편 떡을 먹는 어른들을 본 기억이 있다.

연명하기 위하여 먹은 거친 먹거리(풀뿌리 나무껍질의 섬유소)가 소화되지 못한 채 연약한 항문을 통과하여 배출할 때 인체의 그 부드러운 조직이 파열하는 것은 당연할 것이다. 그래서 <찢어지게 가난하다>는 표현이 생기지 않았나 미루어 본다.

정제(淨濟)된 음식만 먹는 지금은, 섬유소가 부족하여 변비증세가 건강을 위협하고 있다. 변비가 심한 사람은 오랜만에 뒷간에서 일을 보다 항문이 파열되는 수도 있다. 후자의 경우는 너무 잘 살아서 <찢어지는> 반대 현상인가?

지금 우리가 건강식품으로 꼽는 잡곡(쌀보리, 겉보리, 조, 수수, 콩 등)과 고구마, 감자, 옥수수 같은 먹거리는 쌀이 귀할 때 쌀 대신 먹어야 하는 대용식품이었다. 가난한 사람들이나 먹던 그 잡곡류를 요즘은 신선이나 먹는 선식(仙食)으로 둔갑하여 쌀보다 비싼 가격에 팔리고 있다.

우리말의 어감은 '아' 다르고 '어' 다르다고 한다.

사회 분위기가 그렇게 돌아가고 있다. 한국에서 택시 운전수를 운전수라고 불렀다가는 욕먹기 십상이다. 반드시 '기사님' 으로 불러야 한다. 거리의 청소부는 미화(美化)원으로, 구두닦이도 미화(美靴)원으로 호칭되고 있다. 요즘에는 여러 직종에 '사(師, 士)' 자를 붙여 대접을 하여주고 있다.

일제 강점기에는 간호부로 호칭되었는데, 해방 후에는 간호원으로 바뀌더니 이제는 간호사로, 일제 강점기의 대서방(代書房)은 사법서사에서 법무사로, 교원은 교사로, 세무사, 미용사, 한의사, 의사, 약사, 변호사, 이발사, 병아리감별사 등 모든 직종이 우리의 선생님 사(師)요, 만인이 존경하는 선비님 사(士)다. 호칭의 인플레 시대에 살고 있다. '아' 다르고 '어' 다른 우리말의 어감에서 풍기는 미묘한 감정이 호칭의 변천을 겪었나 보다.

호박이 건강에 좋다는 상식은 이미 널리 알려져 있다. 산후조리 부종에도 좋고 당뇨가 심한데도 좋다고 한다. 노란 늙은 호박을 쇼핑 카트로 가득 사 가시는 할머니 한 분을 만났다. 어디에 쓰시려고 그렇게 많이 사셨느냐고 물었더니 자기는 당뇨가 심한데 이걸 먹으면 당이 쑥 내려간다고 하셨다.

나도 건강식을 찾아서 호박을 사러 어느 한인 마켓을 갔다가 호박 위에 써 놓은 팻말을 봤는데 걸작이라 잊히지 않는다.

"나이 드신 호박"

'늙은 호박' 이라고 써 붙여 놓아도 시비할 사람이 없을 터인데, 늙었다는 소리 들으면 제일 싫어한다는 노인네들을 배려하여 아마도 어느 분이 기발한 신조어(新造語)를 만들었나 보다.

인터넷 채팅에는 기성세대가 알아듣지 못하는 변조(變造)어가 있다는데 한국식당에서 60대의 남자손님이 딸 같은 여 종업원을 <언니>로 불러야 하는 묘한 세대에 우리가 살고 있다.

일제 강점기에 만주로 이주한 조선족은 그 시대의 언어를 그대로 쓰고 두만강을 건너 러시아로 흩어진 고려족은 우즈베키스탄 등 동구권에 살지만 구한말의 언어를 지금도 사용한다고 한다.

60년대 70년대에 미주로 이주한 세대들은 변화된 모국 언어에 이해 못할 표현들이 많다.

세상의 모든 언어가 세태의 변화에 따라 변모하는 것은 당연한 현상이다. 딸 같은 종업원이 아버지뻘, 할아버지뻘 되는 남성에게 오빠라고 부르고, 남편도 오빠라고 호칭하는 현 세태를 어떻게 받아들여야 할지 고국을 떠난 지 오래된 동포들에겐 당황스럽기만 한 일이다.

어느 누가 지어낸 말인지 '나이 드신 호박' 이란 신조어를 만드신 분에게 따뜻한 갈채를 보낸다.

1. 7. 2004 한국일보

Eagle

대부분의 운동경기는 득점이 많을수록 승자가 되지만 골프경기만은 타수가 적어야 우승을 한다. PGA토너먼트에 승자와 차점자와의 1타 차이로 수십 만 불의 상금이 엇갈린다.

한 타 한 타를 줄이기 위하여 골퍼들은 뼈를 깎는 노력을 하고 아마추어 골퍼들도 나름대로 점수를 줄이기 위하여 갖가지 피나는 공부를 한다.

그 홀의 표준 타수를 파(Par), 1타 적은 타수를 버디(Birde), 2개 적은 타수를 이글(Eagle), 3개 적은 타수를 앨버트로스(Albatross)라고 골프용어로 일컫는 것을 골프를 하게 되면 자연스레 알게 된다.

전체 홀의 표준 타수 보다 적게 쳐서 마이너스를 기록하는 성적은 프로세계에서나 가능하고 주말에 한 두 번치는 아마추어들은 거의 불가능한 일이다. 그래서 일반 골퍼들은 70대를 치는 로우 핸디는 선망과 질시의 대상이 되기도 한다.

일반인들 사이에 오죽하면 골프를 잘 치는 싱글 핸디에게는 돈도 꾸어 주지 말라는 속언이 있을 정도로 그들은 그 수준을 유지하기 위하여 많은 시간과 정렬을 바친다.

홀인원(티 그라운드에서 단 1타로 홀에 공을 넣는 것)이나 이글은 아무나 하는 일이 아닌가 보다.

그날의 행운이 찾아와야지 의도적으로 시도한다고 해서 뜻대로 이룰 수 있는 득점이 아니다.

뉴욕지역 한인 사회의 어느 커다란 골프대회에서는 스폰서가 홀인원 상품으로 캐딜락 승용차를 내건 신문 광고를 매년 볼 수 있다. 그게 실력만 있다고 1백 8십 야드 정도 되는 거리의 작은 구멍에(4.25인치) 골프공이 들어가는 것이 아니라 행운이 따라야만 가능한 일이다.

그런데 그 상품으로 내 건 승용차가 그 대회에 해당자가 없는 경우에도 대회 주최 측에 기증되는지 아니면 '아니면 말고' 식으로 홀인원 하는 사람이 없으면 얼굴빛만 내는 전시용인지 골프대회 안내 광고를 대할 적마다 부질없는 의문을 가져 본다.

앨버트로스는 편 날개 길이가 3m 가량 되는 큰 새로 비행력이 강하여 장시간 날 수 있고 지치면 바다 위에 떠서 쉬는 바닷새로 육지에서는 사람들의 눈에 잘 띄지 않는 희귀조(稀貴鳥)다. 아마도 우리 동양에서 말하는 대붕(大鵬)같은 의미로 짐작하여 본다.

구만리 장공(長空)을 날아가는 새, 곤(鯤)이라는 물고기가 큰 새가 되어 하루에도 9만 리를 날아간다는 상상(想像)의 새, 오늘의 점보제트기를 대붕으로 보아도 틀린 말은 아닐 것이다.

지금도 현존하는 정치인 K 모 인사가 국무총리 시절 대통령께 아부하느라 <연작(燕雀)이 어이 대붕의 뜻을 알리까> 읊조리며 아첨을 떨었다는 신문 가십을 몇 년 전에 읽은 기억이 난다.

보통사람이 범접하기 어려운 존재를 대붕이라 하여 이상적인 상징으로 추앙하듯이 골프에서도 멀리 멀리 날아가라고 앨버트로스라고 이름을 지었나 보다.

기록을 보면 한 라운드에서 홀인원을 두 번씩이나 한 사람도 있고 우리 같은 초보는 생각지도 못할 일을 몇 번씩이나 하는 인사도 많다. 지난 초여름은 골프의 여신이 나에게도 이글이라는 행운을 맛보게 하여준 해이기도 하다.

전날 용꿈 꾼 기억도 없는데 앞서가는 조 플레어들이 <이글이다!>라고 소리쳐주어 독수리가 날아간다는 걸로 알았다. 파 4홀짜리 코스에서 두 번째 친 볼이 그린에 안착하였는데 있어야 할 골프공이 없어 구멍에 들어 간 게 확실하다고 생각했다.

앞선 조가 박수까지 쳐주는데 어리둥절하고, 실력도 없는 주제에 일을 저지르고(?)나니 부끄럽기도 하고, 칭찬을 들으니 기분이 으쓱한 하루였다. 맨날 꼴찌만 하던 학생이 어쩌다 만점을 맞고 선생님으로부터 칭찬을 들을 때처럼…

골프도 하다 보면 이런 일도 있구나 하고 자신감이 생겼다.

골프를 시작할 때 티칭 프로로부터 교습을 받을 적에는 표준 스윙동작을 배우지만 실제 골프장에서 스윙은 백인백색이다. 원리와 이론대로 골프가 매번 잘 된다면 기계적 동작이라 아마 재미가 없는 반복운동이겠지만 시시각각 변하는 감정의 변화, 신체조건, 기상상태에 따라 미스 샷이 나오기 때문에 골프의 재미가 숨어있다.

골프 치는 사람을 그렇게 비난하던 어느 지인(知人)은 환갑이 넘어서 골프를 시작하더니 이제는 거의 칠십에 가까운데, 늙어서 하기 좋은 운동은 골프 뿐이라고 하며 예찬자로 변하였다.

한국 지하철이나 버스에서는 경로우대가 잘 이루어지는데 미국에서도 카운티 골프장에서만은 경로대우가 밝아 노인들이 아주 저렴한 햄버거 하나 정도 가격으로 하루를 즐길 수 있으니 보행할 건강만 허락되면 그 이상 좋은 운동이 없다.

지난달 플로리다 어느 골프장에서 한국에서 온 나이 어린 처녀 골퍼를 만났다. 이 더운 여름 날씨에도 불구하고 열심히 골프에 열중하는 그녀가 한 말은 퀄리화잉 테스트를 보러 한국에서 몇 명이 함께 왔단다. 내년에는 그녀의 이름이 LPGA 대회에 떠오르기를 빌어 마지 않는다.

골프를 함께 하다 보면 평소에 알지 못하던 개개인의 성격이 본연 그대로 나타난다. 공이 잘 안 맞는 다고 화를 삭이지 못하여 옆 사람까지 불편하게 하는 사람, 친하게 지내는 사람끼리 플레이한다고 미스 샷이 나올 때마다 쌍욕을 마구 해대는 사람, 채를 집어 팽개치는 사람, 한 샷을 칠적마다 긴긴 기도를 하는 것처럼 시간을 오래 끄는 사람, 비록 만족한 샷이 아니어도 유머를 섞어가며 분위기를 돋우는 사람도 있다.

골프 수준이 높아지고 핸디캡이 낮아지는 것만큼 우리들의 에티켓도 향상되어야겠다.

골프의 역사나 일화를 알고 골프를 친다면 그 재미가 더 할 것이다. 전직 언론인 'C씨가 '골프와 인생' 이라는 Golf Essay를 쓴 책이 얼마 전에 시중에 나왔기에 읽어 본바 단원마다 문장이 지루하지 않고 명쾌한 필치로 골프라는 스포츠의 상식과 비사(秘史), 일화(逸話), 본인이 느낀 솔직한 경험담 등 많은 자료를 뽑아 엮어 놓아 머리 싸매지 않고 읽기 좋은 책이라고 생각되었다. (註: 저자와 본인과는 일면식(一面識)도 없고 전화도 한 번 걸어 본 적이 없는 사이임)

건강이 허락할 때까지 골프라는 운동을 하다보면 나에게도 언젠가는 홀인원이라는 행운이 한 번쯤은 찾아오지 않을까 기대하여 본다.

8. 16. 2003 한국일보

호미 예찬

호미로 막을 것 가래로 막는다는 속담이 있다. 미리미리 서두르면 작은 호미로 할 수 있는 일을 미루고 미루다가 가래를 써서 수고를 더 한다는 속담이다.

요즘은 한국에서도 농사일이 기계화되어 손으로 사용하는 구식 농기구는 뒷전으로 물러났으나 그래도 집 뒷마당의 작은 채소밭은 괭이, 쇠스랑, 호미 같은 작은 농기구라야 제 구실을 한다.

한국에서도 도시 생활이란 시멘트 마당 위에서 살아야 하지만 미국에 와서 개인 집을 마련하고 넓은 잔디밭 한쪽에 텃밭을 만들어 채소를 심어 기르는 재미에 고향의 향수를 느끼곤 한다.

세평 남짓 손바닥만 한 밭이지만 정성을 들여야만 제대로 채소라도 수확할 수 있다. 봄철이 되면 작년에 받아두었던 들깨, 아욱, 한국 고추씨를 뿌리고 가든 센터에서 토마토, 상추, 바나나, 고추 같은 모종을 사다 심고 아침저녁으로 물을 주어야 싹이 튼다.

가장 어려운 문제는 한여름에 자라는 잡초다. 손으로 뽑아도 뽑아도 며칠만 지나면 돋아나는 잡초다. 명아주, 쇠비름, 맨드라미 정도는 알아볼 수 있지만 나머지는 이름도 잘 모르는 질기고 모진 잡초다.

이곳에서 구입한 포크를 구부려 놓은 것 같은 세 발 달린 것, 꽃삽, 기역자로 구부러진 작은 괭이 같은 농기구를 써서 잡초를 매었지만 항상 마음에 들지 않았던 차에 지난 봄 한국 갔다 오는 길에 2000원을 주고 한국 호미를 사왔다.

개량형이어서 손잡이는 기계로 매끈하게 깎았고 호미 날도 삼각형이 아닌 마름모형으로 양쪽 끝을 호미 꼭지로 삼아 한쪽 날이 달아 무디어지면 또 다른 한쪽을 사용하게 되어 있어 한 개로 두 개 몫을 하게 만들었다.

아이디어는 근사하지만 너무 가볍고 얄팍하여 재래식처럼 묵직하고 투박한 맛을 느낄 수 없어 별로 정이 안 가지만 여태껏 써오던 호미 대용보다는 편리함과 효용성은 기대한 대로다.

뾰족한 호미 날 끝으로 얄미운 잡초를 콕 찍어내는 촉감은 개운하기가 그지없다. 그 일도 노동이랍시고 십분만 쪼그리고 앉아하면 허리가 아프고 다리가 저려온다. 손으로 짓는 손 농사가 이리도 힘들다는 사실이 새삼 아로새겨진다.

한여름 폭염 아래 재 너머 사래 긴 밭을 달랑 호미 하나로 밭농사를 지으시던 우리 어머니들의 노고를 어렴풋이 짐작할 것 같다.

몇십 몇백 에이커의 농장에서는 어떻게 잡초를 매는지 듣지도 보지도 못하였지만 손으로 지을 수 있는 작은 텃밭은 한국형 손호미처럼 편리한 게 세상에 없을 것 같다. 재래식 호미는 묵직하고 기다란 목이 엇비스듬히 꼬여있어 운치까지 더하여 준다. 지금보다 물질적으로는 풍요롭지 못하였으나 그 때 우리 조상들은 멋과 한가로움을 즐길 줄 아는 여유가 있었다.

미국에서 농기구를 살 수 있는 곳에 가보면 중국이나 대만에서 수입한 미국식 손 농기구만 볼 수 있다. 아마도 작은 정원이나 화단을 가꾸는데 필요한 고객을 상대로 파는 기구 같다.

아마 한국식 호미를 공급한다면 (손잡이를 좀 더 길게 한다든지 서양사람 체형에 맞게 개량하여) 써 본 사람은 그 편리한 효용성을 인정하고 단골 고객이 될 것이다. 이 아이디어는 무상으로 제공하는 것이니 용기 있는 비즈니스맨이라면 어느 분이 시도하여 봄직한 일이다.

지금은 민속촌 같은 곳에서나 구경할 수 있는지 모르겠지만 어린 시절에 어른들을 따라 가본 대장간 풍경은 잊혀 질 수 없는 추억이다.

한여름에도 시뻘건 화덕에 풀무질을 연신 해대며 모루 위에 빨갛게 달은 농기구를 메와 망치로 두들겨대다 찬물에 담그면 푸지직 소리를 내며 하얀 수증기를 내뿜던 낭만적인 풍경이나 식칼, 낫, 호미, 괭이 등 살림살이에 필요한 필수품이 만들어지던 정겨운 추억을 잊을 수 없다.

6.25사변 후에는 중고자동차에서 나온 스프링(Bar Spring)이 강도가 높아 농기구 재료로는 최상급이었다.

다음 한국을 방문하는 기회가 있으면 그 대장간을 한 번 찾아보고 싶다.

7. 15. 2003 한국일보

전쟁 문학

새해 벽두에 우편함에서 두툼한 봉투를 열어보니 신간 책자가 저자의 서명과 함께 들어있었다. 서문에 반자전적 소설이라고 하여 한 개인의 감추어진 과거사를 들어보는 흥미가 동하고 호기심까지 슬며시 일어났다.

"장작불" (민 미디어사 간행)이라는 장편소설인데 저자는 한때 뉴욕한국일보에 골동품 복원가로서 골동품에 관한 글을 여러 해에 걸쳐 기고한 바 있는 글쟁이(본인의 표현)다.

그가 민족의 수난기, 육이오 전쟁이 시작되는 해, 십팔 세의 눈으로 북조선 인민해방군을 고향에서 구경하는 장면에서부터 소설은 시작된다.

주인공 백일도는 철모르는 학생 구경꾼에서 인민 의용군으로 신분이 바뀐다. 학병으로 징집되어 일본군에서 탈주한 백일도의 형은 국방군에 편입하여 대령까지 진급하여 인민군과 대치하다 일찍 작고하고 그 형과 학병으로 동고동락한 동향친구 김인태는 중국 모택동 팔로군에서 활동하다 인민군으로 입대, 8230부대 참모장으로 전주사범학교에 진주하여 사단본부를 차린다.

백일도는 김인태 대좌의 호의로 편안한 인민군 생활을 하던 중 선무공작 여군 장교인 북조선 평양 출신 최수경 소위와 사랑에 빠진다.

전황은 역전되어 퇴로가 막힌 인민군 8230부대는 지리산 자락으로 입산하여 빨치산 전법으로 바꾸어 퇴각하며 북반부 본토 사수에 투입하라는 명령에 따라 전선을 통과하기 전 인민군 김인태 대좌는 국군으로 전사한 백두산 대령의 동생, 이 소설의 주인공 백일도를 인민군 후퇴 행렬에서 빼내어 고향으로 돌려보낸다.

지리산 토벌군에 자수한 백일도는 국군 정보기관에 중요한 첩보를 제공하고 대한민국의 군인으로 변신한다.

전쟁 중 백일도는 군 초급장교로 임관하여 항도 부산에서 복무중 전시 하의 어지러운 사회의 부패와 모순, 그리고 전방에서 다리가 절단되어 후송된 동기생 박 대위로부터 충격을 받고 소모품으로 보충되는 초급장교의 일선 보직을 자원하여 떠난다.

최전선 수색중대 소대장으로 보직된 그는 그 전방 전쟁판 속에서도 부정을 저지르는 일부 군인들의 부패를 고발한다.

민간인 출입이 절대 금지되어 있는 군 작전지역 포화가 난무하는 최전방 미군부대의 옆까지 찾아와 위안소를 차린 '공주님' 들의 끈질긴 생활상은 한 편의 흑백 영화를 보는 것 같다.

소설의 끝맺음은 인민군 연대장 김인태 대좌가 이끄는 동부 전선 주 저항군과 백일도 중위가 배치되어 마주선 전선에서 인민군 선무 공작 장교 최수경 소위의 대남방송을 듣고 백일도 중위는 사랑하는 여인의 육성을 확인한다.

동해안의 함포 지원 사격과 공군의 엄호를 받은 국군은 고지를 탈환하고 백일도 중위는 적의 참호 안을 수색하다 무너지는 참호 속에서 기절을 한다.

가까스로 살아남은 최수경 인민군 여군 소위는 기절한 백일도 중위를 발견하고 어머니로부터 전수받은 남편에게만 행할 수 있는 소생법을 써서 의식을 차리게 하여 최수경을 알아보는 순간 마지막 포탄 한 발이 벙커로 날아와 작렬하며 소설은 끝이 난다.

전쟁을 겪어보지 않은 세대는 전쟁을 영화에서 보는 예술작품이나 되는 걸로 아는지 모르겠다. 저자는 이 책 서문에서 우리나라에는 전쟁문학 작품이 없다고 한탄한다. 노벨문학상을 휩쓸고도 남을 산더미 같은 작품 소재가 있는데 이 땅에는 '전쟁과 평화' 도 없고 '누구를 위하여 종을 울리나' 도 없고 '무기여 잘 있거라' 같은 문학작품이 없다고 한탄한다.

그러나 본인이 보기에는 나름대로 꾸준히 전쟁문학이 이어져 왔다.

안정효 "하얀 전쟁", 조정래 "태백산맥", 이 태 "남부군", 정지아 "빨치산의 딸", 정충제 "실록 정순덕", 차길진 "눈물의 여왕" 등 과문한 탓으로 더 이상은 기억나지 않으나 우리가 겪어온 아픔을 시대에 따라 잘 엮어온 작품들이다. 다만 번역상의 애로 때문에 국제적인 독자가 없어서 갈 길이 험난할 뿐이다.

"장작불"의 저자는 외친다. 한국전쟁은 해방과 북진이라는 냉전 논리에서 벗어나, 분단된 민족이 겪어야 했던 처절한 민족문화로 승화, 발전시켜 나가야 하고 이 길만이 분단을 극복하고 평화적 통일로 가는 민족번영의 길이라고.

소설 속의 인물 인민군 대좌 김인태도, 인민군 선무공작대 여군 소위 최수경에게 남한으로 귀순하여 사랑하는 사람을 찾아가 행복하게 살라고 속삭이며 당부한다. '너에게는 오직 하나의 조국이 있을 뿐이다. 수경이가 북쪽에 있든, 남쪽에 있든 그것은 아무 의미가 없다. 조국은 하나이기 때문이다.' 라고.

독자를 안타깝게 한 것은 북으로 쫓기는 최수경이 변장을 하고 하산하여 읍내 약국으로 부상자 의약품을 구하러 내려와 백일도와 극적으로 해후를 하고 그와 하룻밤을 지새고도 다시 입산한 사실이 매우 아쉽다. (그래야 소설의 묘미가 있겠지만.)

그녀가 이념과 사상을 초월하여 그대로 백일도와 함께 합류하였다면 소설은 해피엔딩이었을 것을.

저자가 서문에 자전적 소설이라 밝혀서 읽는 도중 어디까지가 허구이고 어디까지가 사실인지, 픽션과 논픽션을 넘나들어 궁금증이 많다.

추상화는 화가의 손을 떠나는 순간 보는 사람의 그림이고, 난해한 음악은 작곡가의 의중과 관계없이 듣는 사람 상상의 세계

이므로 저자의 체면(?)에 관한 사생활을 묻는 무례는 안 하는 게 옳은 일이다.

가까운 훗날 통일이 오고 사상과 체제를 초월한, 민족을 사랑하는 민족운동 세력이 주도하는 세상이 오는 날에 '봉화불' (필자 상상 속의 소설 제목)같은 소설로 노벨상 수상작품이 나오기를 기대한다.

1. 28. 2003 한국일보

미국에서 투표하기

미국에서 투표하기 가장 쉬운 방법을 하나 소개 하고자 한다. 매년 11월이면 연중행사의 하나로 미국의 투표일이다. 공휴일도 아니어서 투표에 임하려면 약간 부지런을 떨어야 한다. 시민권을 가진 사람에게는 타운 정부에서 모의 투표용지가 10월 우편으로 오고 장소와 시간을 안내한다.

아직도 이민 1세대에게는 영문 투표용지가 낯설기만 하고 각급 정부의 의결사항을 묻는 찬반의 의사표시도 어려울 때가 많다. 대통령 후보에서부터 상하의원 지방 정부의 공직자 이름이 나열된 영어 이름들은 더욱 낯설기만 하다.

치력 신장 강화라는 기치아래 사명감을 가진 한인유권자센터를 위시하여 몇몇 기관의 분들은 헌신적 노력과 봉사를 아끼지 않고 있지만 매년 선거 후 발표된 한인들의 선거 참여율은 너무 저조하다.

미국에 살면서도 한국의 장관, 국회의원들의 이름은 줄줄이 꿰어 알고 있지만 미 시민권자로서 자기가 사는 주의 주지사, 상하원 이름을 알고 있는 동포는 일부 전문직에 일하는 사람을 제외하고는 극히 드물다. 거기에다 이 나라의 선거 문화는 그 어느 나라처럼 주민들에게 한 표를 얻기 위하여 선심 단체 관광이나 고급식당에서 식사 한 끼 대접하는 풍토도 아니다. 이런 실정이니 시민권 취득 후 가족초청이나 기타 국가로부터 받을 수 있는 혜택을 신청하고 나면 그 후에 행사하여야 할 국민의 기본 권리는 기권하고 만다.

올해에도 뉴욕 한인 유권자등록은 사천여 명이나 늘었고 뉴욕시의 한인 유권자는 3만 명에 육박한다고 보도되었으나 그중 몇 퍼센트나 투표에 참가 할지는 미지수다. 우리는 소수민족이기 때문에 정치참여만이 우리의 권익을 찾을 수 있다는 원론적인 이야기를 수도 없이 들어 왔다. 우리가 직접 공식 출마를 하지 않고 참여할 수 있는 길은 오직 투표 뿐이다.

투표일에 기표하러 들어가면 누가 투표에 참여 했는가만 선거인 명부에 공개 기록된다. 그 명단에 김씨, 이씨, 박씨 등 한인 이름이 줄줄이 들어 차 있지만, 그 한인들의 숫자가 3만 명에 육박한다면, 표를 모아야 하는 입후보자는 다음 선거에 그 소수민족 그룹에 고개 숙이지 않을 수 없게 된다.

미국 정치에 관심이 없어서, 영어 이름에 누가 누구인지 몰라 흥미가 없어도, 우리 한인들이 어느 정당 정책, 선호 불문하고 투표기에 개똥이, 막동이만 찍어도 정치참여 효과는 백 퍼센트 달성된 셈이다. 투표용지에 인쇄된 금순이를 찍었든, 힐순이를 찍었든, 나의 의도와 상반된 인물에게 투표하였든 비밀투표용지를 볼 사람은 없으니 시비대상도 아니다.

시민권자로 선거인 등록을 마치고 투표 통지를 받으면 지정된 투표소에 가서 선거인 명부에 내가 왔다는 기록을 남기고, 후보자가 누가 누구인지 모르는 상황이면, 고민하지 말고 손가락 가는 대로 갑돌이든 갑순이든 찍고만 나와도 우리들의 정치적 파워는 영향력을 발휘 할 것이다.

앞서 언급한 내용은 선거에 임하기 위한 임시 처방이고 이런 현상이 거듭되다 보면 정치적 안목이 생겨 각 정당, 각 후보의 호불호(好不好)를 선별해 우리들을 도와 줄 특정 후보를 밀어 당선 시킬 캐스팅 보드의 역할을 충분히 할 수 있을 것이다. 또한 진일보하여 한인 유권자의 힘만으로도 시의원, 시장, 상하 의원을 당선 시킬 역량이 생길 것이다.

2002 한국일보

안빈낙도(安貧樂道)

한참 주식시장이 활황일 때는 모든 경기가 가랑잎에 불붙은 것 같이 성시를 이루더니 이제 나스닥 코스닥 다우지수가 곤두박질 쳐 어디가 바닥인줄 모르고 내려가고 있으니 미국의 돈 많은 갑부들은 주식하락으로 재산이 크게 줄었다고 한다.

주식이 호황일 때 매도하여 그 이익금으로 부인에게 고급 승용차를 사주고 나서 마님으로부터 제왕대접을 받고 있는 사람이 있는가 하면 어느 지인은 한국에 투자하여 옵션까지 돈을 굴려 한때 잘 나가다가 어느 날 본전까지 없어져 기십만 달러의 손해를 본 사람도 있다.

남이 뭐 잘 한다는 정보는 항상 여과 없이 들어오는 법이라. 우리 집 내자로부터 이재(理財)하는 기술도 없어 남들이 다 한다는 주식투자도 못한다고 핀잔과 홀대를 받던 것과는 반대 상황이어서 이제 한 동안이나마 마음 편하게 지낼 수 있게 되었다.

하기는 남들처럼 주식에 투자할 수 있는 여유자금이 있는 형편도 아니나 다른 이들이 주식으로 얼마를 늘렸느니 또 주가가 얼마로 올랐느니 하는 소문을 들을 때는 소외감과 남들이 다할 줄 아는 재산증식 방법도 모르는 무능한 소치를 탓하곤 한다.

한국 신문이나 미국 신문에 깨알 같은 주식시세표는 나와 아무 상관없는 일이고 보니 여태껏 세상을 헛 살아오지 않았나 하는 후회도 생길 때가 있다.

그렇다고 살고 있는 집까지 챙겨서 이 나이에 주식투자를 할 수는 없는지라 '작게 먹고 가는 O 싼다.' 고 하는 옛말 따라 시대에 맞는 경제생활을 못하고 사는지 모르겠다.

자기가 소유하고 있는 모든 재산은 자기 것이 아니라 종국에 가서는 하나님의 것이라는 평범한 진리를 자주 듣는다. 아무리 많이 가져도 갈 때는 빈손으로 가는 인생을 항상 체험하면서도 현실의 생활에서는 한 푼을 가지고 따지고 두 푼으로 다툼을 하여야 하는 인생살이가 있으니 삶이 고해(苦海)라는 말도 일리는 있다.

무소유의 삶을 살았다는 유명한 고승들이나 박봉을 가지고 쪼개서 어려운 처지의 사람을 돕는 성당 신부님도 세상에 허다하지만 그런 분들의 삶을 보고도 마음속의 짐을 내려놓지 못하는 속인들의 일상은 하루하루가 분주하기만 하다.

자비심을 가지고 깨달음의 경지에 이르러야 성불할 수 있다는 설법을 듣는 제가불자나, 사랑을 실천하여야 다시 태어날 수(Born Again)있다는 복음을 아로새기는 크리스천이 많지만 세상은 항상 불만과 허식, 위선과 범죄, 시기와 전쟁, 가진 자와 못 가진 자와의 갈등, 지배자와 피지배자 사이의 불공평함으로 인류의 역사를 장식하고 있다.

나물 먹고 물마시면서 걱정 없이 살 수 있는 세상이 아니니 잠시도 자기 성찰을 할 마음의 여유가 없다. 눈앞에서 순간순간 전개되는 매스콤의 일상 속에 살다보니 자극이 심한 영상매체에 자기도 모르게 몰입하고, 요즈음은 인터넷이라는 요술방(妖術房)에 빠져들어 집집마다 어른 아이 할 것 없이 그 편리함과 더불어 폐해도 많다고 한다.

호롱불 심지 돋우어가며 옛 이야기 책 읽다가 살며시 나가 고개를 들면 멀고 가깝게 수많은 별들이 반짝이고 그 별들을 보며 까닭 없이 가슴 저리던 시절을, 오늘의 젊은 세대는 도시의 불빛에 눈이 멀어 모르고 산다.

마음은 옛날로 돌아가고 싶지만 현대문명은 발전에 발전을 하여 자신이 어느 곳에 서 있는 줄도 모르고 우리의 마음과 정신은 황폐하기만 하다. 오직 자기 자신만 있을 뿐이다. 이기심만이 팽배하여 남이라는 존재는 자기가 살아가는데 필요한 소도구일 뿐이다.

선(禪)에서 말하는 "나는 누구인가?" 라는 화두를 놓고 조용한 시간에 홀로 앉아 거울 앞에서 자기 자신을 향하여 당신은 누구냐고 물어볼 수 있는 짧은 시간이라도 한 번 가져보면 자기 존재의 실마리를 혹여 풀어 볼 수 있으려나… 이런 화두를 붙들고 어떤 경지에 이르도록 몰입하는 시간을 가져보는 것도 한 번 시도하여 볼 일이다.

예고 없이 찾아오는 삶의 마지만 순간에 우리는 무슨 생각을 할 수 있을까? 쌍둥이 빌딩에 부딪치는 비행기의 객석에서 그 영혼들은 어떤 생각을 하고 있었을까? 아마도 그 순간은 영겁(永劫)의 시간이리라. 우리의 생존이 찰라 일진대, 죽음은 우리를 영겁의 세계로 인도하는 것이라고 믿고 싶다.

불어오는 스산한 바람 속에 질척질척 내리는 겨울비에도 우리의 마음은 평온과 안위를 느낄 수 있는 어떤 믿음이 있어야 하지 않을까.

"청산은 나를 보고 말없이 살라하고 / 창공은 나를 보고 티 없이 살라 하네 / 탐욕도 벗어놓고 성냄도 벗어놓고 / 물같이 바람 같이 살다가 가라하네…"

우연히 한 장 구입한 CD에서 가수 조영남의 노래는 어느 유명한 철인(哲人)의 강의처럼 가슴에 와 닿는다.

1.8.2002 한국일보

세대차이

듣기 좋은 말로 세대차이라고 하겠지만 요즈음 흔히 쓰는 말로 하면 나이든 세대를 한물갔다고들 한다. 일간지에 딸려오는 주간지의 금주의 운세란에도 내 또래의 생년은 <퇴출>이다.

독자층에서 제외되어 찾을 수도 없는 세대가 되었나 보다. 동포 신문사의 형편이 좋아졌는지 요즘에 배달된 일간지에는 고국의 연예신문, 스포츠 신문, 여행, 건강, 교육, 부동산, 리빙, 레저, 종교 섹션 등으로 뉴욕타임스만큼이나 지면이 풍성하다.

영어가 서투른 우리 이민 1세들에게는 현지에서 발간되는 한글 신문이 지적 욕구 충족과 정보습득에 지대한 공헌을 하고 있다.

발전된 과학기술로 한국과 동시 인쇄되어 배달되는 세상이니 지금 내가 미국에 있는지 한국에 사는지 때로는 구분이 안 간다.

70년대 초, 이민 보따리를 풀 때엔 뉴욕 한국일보의 규모는 타블로이드판으로 현재 덤으로 끼워 주는 주간지 반 정도의 분량으로 기억된다. 요즘은 연예판이나 스포츠란에 나오는 배우, 탤런트, 운동선수들의 이름이나 얼굴들은 세월이 흐른 나의 안목으로는 도무지 알 수 없는 이방인들의 얼굴이요 이름들이다.

사진에 나오는 젊은 미녀들의 얼굴을 하나하나 살펴보면 나의 시력으로는 그녀가 그녀이다. 얼굴에 개성이라고는 하나도 없고 한결같이 오똑한 콧날, 동그란 눈동자, 쭉쭉 빠진 몸매며 모두다 표준형이다. 한국의 영세 일반 의원들은 파리를 날린다지만, 미주지역 한인 고객에까지 광고를 하는 서울 성형외과의원들의 호황은 짐작 할만하다.

얼마 전 컬러판으로 나오는 한국의 모 가수의 사진에는 머리털에 노란색 염색을 하고 이곳에서 흔히 보는 어느 유색인종(물론 한국인도 유색인종이지만)의 머리 모양을 흉내 낸답시고 가닥가닥 머리를 땋아 늘어뜨린 모습은 사진만 보아도 속이 메스껍고 느글거리는 혐오감이 오르는 것도 세대차이일 거라고 치부하여 본다.

요즘은 한인 젊은 가정주부까지도 노랑머리로 염색을 하고 다니니 청소년들의 노랑머리는 차라리 애교로 보아주어야겠다.

한국 연예인이 한동안 해외에 머물다 돌아와 외국물을 먹었다고 격에 맞지 않게 인도인의 터번을 쓴다거나 유대인들의 빵떡모자(Yamaka) 같은 것을 쓰고서 유행을 창조한답시고 한국 TV에 조만간 출연 할지도 모른다.

뉴욕은 세계 각국의 인종이 모자이크를 이루어 아름다운 하모니를 이루며 산다고들 한다. 때로는 여러 민족의 고유 의상이나 전통 복장을 뉴욕시내 한복판에서 구경할 수 있는 기회가 있다. 그 나라 풍속의 치장은 그 민족이 차리고 나와야 제격에 어울린다.

한인 퍼레이드에 그랜드 마샬로 나오는 뉴욕 시장님께서 도포자락에 큰 갓을 쓰고 장죽을 물고 브로드웨이에서 행진을 한다면 한 편의 코미디일 것이다.

고국을 떠나 해외에 살고 있는 우리민족의 시계는 각자 떠날 당시의 시간에 멈추어 있다. 시베리아에 정착한 가레스키들은 조선 말기의 풍속과 언어 속에서 산다고 하며, 연변 지역의 조선족은 일제시대의 유랑민이라 경상도, 전라도, 함경도 말씨가 혼합되어 독특한 억양을 쓰면서 해방 전의 순박한 인정을 잃지 않고 사는 것처럼 보였었다.

미주에 살고 있는 코리언들도 70년대에 정착한 사람과 요즘 도착한 사람은 긴 세월의 갭을 느낄 수 있다.

김지미, 최무룡 씨의 연기나 남일해, 안다성 씨의 가요를 듣다가 이민 온 세대들에게는 현재 한국의 연예인들이 서양배우나 가수만큼 생소 하다면 그만큼 긴 세월이 흘렀기 때문이리라.

물은 높은 곳에서 낮은 곳으로 흐르게 마련이고 세월은 오고 가는 것이니 우리의 삶도 한 번 왔다가 어느 날 홀연히 사라지는 것이 자연의 섭리다. 어린 나이라고 깔볼 일도 아니고 노인이라고 시세를 모르는 한물 간 사람으로 업신여길 일이 아니다.

아해(兒孩)는 자라서 20년 후면 이 세상의 중추인물이 될 터이고 자기는 이미 노인이 될 것이니까.

2. 7. 2001 한국일보

얼굴 없는 미인

나는 그 여인이 어떻게 생겼는지 얼굴을 모른다. 또 나이가 몇인지, 기혼인지 미혼인지, 이민 1.5세 인지 2세인지, 이제까지 일면식도 없고 지금 이글을 쓰고 있는 이 시점까지도 그 여인을 만난 적이 없다. 다만 한인 전화번호부에 있는 직종에서 한 변호사를 찾는데서 그녀와의 첫 대화가 이루어졌고 법률 자문과 서비스를 받았을 뿐이다.

변호사란 직업도 비즈니스이니 서비스를 받고 합당한 대가를 지불하였다면 이야깃거리가 아니겠지만 그렇지 않은 사실에서 실마리가 비롯되었다.

우리생활에 크고 작은 불행은 순식간에 찾아온다. 그것도 여태까지 잘 부어오던 보험이 끊어지는 대목에서 아차 하는 순간 자동차 사고, 도난사고, 화재나, 낙상사고 같은 불의의 불청객이 찾아오는 경우를 여러 번 목격한 경험이 있었고 그때마다 참 지각없는 사람들이라고 속으로 비웃었건만 내게도 이러한 일이 일어나고야 말았다.

상대방이 예외 없이 변호사를 앞세워 손해배상을 청구하는 상해사건이라면 우선 그 액수에서부터 사람 기를 죽여 놓는다. 이런 경우 보험이 있다면야 얼마나 좋으련만 행운의 여신이 잠깐 한눈을 파는 순간 찾아오는 곤욕은 그 사건이 해결될 때까지 계속되고 물질적 정신적 손실이 큰데 아마 당해 보지 않으면 실감이 나지 않을 것이다.

나를 보호하여 줄 사람은 배경도 아니요 연줄도 아니요 오직 변호사를 고용하는 일 뿐이다.

뉴욕 맨해튼에 소재한 법률사무소에 전화를 걸어 사건 개요를 한국말로 설명한 후 관련 서류를 Fax로 보내고 일차 면담 날짜를 기다리는데 전화가 왔다. 자기가 보기에 사건의 내용이 법정까지 가기에는 미진한 부분이 있으니 상대방과 협상을 통하여 어느 선에서 마무리 지으면 될 것 같으니 걱정하지 말라는 위로를 하기에 그 변호사에게 수고하여 줄 것을 요청하였다. 그리고 수임료를 물어 보니 머뭇거리며 망설이다가 그냥 거저 일을 처리하여 주겠으니 다음 서류나 보내라고 한다.

참으로 의외의 답변을 듣고서 어리둥절할 수밖에 없었다. 여태까지는 무슨 건이 있으면 굳이 그들의 사무실을 찾아가야 되는 줄 알아 왔고 나의 경험으로는 그렇게 하였기에 말이다.

그녀는 나의 얼굴도 모르고 나라는 존재는 처음 대하는 일인데 기백 불내지는 기천 불을 불사하고 무료로 사무 처리를 하여주겠다니 이건 보통 횡재를 한 게 아닌 일이다. 혹시 내 음성이 너무 아름답고 남성다워서? 아니 본인의 매너가 너무 믿음직스러워서? 삼십 여년을 함께 살아온 집사람도 내 목소리 곱다고 한 적이 없는데…. 그래도 나의 도리상 무료 봉사를 받을 생각이 없고 관례대로 변호사 비용을 지불하겠으니 액수를 알려 달라고 간곡히 요청하였더니 그녀는 웃으면서 "상대 쪽에서 일 만 불 미만을 '클레임' 하여 왔는데 우리 법률회사는 이런 상해 사건은 최저 계약금 수임료가 일만 불이니 배 보다 배꼽이 더 큰 꼴인데 그래도 부탁을 하겠습니까. 내가 보기엔 큰 사건이 아니니 차라리 제가 무료로 처리하여 드리겠습니다." 한다.

이곳에서야 해당되는 말이 아니지만 우리가 몸담아 자라오던 나라에선 얼마나 많이 들어오던 말인가! O士와 O師는 허가난 OO 이라고 하던 속된 말이….

하지만 이곳 타국 땅, 메마른 이민사회에서는 1세, 1.5세, 나아가 2세 전문인들인 의사, 약사, 변호사, 간호사들이 맡은 직분대로 동포사회를 위해 해마다 대가 없는 봉사활동을 펼쳐온 것을 생각하면 비록 내가 직접 혜택을 받지 않았을 때도 참 좋은 일들을 하는구나 생각했었는데 이번에는 생면부지의 전문인으로부터 예기치 않은 호의를 받고 보니 무어라 그 고마움을 표해야 할지 몰랐다.

감격하였다고 하면 어째 좀 격에 안 맞는 표현 같기도 하지만 여하튼 나는 그 미지의 여인에게 신세를 진 일이 있다.

나는 그 미지의 변호사가 어느 종교를 믿는지 또는 신앙생활을 열심히 하는지 모르겠으나 선한 마음씨를 가지고 알게 모르게 선행을 하고 있는 분이라고 믿고 있다.

흔히들 남을 위하여 봉사하는 사람들은 기꺼운 마음으로 하며 대가를 바라지 않는다고 한다. 각박한 이민생활에 같은 동포에게 크든 작든 선행을 베푸는 전문 직업인이 우리사회에 있다는 사실은 고달픈 타국살이에 한바탕 불어주는 청풍(靑風)이 아닐 수 없다.

선한 사마리아인은 성경말씀에만 있는 게 아니라 우리 곁에도 있고 마음먹기에 따라 본인의 형편에 따라 누구라도 선행을 할 수 있다는 것을 알았다.

어느 특정인을 공개된 지면에 공표하는 것은 도리에 어긋나는 일이거니와 그의 이름을 들어내는 일이 본인도 바라지 않는 일로 믿고 있지만 그가 신문광고나 전화번호부에 공개하지 않는 영어이름은 괜찮지 않을까 하여 밝혀 보면 Connie Lim이라는 아름다운 이름을 가진 여인이다.

고마움을 전할 길이 없어 우선 "메일오더" 로 주문을 받는 회사를 통하여 과일, 캔디, 꽃 등을 한 묶음 섞어 보낸 걸로 미안한 마음을 덜 수 있었으나 그 고마운 사건은 잊을 수가 없다. 그녀는 틀림없이 마음뿐만 아니라 얼굴도 고운 여인이라고 믿고 있다.

9. 9. 2000 한국일보

맞아 죽을 각오

세상이 점점 험악하여 지니까 요즈음은 일상 쓰는 어휘마다 "막가 판" 이 되나보다. 한동안 한국에서 절찬리에 판매되었다는 일본인 이케하라씨가 쓴 "맞아 죽을 각오로 썼다" 는 한국인 비판 서적은 맞아 죽지도 않고 사랑 받으며 한때 베스트셀러가 되었다더니 그 뒤 중국의 어느 조선족 동포도 맞아 죽을 각오로 한국인 비판서를 펴냈다고 한다.

세태가 그런지, 인간의 감성이 점점 강팍하여져 그런지, 옛날 선비들의 음주문화는 예술의 향기가 묻어나는 풍류였지만 지금은 폭탄주를 마셔야 하고 또 어느 동포 업소에선 연말을 기하여 폭탄세일을 한다고 선전한다.

심지어는 어느 기독교 용어에서조차 신도들의 전도 훈련 과목 중에 "전도 폭발" 이라는 무시무시한 고폭탄(高爆彈=포병부대에서 사용하는 화학탄, 조명탄과 달리 핵폭탄 다음으로 폭발력이 강력한 인마 살상용 폭탄)이 곧 터질 것 같은 언듯 테러 행위를 연상하는 단어도 있다.

우리가 사는 시대가 김소월의 시나 "사랑방 손님과 어머니" 를 읽고 사는 서정적 은유를 음미하며 생활하는 전원생활 시대가 아니어서 그런지 소설, 영화, 가요, 모든 쟝르가 감각적이고 자극적이다.

폭력과 선정적인 내용으로 톡톡 튀는 제목이나 내용이 아니고는 사람들의 이목을 끌 수 없기 때문일까.

최근에 읽은 책 중에 제목은 역사를 기술한 것 같지만, 내용이 이렇게 전개되면 혹시 맞아죽지 않을까 염려되는 충격적인 고발을 한 어느 은퇴 목사님의 저서를 읽고 나만이 알고 있기에는 너무나 그 메시지가 강렬하여 간추려 보고 싶다.

평단문화사 간(刊) 조찬선 지음 "기독교 죄악사"인데 사건 위주로 성직자들이 저지른 2000년 죄악의 발자취라는 부제가 있는 상하권으로 된 책이다.

"성직자들의 장사하는 교회"라는 장에서는 한국교회나 미국교회의 교회운영의 빗나간 실태를 들추어낸다. 통성기도의 잘못된 기도의 습관, 원죄(原罪)설을 어떻게 받아 들여야 할 것인가 하는 기독교신자의 근본적 신앙관, 구약시대부터 논쟁의 불씨를 안고 있는 십일조에 대한 해석문제, 모세의 율법을 현대의 기독교인들이 엄수하여야 할 것인가, 스스로 우러나와 하나님께 바치는 헌금문제, 과거부터 있어온 신구교의 타락한 성직자들의 실태, 또 더 나아가 기독교의 세계선교가 일방통행식이어서 세계 도처에서 부딪치고 있는 문제점, 역사적으로 거슬러 올라가 십자군전쟁의 원인과 결과 그 전쟁으로 야기된 참상과 당시의 비극, 역대 교황들의 실태, 특히 알렉산더 6세 교황을 중심으로 한 그 측근들의 부패한 생활상, 과거의 로마 가톨릭의 개신교에 대한 박해, 종교적 갈등으로 중동지방에서 현재도 진행 중인 아랍권과 이스라엘간의 전쟁들은 인간생활을 안락하게 해야 할 종교가 인류를 괴롭히고 있다고 했다.

저자의 설교를 들은 바도 없고 일면식도 없는 분이지만 80이 넘은 노 성직자가 국내외 세계 여러 나라의 194종이 넘는 참고문헌을 섭렵(涉獵)하여 역사적 사실을 고증한 노력에 경의를 표하지 않을 수 없다.

더구나 그의 약력은 동경 신학대학, 보스턴 신학대학의 수학에다 감리교 신학대학교수, 이화여대교수 및 교목실장, 미국연합감리교에서 목회 후 정년 은퇴하신 분이라고 소개하고 있다.

처음 교회에 입교하였을 때 기도란 이렇게 하는 것이구나, 교회에 충성은 이렇구나, 믿음생활이란 이런 방식인가 하고 가졌던 의문과 신앙인의 자세에 대하여 많은 기준을 제시하여 주었으며 기독교가 아니면 타종교를 마귀나 사탄으로 간주하던 편협한 신앙관을 일깨워 주었다.

인류사회의 모든 종교가 배타적인 교리를 버리고 진정사랑의 정신으로 양보하고 협력하면 인류 평화에 기여할 수 있다는 사랑의 의미를 강조하고 있다.

우리가 잘 아는 김동길 씨, 한국 기독교 언론사 연합회 회장 김경래 씨, 신학박사 이백훈 씨가 추천의 글을 썼고, 글의 끝에는 유서를 써 놓을 각오와 순교의 정신으로 집필을 하였다는 저자의 변이 있다.

예수가 탄생하신 달 그 분의 짧은 생애에 이루어 놓으신 하나님의 업적을 묵상하며 그 후에 오도된 인간들의 실수를 되돌아 볼 수 있는 저서라고 생각된다.

12. 19. 2000 한국일보

묘비문(墓碑文)

건강한 사람에겐 죽음이란 항상 자기와는 먼 거리에 있는 것 같기도 하고 생각하기조차 싫은 단어이다. 그리고 그 죽음이란 시점은 아무도 모른다. 아예 모르고 사는 게 속이 편하다.

사형선고를 받은 사형수나 불치의 암환자도 대략 그날을 짐작은 할 수 있어도 정확히 알 수는 없다. 만일에 인간들이 자기생의 마지막 날을 알고 있다면 철학교과서는 다시 써져야 할 것이고 삶의 가치관이 지금하고는 판이하여 그 혼돈은 상상을 불허할 것이다.

현대를 살고 있는 우리는 그 한계점이 정하여져 있어 구약시대의 인물처럼 몇 백 년을 사는 것도 아니고 칠십 아니면 팔십이라고 하는데 그 수명의 자랑은 수고와 슬픔뿐이라고 시편에서도 일깨워 주고 있다. 죽음이란 항상 나와는 상관없는 행사요 생각조차도 하기 싫은 일이다.

그러나 주위의 사람이 갑자기 중병이 들거나 가까운 친지나 가족이 세상을 떠날 때 우리는 고뇌에 찬 철학을 배운다.

고희(古稀)잔치를 삼 년 전에 치르신 큰 누님이 한 달 전에 암 수술을 받고서야 생존의 시한을 가늠하면서 사후의 유택(幽宅)을 준비하여야 함을 느꼈다. 한 인생이 생을 마감하고 영면할 쉼터를 찾아야 할 일이 생긴 것이다.

동작동 국립묘지의 줄지어선 하얀 십자가, 우람하게 자리 잡은 우남 이박사 묘지, 혁명가 박 대통령 묘지, 알링턴 국립묘지의 꺼지지 않는 케네디 대통령의 횃불 묘지, 또 뉴욕 근교의 일반서민들의 공동묘지, 생각하여 보니 남들의 산소에 관광차, 참배차, 또 조문으로 들러 보았던 묘지가 수없이 생각난다.

일반적으로 입석 비석을 세울 수 있는 묘역을 쎄메트리 (Ceme-tery)라하고 관리하기 쉽게 비석을 지면에 수평으로 뉘여 놓으면 메모리얼(Memorial)이라고 분류하는 모양이다.

전통적 한국식 매장 풍습은 유족의 슬픔과 설음이 복 받친 호곡으로 시작하지만 이곳의 기독교 의식은 슬픈 호곡소리 보다 찬송가와 엄숙하고 차분한 목사님이나 신부님의 집전으로 마무리된다.

이곳은 땅이 넓은 나라이지만 한국처럼 명당자리라고 아무 곳에나 묘를 쓰지 못하고 반듯이 공동 묘역에 들어가야 하고 때로는 한 자리에 이중 삼중으로 포개서 매장하는 일이 일반적인 관습인가 보다. 우리 한인이 선호하는 자리는 풍수지리설의 영향으로 남향에다 구릉이 있는 곳을 좋은 곳으로 친다.

이곳에 형제자매 또 같이 늙어 가는 장조카까지 있으니 가족 묘지를 구입하면 죽어서도 외롭지 않겠다고 생각되어 지난달에는 묘지 쇼핑(?)을 몇 군데하고 적당한 자리를 구입하였다.

아! 까마득한 옛날 선친께서 자기의 묘지를 정하고서 이곳이 내가 묻힐 곳이다 하시며 먼 산을 바라보시고 또 고개를 들어 하늘에 뜬 흰 구름을 보신 후 깊은 한숨을 내 쉬었다. 유한한 삶에 대한 깊은 상념에 잠기시며 그 허망해 하시던 모습이 떠오른다. 어느덧 내가 그 나이가 되었나 보다.

계약금을 치르고 이제는 내 땅이다 하고 다시 묘지자리를 찾아가 둘러보니 앞에는 계곡 물이 흐르는 골짜기가 있고, 뒤로는 바람 막아주는 산자락이 올려다 보이고, 햇볕이 잘 드는 양지바른 곳이라 좌청룡(左青龍) 우백호(右白虎)가 이런 곳이려니 서투른 풍수 질을 해 봤다.

나 역시 먼 하늘과 흰 구름을 바라보며 그 자리에 다시 한 번 서 보니 생(生)과 사(死)의 차이는 지금 이 자리에 두 발로 서 있는 것과 발밑 잔디아래 누워 있는 것의 차이라는 것뿐이었다.

입심 좋은 조카가 엄숙한 분위기를 바꿔준다.

"작은 아버지 우리 콘도 한 채씩 샀네요."

"그래 네 말이 맞다. 이 정도면 호화 콘도미니움이다."

어떤 이는 죽으면 굳이 고국으로 가서 묻히겠다고 하지만 그곳은 일 년이면 서울시의 두 배 세 배가 묘지로 잠식된다는데 정들면 고향이라고 반평생을 이곳에서 살아 왔는데 손바닥만 한 반도 땅에 묻히는 것보다 공기 좋고 땅 넓은 이곳 대륙 땅에 잠자는 게 고국을 위한 마지만 애국 충정이 아닐까 생각한다.

그곳이 쎄메테리이니 비석을 세워야 하는데 비석 세우는 값이 땅 값보다 더 비싸다는 사실을 처음 알았다. 돈이란 죽는 그날까지 필요한가 보다. 그러나 한 가지 숙제가 또 남아있다.

비문(碑文)을 무어라고 새겨야 할까 이다.

평범한 일생을 살다가 무 관직으로 생을 마감할 텐데…….

하긴 옆의 비석에는 이름과 출생, 사망 연도만 음각되어 있지만 그래도 내 무덤에는 한 줄 남기고 싶은 구절이 있을 법한데 적당한 문구가 떠오르지 않는다. 갖가지 명문(名文)이 입속에 맴돌지만 다 부질없는 넋두리 같고 이제 산굽이를 돌면 종착역이 희미하게 보일 터인데 남은 인생 부끄러움 없이, 후회 없이, 사는 것이 더 값진 인생이 아닐까 한다.

11. 29. 2000 한국일보

십시일반(十匙一飯)

밀레니엄이 밝았다고 법석을 떨던 때가 엊그제 같은데 벌써 연말이 다가온다. 이제 할로윈이 지나고 나면 백화점이나 상가는 X-mas 장식으로 요란을 떠는 세모의 들뜬 분위기를 부채질할 거다.

하루도 거르지 않고 우편함 가득히 채워주는 온갖 우편물 중에는 빠지지 않는 메뉴가 있으니 그건 각 기관에서 보내온 도우네이션 편지다.

금년에는 큰 선거가 있어서 그런지 강 건너 주인 뉴욕주 상원 출마자 라지오씨까지 기부를 하라고 기별을 보냈다. 부자나라인 미국에서 각 개인의 선거자금을 유권자의 기부금으로 충당한다는 사실이, 막걸리선거, 고무신 선거가 발전함에 따라 관광버스 유람선거, 흔적 없는 현금봉투선거를 보아온 상식으로는 주객(主客)이 바뀌지 않았나 하는 생각이 처음에는 들었었다.

금년에도 선거 도우네이션을 필두로 하여 타운의 소방서, 앰뷸런스 보내주는 응급사무실, 적십자본부, 경찰관계기관이라고 겁주는 곳, 미 상이군인회, 심장재단, 신장재단, 암협회, 어린이 관계기관 등등 기억나는 곳만 꼽아보아도 열 손가락이 다 찬다.

선행한다는 기꺼운 마음으로 매년 작은 액수나마 송금하였었으나 해가 갈수록 그 보내오는 기관수가 불어난다. 그러고 보니 물질적 부담보다 정신적 부담이 더 커진 것 같아서 몇 개 기관으로 줄여 의무감보다는 정성을 보낸다는 심정으로 처리하고 잊어버린다.

몇몇 곳에서는 기부자의 이름과 주소가 인쇄된 우편봉투용 스티커를 동봉하여 마음을 약하게 만들고 또 미 상이군인회에서 보내온 반신 봉투에는 2전짜리 5전짜리 우표를 섞어 붙여 정성들인 표시를 하는 데야 감동하지 않을 사람이 없을 지경이다.

수천 리 떨어진 곳에서 얼굴도 모르는 수신자에게 공감을 느끼도록 편지를 만들어서 보내는 사람들은 물론 좋은 일도 하지만 상대방 마음을 움직일 수 있는 심리학을 철저히 응용한 사람들이라고 믿는다.

필자가 DAV(Disabled American Veterans National Headq-uarters)에 연민의 정을 보내는 것은 한국전쟁이 휴전되었을 당시 초등학교 4학년 이였는데 전쟁 직후 혼란기여서 질서가 잡히지 않았었다.

전장에서 부상당하고 집에 돌아온 상이군인들은 생계가 막연해 목발을 짚거나 외팔을 동여 목에 걸고 가가호호 돌며 연필이나 달력을 강매하거나 구걸하다시피 하여 푼돈이나 한줌의 식량을 얻어 연명한 사실이 지금까지 생생히 뇌리에 남아서인지 모른다.

남을 돕는다는 일이 쉬운 일이 아니다. 더욱이 거액을 희사한다는 것은 거액이 있는 사람만이 할 수 있는 일이다. 고국의 신문 사회면에서 가끔 이런 기사가 미담으로 일 년이면 한두 번 꼭 실린다. 삯바느질, 행상, 길거리에서 음식장사, 갖가지 고생으로 억척스레 살며 돈을 모아 말년에 대학교나 자선기관에 고스란히 희사하고 간다는 가슴 뭉클한 이야기가 있는데 주인공들은 모두가 할머니들이다.

어느 남성 할아버지가 남겼다는 기사는 이제껏 본적이 없다. 성경에도 가진 것 전부인 두 렙돈을 헌금한 사람은 과부로 그도 여성이며 홀아비가 헌금한 기록이 없는 것을 보면 여성은 역시 사랑과 자비가 풍성한 위대한 존재인가 보다.

십시일반(十匙一飯)이라는 옛말이 열 사람의 밥에서 한 숟갈씩만 거두면 밥 한 그릇이 또 된다는 것처럼 도우네이션의 원리가 십시일반의 원리에서 왔지 않나 싶다. 남을 돕는 일이 크게 하면 좋은 일이지만 작은 선행이 여러 곳에서 모이면 오히려 한 사람의 것보다 더 클 수도 있으며 그 애정의 열기는 더욱 더 널리 펴져 나갈 것이다.

풍성한 수확의 계절에 낯도 모르는 미지의 인물에게 작은 정성이나마 적선(積善)한다면 마음의 풍요로움은 몇 배나 더하지 않을까 생각하여 본다.

11.7. 2000 한국일보

바람이 머무는 곳에

해마다 여름방학이면 연년생인 두 아들 녀석들을 멀리 떼어내 보냈던 터이라 집안이 호젓한 것은 예사였으나 이제 둘째 막둥이 녀석 마저 지난 8월에 대학 기숙사로 보내고 난후의 썰렁한 집안은 옛날과는 사뭇 분위기가 다르다.

자녀들이 성장한 집안은 이미 겪어 본 경험이고 어린자녀들을 둔 가정에서는 앞으로 치뤄야 할 과정이겠지만 나에게 다가온 현실은 여러 가지 착잡한 심경을 몰고 온다. 남들은 두 부부가 호젓이 있으니 '허니문' 같이 지낼 수 있을 거라고 하는 사람이 있는가하면 '양로원' 에 사는 두 노인 신세라고 악담을 하는 친구도 있다.

초등학교 일학년 때부터 이사하여 살아오던 그들의 작은방에 들어가면 아직도 녀석들의 땀 냄새가 코에 스며오고 벽에 걸린 야구모자, 상패, 각종 트로피들이 방학 때면 찾아올 주인을 기다리고 있다. 다행히 기숙사와는 전화통화가 잘되어 일주일에 두세 번씩은 제 어미와 통화를 하지만 항상 믿음직스럽지 못하고 마음 졸이는 것은 집에 데리고 있을 때나 마찬가지다.

전화 할 적마다 맥주나 술은 마시지 말고 부득이 마시는 기회가 있어도 술 마신 뒤에는 운전은 하지 마라, 담배는 절대 피우지 말고 아예 입에 물어 볼 생각도 하지마라, 네 아빠는 담배를 끊고 싶어도 여태껏 못 끊는 것 보지 않았느냐, 강의가 늦게 들은 날도 늦잠을 자지마라, 속옷은 매일 갈아입고, 세탁은 자주하느냐는 등 요구사항 주의사항은 한도 끝도 없다. 하지만 대답은 하나같이 알았어요, 괜찮아요, 걱정 말아요다. 큰애는 의사 공부를 하고 둘째는 변호사 공부나 하였으면 좋겠는데?

알았어요. 엄마, 아빠가 간섭하지 말아요, 내가 하고 싶은 것 내가 알아서 할게요. 그래 네가 앞으로 하고 싶은 것이 무슨 방향이냐? 아직 모르겠어요. 더 높은 학년이 되어야 결정할 것 같아요. 내가 알아서 할게요, 엄마, 아빠가 걱정하지 않아도 나는 크면 당신들 보다 더 나은 삶을 살 수 있어요. 머리가 커질수록 부모의 의견은 뒷전으로 가고 자기들의 인생을 자기가 산다는 데야 부모의 입장은 유구무언이다.

엄마, 아빠 보다 더 나은 인생을 살아갈 수 있다면 그들에 대한 소원은 걱정을 하지 않아도 좋을 일이다. 제발 그렇게만 되어다오. 꼭 수입이 좋은 의사가 되지 않아도 좋고 명망있는 변호사가 되지 않아도 좋으니 건강한 몸과 건전한 상식으로 사회의 구성원이 되어 바르게 살아가는 사람이 되어다오.

아이들 빈방의 한쪽 거울엔 반백의 머리에, 눈언저리 피부는 늘어진 50대 초반의 중늙은이가 초점 없는 눈동자를 위아래로 굴리며 자기 모습을 물끄러미 들여다보며 끝없는 독백을 한다.

지난 주말에는 처음 대학생활을 시작한 둘째를 방문하기로 약속하고 필라델피아 소재 학교를 찾아가 근처의 한국식당에서 저녁을 한식으로 하기로 하였다. 같은 기숙사에 있는 한국여학생 친구를 데리고 나와 식사를 함께 하여도 되느냐고 하여 승낙을 해서 자리를 함께하고 저녁을 같이 먹었다.

그 여학생이 나타나기 전까지 집사람은 그 학생에 대하여 여러가지 궁금증이 있음을 얼굴에 띄우고 있었다. 아직 때는 아니 되었지만 며느릿감을 고르는 기분으로 궁금하기는 나 역시 마찬가지였다. 얼마 전까지만 하여도 집안에서 어린애 같던 아이가 집떠나 객지 캠퍼스에서 만난 이성 친구에 대하여 키는 클까, 얼굴은 미운 데가 없이 예쁠까, 말씨는 상냥할까, 한국말은 잘할까, 걱정 아닌 호기심으로 그들을 기다렸다. 식사가 끝나고 디저트로 나온 오렌지 조각을 제 엄마는 자기 보는 눈앞에서 한 가지라도 더 먹이고 싶어서 권하였으나 과일을 잘 안 먹는 둘째는 거절하고 먹지 않다가 옆에 앉은 여학생 친구가 먹으라는 신호로 옆구리를 집적거리니 그제야 먹기 시작한다.(이 녀석도 누구를 닮아 여자에 약한 놈인지!)

이제는 엄마, 아빠가 지배하고 도움 주는 어린애가 아니고 하나의 성인으로 탈바꿈한 것이다. 개인주의가 팽배한 사회 속에 성장하여온 아이들에게 결혼한 후에도 한집에서 함께 살자고 하면 질겁하고 부모와 따로 떨어져 살겠다고 하는 마음가짐을 이제는 어떻게 할 수가 없다. 문 앞뜰에 심어 놓은 한국산 빨간 봉선화 꽃잎이 지고 찬 이슬 찬바람에 잎마저 노랗게 시들어진 줄기에 씨앗만이 영글어 맺는 한그루의 꽃나무를 보며 인생살이 한 세상을 보는 것 같다.

요즘 유행하는 유행가 가사에 천박한 내용도 많지만 그 중에서는 누구나 알기 쉬운 철학적인 것도 있다.

제목도 가수도 눈여겨보지 않은 카세트에서 들려오는 노랫말에 바람이 끝나고 머무는 곳에 눈물이 흐른다. 빗물이 흐른다. 꽃 같은 기쁨도 불같은 미움도 이제 모두 끝나면 어디로 가나 나는 한 조각구름이어라 피고 지는 계절 탓일꼬. 오고가는 세월 탓일까!

가을의 문턱에서 "슬픈 목가"의 서정시인 신석정의 시 한 부문을 인용한다.

"서리 까마귀 높이 날아 산국화 더욱 곱고 노오란 은행잎이 한들한들 하늘에 날리는 가을이면 어머니! 그 나라에서 양지 밭 과수원에 꿀벌이 잉잉거릴 때 나와 함께 그 새빨간 능금을 또옥똑 따지 않으렵니까?" ('그 먼 나라를 아십니까?' 에서)

11. 21. 1990 한국일보

명절 유감

"까치 까치 설날은 어저께고요 우리우리 설날은 오늘이래요." 어린 시절 즐겨 부르던 이 동요는 이제 까마득한 전설 같은 옛 이야기로 불린다. 새 옷으로 갈아입고 형님들 손에 이끌려 동네 일가친척 그리고 이웃노인들을 찾아다니며 세배하던 때는 정녕 옛날 같은 일이다.

지난 음력설날 아침 초등학교 2학년, 3학년 두 아들놈을 데리고 그들의 외할머니께 세배를 드리자고 하였더니 왜 절을 하여야 하는지 캐묻기 시작한다. 우리의 전통은 설날 어른들께 세배라고 하는 큰절을 한다는 것과 어른을 대할 때는 항상 설날 절을 할 때와 같은 공경스런 마음을 가져야 한다고 이야기 하여 주었다.

그러나 고유한 설날 명절 풍속을 설명하기에는 나의 환경이 너무나 미흡하였다. 다른 말로 하면 "차이니스 뉴-이어" 라는 해석에 두 녀석들은 알겠다고 수긍하는 것이다. 또 다른 의문이 그들에게 있었다.

우리는 "코리안 피플" 인데 어째서 "차이니스 뉴이어" 에 절을 하여야 하느냐고 따진다. 너희들 보고 누가 차이니스라고 놀리면 너는 엄연한 코리안 이라고 응수하라는 교육(?) 효과가 이곳에서도 나타난 것이다. 이래서 가정교육이란 참 어려운 것이라고 새삼 느낀다.

맹자 어머님의 "삼천지교" 를 역설적으로 받아 들여야 하는 전통과 문화의 이방지대인 이 나라에서 성장하는 2세들에 대한 가정교육은 갈등을 겪고 있다.

신정 이라는 양력설은(왜놈들이 강요시켜 지키는 설이라 하여) 왜설 이라고 거부반응을 일으키는 부모님 밑에서 그 시절을 보내왔으나 이제 나의 2세에게는 "차이니스 뉴-이어" 라는 관념을 충분히 씻어 줄만한 뒷받침이 없다.

우리 선조들에게 수백 년을 두고 내려온 전통적 대 명절이었지만 이중과세 폐지라는 구호아래 음력설은 집에서 지내고 양력설은 공휴일로 그저 노는 날로 지나온 터이다. 음력설날 관공서는 문을 열지만 공무원인들 마음 잡힐 리 없어 반나절 근무로 끝나며 상가는 철시를 하고 시가는 명절 분위기에 들떠 있다.

명분 없는 명분을 지키기 위한 정책부재는 분명 뭐가 잘못된 것임을 위정자는 알아야하겠다. 모국의 실정도 문제이지만 미국에 사는 우리 교포들에게도 더 많은 문제성이 있다. 같은 미국 안에 사는 소수민족으로 유태인과 비교할 수는 없는 일이지만 그들은 그들의 전통적 명일을 철저하게 지키고 있다. (물론 종교적 행사도 있겠지만) 마천루의 숲속에 포장치고 꽹과리 치며 용트림하는 춤을 추며 설날을 맞이하는 중국인도 있다.

우리한국인의 설날은 언제라고 2세대에게 일러주어야 할까! 불교 문화권에 드는 동양 여러 나라는 그 역사성과 전통문화로 미루어 보아도 음력설의 배경을 무시할 수가 없다. 선조 때부터 내려오는 음력설의 풍습은 어느 시대의 관권도 막지 못하였다. 해방이후에도 어느 위정자의 편협한 아집이 근대화라는 구실로 지금까지 지켜 내려와 명절다운 기분을 가져보지 못하였다.

미국에 사는 우리 또한 양력설도 음력설도 아닌 엉거주춤한 설을 맞는 가정이 비단 필자 뿐은 아닐 것이다. 음력을 폐지한다고 하여 추석을 양력으로 찾는다면 또 얼마나 우스운 일일까, 밤낮 없이 바쁘고 고달픈 이민생활에 설날도 찾을 수 없고 추석 같은 명절 또한 일속에 파묻혀 우리자신은 물론 이 땅에 자리 잡을 후손들에게 한국의전통적 축일을 가르쳐줄 힘이 없다.

말로 가리켜서 될 일이 아니고 책으로 보여주어서도 될 일이 아니다. 어린 시절부터 분위기에 젖어 자라야 그 참뜻을 바르게 이해 할 수가 있을 것이다. 한인사회가 성장함에 따라 지난해에 뉴욕 브로드웨이에서 한국의 날 행사를 가진 것은 상당히 고무적인 일이었다.

차이나타운의 음력설 행사는 명물이 되었으며 유태인의 명일은 온 뉴욕 시내가 공휴일처럼 교통도 막히지 않고 상가도 철시를 한다. 이민의 역사가 늘어가는 이 시대에 우리도 마음 놓고 쉴 수 있는 우리의 명일을 찾아야겠다.

수많은 한인 단체가 있지만 끼리끼리 짝짜꿍이고 뉴욕 교포를 총 망라한 한인회도 기껏해야 추석날 야유회로 끝나고 마는 미미한 행사로 만족할 일이 아니다. 뉴욕시내 주요상가마다 한인교포가 없는 곳이 없으니 한국의 날이 선포 지정된 날만이라도 일제히 문을 닫고 한국의 명일을 즐겨봄이 어떨까?

어느 누가 강요해서도 될 일이 아니고 단시일에 이루어질 성질의 일도 아니다. 우리가 미국에 살며 미국시민이 되였다 하여도 우리는 한국인이지 코가 높으며 금발머리의 서양인은 결코 아니다.

비참한 노역의 이민사를 가진 "차이니스"도 아니며 진주만을 폭격했던 간악한 일본인도 아니다. 이 나라에 살며 또한 우리의 독특한 언어를 사용하며 한국어로 된 신문을 읽으며 일부나마 우리의 전통문화를 향유하고 있다. 자랑할 것 없는 비참한 현실에 잠겨있는 오늘의 조국이지만 그래도 조국을 가진 한국인임을 우리스스로 자랑스럽게 여겨야 할 긍지를 심어야 하겠다.

또한 이 땅에 살고 있는 한 이 나라의 전통과 문화에 하루 빨리 익숙해져야 하겠다. 너무나 한국적인 것을 강요하다 보면 배타적으로 자기도취에 빠지기 쉽다. 이래서 중용지도가 어려운가 싶다.

6. 16. 1980 중앙일보

이름시비

이 세상엔 수십억의 인간이 살면서 제각기 자기 고유의 이름을 갖고 있다. 그러다보니 이름이 겹치는 동명이인을 전화번호부에서 쉽게 찾아 볼 수 있다. 특히 세 글자로 조합된 한국인의 이름에서 성을 빼고 두자로 이름을 짓자니 중복되는 이름은 그 도수가 더욱 심하다. 그래도 사회적으로나 개인적으로 큰 혼란 없이 오랜 세월을 지나온 것을 보면 다행이라 할 수 있다.

미국 땅에 사는 불편 중에서 여러 가지가 있겠지만 이름에 따르는 불편도 가끔 우리를 당혹케 한다. 이름은 자기 것이면서

남이 사용하여 주는 것이 특성이다. 특히 서양 사람이 불러주는 이름에는 더욱 큰 혼란이 있다.

김씨가 '킴' 씨로 불리우고 이씨가 '리' 씨로 성 바꿈을 하여도 화내는 교포는 한 사람도 보지를 못했다. 자고로 자기의 진실을 남에게 믿도록 할 적에 '거짓말이라면 내 성을 갈께' 하고 Swear God와 맞먹는 맹세를 하였다. 성을 바꾼다는 것은 혈통과 가문을 중요시한 우리의 사고방식으로는 조상에 대한 커다란 모욕이요 죄였다.

그러한 성씨를 영문사회에서는 바꾸어도 태연하니 세태의 변화인가? 전 씨가 Chon(천)으로 발음되고 최씨는 '초이' 로 성이 바뀐다. 어느 재미인사는 유 씨 성을 류 씨로 한글표기 하는 것을 신문에서 가끔 본다. 본인 스스로 창작한 것인지 신문에서 그렇게 지어준 것인지 확인할 길 없지만 그 저명인사의 위치로 보아서 한글로는 올바른 표기를 하여 본인의 성을 찾아주는 것이 언론의 대접이 아닐까 한다.

국제사회와 교류가 빈번해질 앞으로의 추세에 대비하여 통일된 표기방식이 하루 빨리 나오기를 모국의 언어학자들에 기대한다.

미국식 이름을 가지면 한국인으로서 인간성과 얼을 상실한 뿌리 없는 사람으로 매도하는 것을 가끔 본다. 마치 일제하에 창씨개명을 한 줏대 없는 인간처럼.

그 당시 창씨개명을 하지 않고, 항거하였던 분은 소수에 불과하였다. 여기서 말하고자 하는 것은 강압적 창씨개명과 그 개념을 달리한 근본적인 차이점이 있다. 편리주의에 필요성이 가미되어 나온 자연스러운 동화라고 본다.

대부분의 동포는 이 땅에 영주를 목표로 하고 이 땅에 삶의 터전을 닦고 있다. 이 땅에서 살다가 생을 마치고 2세, 3세에게 우리의 모든 것을 물려주고 갈 것이다.

우리는 한국국민이었지만 이 땅에서 태어나고 또 앞으로 태어날 우리의 후대는 분명히 미국국민이다. 미국국민이 미국식이름을 쓴다고 하여 조상에 욕될 것은 없을 것이다.

이름은 남이 자기를 자연스럽게 불러주어야 이질감이 없고 인상이 좋은 것이다.

가령 한국 고등학교에 미국인 학생이 유학을 갔다고 가정해보자. 출석을 부를 적에 김 아무개, 박 아무개… 리듬도 좋게 부르다가 그 미국학생의 이름을 가령 드와이트 디 아이젠하우어를 부른다면 순간적으로 분위기가 흐트러질 것이다. 한국에 영주하고 귀화한 많은 외국인들 중 한국식 이름을 가진 교수, 성직자들을 본다. 우리는 그들에게 한층 친밀감을 느낄 수 있다.

한 민족의 고유성이 그대로 지켜진다는 것은 바람직한 일이나 세월이 흐르고 장소가 바뀌면 부분적으로 변형되는 것은 막을 수가 없다. 뉴욕지역에 십여만의 한인이 거주하고 퀸즈지역에 많은 동포가 거주한다고 하여 서울특별시 퀸즈구가 될 수 없다. 우리는 알게 모르게 조금씩 미국인으로 동화되어가고 있는 것이다.

6. 17. 1982 한국일보

본인의 졸고를 읽고 비판한 맨해튼 거주 양행자 씨의 글을 전재합니다.

‘이름시비’ 를 읽고

얼마 전 한국일보 뉴욕판에 실린 독자투고를 읽고 끓어오르는 의분을 억제할 수 없어 이글을 씁니다. 제가 이글을 쓰는 것은 누구를 비판하려는 뜻은 아니며 다만 외국에 살고 있는 동포들이 우리의 조상이 누구인가 하는 점을 망각하지 않아 주기를 바라는 일종의 노파심 때문입니다.

몇 달 전 투고란에 ‘마늘은 꼭 먹어야 하나’ 라는 글을 썼던 분이 이번에는 ‘이름시비’ 를 기고한 것을 읽었습니다.

너무 애국심이 강해 좋든 나쁘든 우리 것을 고수하자는 말은 아닙니다. 다만 미국에서 태어났다고 한인이 미국인의 피로 변할 수는 없다는 것입니다.

다시 말해서 우리의 2세는 어디까지나 서류상의 미국시민일 뿐 어디서 태어났던 관계없이 단군의 자손이라는 말입니다.

언제가 한국식품점에 들렸다가 한 한국어머니가 자기 자녀에게 ‘Let's go’ , ‘Come on’ 하고 부르는 것을 본 일이 있습니다. 그때 나는, 어린이들은 학교에서 자연스럽게 영어를 배울 수 있어 집에서는 한국말을 사용하면 2개 국어를 쉽게 할 수 있지 않을까 생각해 본 일이 있습니다.

제가 아는 미국인 중 한국여아를 양녀로 둔 분이 있습니다. 한국에서 활약하다 양녀를 얻은 그분은 딸이 8개월 되어 말을 하기 시작하자 한국말을 잊어서는 안 된다며 한국인 가정교사까지 두어 그녀에게 열심히 한글을 가르치는 것을 보았습니다.

이제는 성인이 되어 결혼까지 한 그녀는 이 같은 양부모의 덕분에 나보다 한국어를 더 잘하는 것은 물론 지금은 6개 국어를 유창하게 구사하는 것을 보았지요.

아마 그녀는 그의 2세에게도 한국의 긍지를 잃지 않도록 가르치며 살리라 믿습니다.

그녀는 외국인 아버지 밑에서 한국이름을 가져 학교에서도 그대로 불리곤 했지만 이름 부르기가 나빠서 위축된 생활을 했다는 말은 듣지 못했습니다.

그런데 지난번 '이름시비' 를 쓴 분이 미국시민이 되면 이름도 미국식으로 바꿔야 한다는 데, 우리 한인 전체에 대한 모욕감 같은 걸 느끼게 되는 군요.

그분이 자연스런 이름이 좋은 인상을 준다고 말했는데 나는 외국인이든 한국인이든 서로 오가는 따뜻한 정이 좋은 인상을 주지 부르기 좋은 이름을 가졌다고 인상까지 좋아진다는 것은 받아들이기가 곤란한 것 같아요.

제가 제임스 윤이란 분을 알지도 못하면서 평가한다는 것은 좀 경솔한 태도인지는 몰라도 그는 몇 달 전에는 미국인이 마늘냄새를 싫어하니 먹지 말자고 했는데 그렇다면 미국에 왜 마늘이 있고, 또 미국인들이 그들의 피부에서 발산되는 노린내는 왜 우리가 맡으며 참고 살자는 말인가요?

저는 한국인으로서는 몇 번째 갈만큼 오래전에 시민권을 받았지만 시민권을 얻었다고 미국인이 될 수 없다는 사실을 그 후 뼈아프게 느꼈습니다.

마지막으로 미국에 사는 우리 교포 모두가 미국인으로 동화되려고 하기보다 서로 힘을 합해 당당한 소수인종으로서 한국사회가 인정받고 존경받을 수 있도록 다 같이 노력해 주길 바랍니다.

(양행자-맨해튼 거주)

6. 17. 1982 한국일보

마늘 꼭 먹어야 할까, 아니면…

매일 먹는 한국 음식 속에 양념으로 마늘이 들어있다. 한국에 마늘 농사가 흉작이면 외국에서 수입하여 들여오느라 한바탕 법석을 떠는 것을 신문을 통해 흔히 보게 된다. 미국 마늘이 한국에서 본 것 보다 알도 크고 탐스러워 보인다. 또한 가루제품도 시판되고 있다.

"백합과의 다년초, 밭에 재배하는데 인경은 난구형으로 너덧 쪽의 작은 인경이 들어 있으며 냄새가 강하여 향신료, 강장제, 양념으로 씀" 이것이 사전에 나오는 마늘의 정의이다.

언제부터 우리민족이 마늘을 먹기 시작하였는지 모르나 단군신화에 까지 마늘이 등장하는 것을 보면 그 역사는 꽤 오랜가 보다. 마늘이 들어가야 할 반찬에 이것이 빠지면 맛 자체가 서운한 느낌이 든다.

매일 먹어야 하는 김치로부터 시작하여 생선찌개, 숙주나물, 닭볶음, 장조림 등등 지지고 볶는데 필수적이며 독자적으로는 마늘조림, 마늘장아찌가 따로 있다. 상추쌈 풋고추에다가 생마늘 몇 쪽이 얹혀 나오는 한국의 소박하고 담백한 여름식탁을 연상하면 먹어 본 사람은 누구나 그 맛의 풍취에 군침을 아니 흘릴 수 없다. 또한 가정요법의 단방약으로 무좀, 버짐 등에 짓찧어 바르기도 한다. 요즘도 강장제 또는 정력에 좋다하여 끼니때마다 생식하는 분도 있다.

기름진 음식만 먹다가 찬밥 덩어리를 찬물에 숭숭 말아 풋고추랑 함께 된장이나 고추장에 찍어먹는 아리하고 매큼하며 찡한 그 맛은 먹어보지 아니 하고는 모를 일이다. 여하튼 마늘은 우리의 입맛에 익숙하여져있다.

사실인지는 모르나 일인들이 한반도에 건너와 우리를 지배할 적에 마늘 냄새가 난다고 경멸하였다고 하며 관동 대지진때 한국인을 색출할 때 마늘 냄새 유무로 판별하였다 하니 그 독특한 냄새만은 과히 유쾌한 일이 아니다.

그 자체에 특유한 냄새가 있지만 먹고 난 다음 인체 내의 효소작용에 의하여 피부의 땀구멍을 통해 나오는 체취는 정말 고약한 냄새다. 물론 개개인의 체질에 따라 정도의 차이가 있을 뿐이다.

우리 집에서 마늘을 먹지 않기로 한 것은 벌써 사오년 전으로 거슬러 올라간다. 당시 한국일보 미주판에 어느 여류화가로 기억한다. 그 분이 이것을 먹지 않는다는 이유를 여러 가지 면에서 발표한 것을 읽은 후부터이다.

처음엔 맛이 조금 이상하다고 느끼기는 했으나 이제 몇 년이 지나고 보니 그것을 넣지 않아도 음식 맛은 그전과 다름없는 것 같다. 모처럼 한국에서 오신 방문객들이 우리 집 음식을 먹고서 이게 안 들어 맛이 없다는 말은 들어보지 못했다. 나중에야 이야기하면 아 그랬던가 정도이다.

입맛처럼 간사한 것도 없나보다. 모처럼 한국음식점에서 외식을 하고 나면 그 마늘 냄새가 노리끼리하게 입속에서 자각된다.

껌을 번갈아 씹어도 몇 시간씩 그 냄새는 지속된다. 먹어보던 입맛이라 마늘이 들은 반찬 맛은 더 있는 것 같기도 한데 먹고 난 다음의 그 싫은 냄새는 주체할 도리가 없다. 입맛과 냄새의 이율배반이다. 그래서 역시 이 양념은 먹지 않는 것을 상책으로 삼고 있다. 어느 날 공항의 붐비는 대합실에 KAL이 도착하는 시간이여서 유난히 교포들이 붐볐다.

어느 말쑥한 차림의 사나이 옆을 지나니 예의 그 마늘 냄새(땀구멍을 통하여 새어 나오는 지독한)가 확 풍겼다.

본인은 그 점을 느끼지 못하였으리라 믿는다. 만일 그가 그 점을 의식하였었다면 그 흔한 향수라도 몇 방울 뿌리고 나왔을 터인데…

초등학교 일학년 시절 옆에 앉은 짝의 이름은 잊었지만 지금도 그 얼굴은 어렴풋이 기억난다. 그가 옆에 오면 지독히 짠 음식냄새가 풍기는 아이였다. 어린 마음에 왜 그런 냄새를 풍기는지도 몰랐고 싫다고 말할 수 있는 표현력도 없는 때였다.

이제 우리 집 애들을 생각하여 나의 어린 시절의 잊히지 않는 경험과 비교하여 본다. 초등학교 다니는 우리 애들이 학교에서 급우들에게 김치냄새 마늘냄새를 풍겨 줄 때 과연 그 친구들에게 아름다운 인상을 줄 것인지…그렇다고 우리의 한식에 열등의식을 가질 필요는 없다.

한국음식을 사랑하는 타민족을 우리는 한국식당에서 흔히 보는 바이다. 김치냄새가 난다고 비난 받으면 너희는 빠더 냄새 난다고 응수한다지만 김치 냄새이든 치즈 냄새이든 싫은 것은 싫은 것이다.

타인에게 싫은 것을 보여서는 안 되는 것이 동서양의 공통된 에티켓일거다. 남의 체면 때문에 먹고 싶은 것을 못 먹어? 서양 사람들도 마늘만 잘 먹나 보더라. 미국사람들 안 먹으면 그게 왜 미국에 있어? 한다면 특별히 할 말은 없지만 이런 분일수록 그의 몸에서는 땀 냄새, 머리냄새 유난히 더 풍긴다.

가치의 기준이란 때와 장소를 따라 달라지기 마련이다. 차이나 타운에서 사천요리, 광동요리 하지만 미국에서 먹는 그 요리는 이미 본고장의 맛이 아니다. 미국인 식성에 맞게 조리된 미국식 중국요리이다.

좋은 것은 항상 좋은 것이다. 한국 음식도 미국 사람들과 함께 즐길 수 있도록 좀 덜 맵고, 덜 짜고, 덜 마늘냄새가 나는 미국화 된 한국요리를 개발하는 것이 우리 이민 1, 2세들의 과제가 아닐까 한다.

2. 24. 1982 한국일보

이 글이 발표된 지 30여년이 흘러 학교 갈 아이들도 없고 타민족과 접촉할 기회도 줄고 단둘이서만 사는 처지라 시어머니 떠난 며느리의 심정으로 마음 놓고 마늘을 요리에 넣어 먹고 있다. 이름 시비를 읽고 반론을 실어 반박했던 만해튼 거주 양행자 씨를 만나면 할 말이 없겠다.

독재의 냄새

무릇 공인이란 한 마디 한 구절의 자기 발언에 책임을 질줄 알아야 상식에 맞는 사람으로 평가 받을 것이다. 세계일보 9월 15

일자 4면에 노 민정총재 방미 첫날의 스케치 기사를 읽고 한마디 직설적으로 하지 않을 수 없어 펜을 들었다.

노 총재의 과거 전력이 어떠하였던 새 헌법하에 대통령에 출마하겠다고 하는 데 법적으로 출마자격이 있는 후보라면 아무도 막을 사람이 없다. 그러나 개인적으로 과거 그의 행적과, 대통령 출마를 공언하고 나서의 가벼운 한마디가 그렇게 꺼림칙하게 걸릴 수가 없다.

기사의 일부를 다시 살펴보면 노 총재는 서울을 떠나 미국으로 향하는 기내에서 잠시 기자들과 환담을 가졌는데 워싱턴에 도착하면 반대 데모가 있지 않겠느냐는 기자들의 질문에 "그럴 수도 있겠지만 미국이라는 사회에는 반대와 찬성이 함께 있을 수 있으므로 개의치 않는다고 답변(하략)"

"미국에서는 반대와 찬성이 가능" 하다니…. 혹시 미국에서만 시비가 가능하다는 말이나 아닌지 모르겠다. 답변치고는 무난한 것처럼 들리지만 그 언중에는 무서운 독소가 지금도 냄새를 풍기는 것 같다.

그가 앞으로 대통령에 당선된다면 미국이라는 나라에서나 반대와 찬성이 가능하고 한국에서는 지난 20여년과 똑 같은 반대와 찬성이 없도록 국민의 입과 눈을 봉하고 통치를 하겠다는 말인가.

같은 기사의 내용이지만 본국판 한국 신문에서는 환영 나온 교포들의 플랭카드 내용만 보도되고 반대하는 내용의 플랭카드는 운도 비치지 않고 있다.

아직도 독재정부라고 자타가 공인하는 그 정권하에서 후보지명을 하명 받고 나왔다지만 '민주화의 기수 노태우' 라기 보다는

'독재화의 기수' 로 타락할까 봐 고국을 떠나 사는 동포의 일인으로서 심히 염려되는 바이다.

고국에서 군대생활을 할 적에 군인은 충성하라고 배웠다. 국가에 충성하고 직속상관의 명령은 하늘의 명령보다 무서웠다. 하극상으로 직속상관을 완력으로 밀어내고 군복 위에 별을 줄줄이 늘어 붙인 후(국민들은 그 별을 똥별이라고 부르지만)얼렁뚱땅 군복을 벗고 국가에서 수여하는 제일 큰 훈장을 신사복 위에 걸치고 사진 찍는다.

제 마음대로 감투 차지하고 나서 시바스 술병 옆에서 총질하다 쓰러지면 또 어제의 부하가 총 몇 방 쏘고 별 더 달아 최고 높은 자리 차지하는 것이 병정 놀이었던가, 민주주의 기초를 닦는 뼈아픈 경험이었던가.

노 총재여 미국이라는 사회에서만 반대와 찬성이 있을 것이 아니라 우리조국 대한민국에서도 반대와 찬성이 눈치 보지 않고 있을 수 있도록 합시다.

10. 9. 1987 세계일보

보약(補藥) 이야기

우리말에 모르면 약이요 알면 병이라는 말이 있다. 약이란 인간을 고통스런 질병에서 구해주는 고마운 물질이다. 그러나 약이라는 개념을 어떻게 해석하였는지 본래의 의미와는 거리가 먼 약이 수없이 많다. 치약, 구두약, 잉크 빼는 약, 머리염색약, 쥐약, 빈대약, 바퀴벌레약 등등 수없는 약을 주변에서 찾아볼 수 있다.

쥐약, 빈대약은 <독약, 극약>으로 분류나 할 수 있다지만 치약, 구두약은 무슨 수로 약이 될 수 있을까?

사실 한국에서와 같이 이곳에서는 쉽게 약을 구할 수가 없다. 간단한 감기약, 위장약 등 몇 가지를 제하고 반듯이 의사의 처방이 있어야 한다. 해방 후 만병통치약처럼 쓰이던 다이아진은 6.25를 기점으로 마이신이라는 영약으로 그 패턴이 바뀌었다.

손가락만 조금 베이고, 종기만 생겨도 백 원짜리 지폐 몇 장으로 쉽게 사먹고 안심하던 그 약들이 이 나라에서는 복잡한 절차를 거쳐 전문의의 승낙 없이는 구경할 수도 없다.

생체에는 원래가 자연치유력이 있다. 약이란 이 본래의 치유력에 보조 역할을 할 뿐이다. 뿐만 아니라 약은 치료 효과 외에 크고 작고 간에 부작용이 항시 따른다.

근래 한국에도 "약은 약사에게 진료는 의사에게" 라는 캠페인이 한참인 모양이어서 점차 본궤도로 올라서는 것 같다. 그러나 요즘 약으로도 치료 못할 병이 있다. 일류병이란 것이 그것인가 보다. 거기에 곁들여 최고급병까지 곁들였으니 병치고는 꽤나 까다로운 병인 것 같다.

K라는 친구의 고국방문 짐 속에는 선물꾸러미가 최고급으로 가득하였다 일류상표와 최고급이 아니면 알아주지도 않는다는 변이다. 국민생활이 향상되고 중진국 대열에 끼어드는 고국의 국력을 과소평가해서도 안 되겠지만 일부 국민들의 분수없는 사치와 외제선호의 별난 열병은 편작 같은 명의나 고칠 수 있을까?

어느 선진국은 값싼 후진국의 물건을 들여다 쓰고 또 다른 후진국에서는 값비싼 선진국의 최고급을 겁 없이 사들이는 것을 본다. 세상은 이래서 살맛이 있는지도 모르겠다.

수다스런 언변장이를 보고 약장사처럼 떠든다고 한다. 약사님들이 들으면 결코 기분 좋은 이야기는 아니겠으나 전문적인 약학교육을 받은 약사를 지칭한 것이 아니라 길거리에서 북치고 나팔 불며 만병통치약을 팔던 떠돌이 장사꾼을 일컫는 말이다.

한국의 신문을 보면 정치적 환절기에 들어선 것 같다. 환절기에는 갖가지 병이 생기게 마련이다. 효과도 없는 달콤한 만병통치약을 파는 정치약장사는 없는지 해외동포들도 관심을 갖지 않을 수 없다.

인간이 불로장생을 원하는 것은 진시황이전부터였을 것이다. 늙지 않고 병들지 않는 약을 누군가가 만들어 낸다면 그는 세계적인 억만장자가 되리라. 그러나 자연의 섭리는 한갓 나약한 인간의 힘으로는 어찌 할 수 없는 것이다.

산삼, 녹용을 가리지 않고 먹어대던 동양의 갑부와 권력자들도 죽어갔고 현대의학의 혜택을 받던 서양의 유명인들도 허무한 인생을 느끼며 죽어가고 있다. '약보 불여 식보(藥補 不如 食補)'라는 말처럼 아무리 비싸고 희귀한 보약을 먹은들 하루하루의 건강한 식생활과 적절한 휴식보다 좋은 보약은 없을 것이다.

3. 24. 1980 중앙일보

고엽(枯葉)

'센추럴 파크'의 짙푸른 나뭇잎이 화려한 단풍으로 물들면, 뉴욕의 온 시가는 겨울의 문턱에서 몸을 움츠리기 시작한다. 이

때 들어보는 Joseph Kosma의 고엽은 십 년 전이나 이십 년 전에 듣던 음률로 변함없이 가슴에 파고든다.

'그대 떠난 후에도 세월은 흐르고 나는 또 옛날 겨울 노래를 들을 수 있으리, 낙엽이 지기 시작하면 나 그대 그리워…'

바이올린 독주, 피아노 편곡 어느 악기, 어느 가수가 불러도 가을 시정을 그림으로 그려 주듯 항상 가슴에 와 닿는 고운 노래다.

지난 일요일은 애들과 함께 단풍구경을 떠났다. 뉴욕에서 삼십 분 내지 한 시간 거리만 달리면 어느 곳에서나 볼 수 있는 절경이 많건만 정신없이 뛰어 온 십여 년의 뉴욕생활에 이토록 곱고 아름다운 자연을 볼 수 있는 마음의 여유도 없이 지나쳤던 세월을 후회하며 그 날만은 걱정을 잊어버리기로 하였다.

날이 새면 우편함에 쌓이는 각종 청구서, 고물 자동차 수리, 잡다한 근심마저 떨쳐 버리고, 모처럼 아내와 손을 잡고 산등성이에 오르니 가랑잎 밟히는 소리, 마른 풀잎냄새, 시원한 바람 소리마저 새로워 옛날 노래도 부르고 사진도 찍었다. 마음은 십년 이십 년 전으로 되돌아 간 것 같다.

그러나 가을은 역시 쓸쓸한 것… 별로 이루어 놓은 것 없이 지나온 삶과 언젠가는 낙엽처럼 져 버릴 허무한 앞날을 생각하면 앞으로의 삶을 어떻게 보내야 조금이라도 덜 후회 할까하는 조바심이 앞선다. 인생의 한 장이 닫혀진 것처럼 삭풍이 몰아치고 언젠가는 이 산골에도 눈 덮인 밤이 오겠지. 그리고 기나 긴 동면 끝의 움트는 봄을 성급하게 연상하며 어둑한 석양 속에 하산을 재촉하였다.

가랑잎이 썩어서 밑거름이 되듯 나는 애들의 앞날을 어떻게 밀어주어야 할 것인가를 아내와 지난해에 무척 고심한 적이 있었다. 7학년, 8학년짜리 두 사내놈들을 사립학교로 보내야 할 것인가를 두고서 여러분들께 의견도 듣고, 프린스톤 주변의 여러 사립학교를 방문하여 견학할 기회도 있었다.

훌륭한 시설에 쟁쟁하다는 사립학교는 상상을 초월한 귀족학교 같은 느낌이었다. 넓은 캠퍼스, 엄청난 교육시설, 경험 많고 자질 있는 우수한 교수진, 오래된 특유의 전통, 좋은 진학률, 이런 곳이 책에서 보고 듣던 귀족학교구나 싶었다.

하지만 지금까지 짧은 소견의 결론은 고등학교까지는 부모가 끼고 살아야 좋겠다는 생각이다. 좋은 시설에 불편 없이 기숙하고 훌륭한 학습을 시켜준다고 하지만 아침저녁으로 잔소리, 큰소리, 야단 들어가며 부모 밑에서 생활을 배우는 것이 인간성 향상에 더 좋지 않을까 한다. 물론 이와 반대로 사학의 장점이 더 많다고 하는 분들은 나의 의견에 찬성하지 않을지 모르지만….

어느 분은 경제적 여유가 있으나 부부가 함께 사업에 매달려 자녀들을 돌보아줄 겨를이 없어 아예 초등학교부터 기숙사 시설이 된 학교로 보냈다는 분도 있지만, 비료만 잘 주고 온실에서만 기른다고 꼭 좋은 열매를 맺는 것도 아니다.

살충제를 뿌리는 정성, 곁가지를 쳐 주는 아픔이 있어야 하는 것처럼 부모의 온정과 때로는 채찍 속에 길러 보통 인간이나 되길 바랄 뿐이다.

한 때는 초등학교 다니던 어린놈들을 불러 앉혀 놓고 너는 커서 '닥터' 가 되고, 너는 다음에 '로열' 이 되라면서 꿈(?)을 강요하던 부끄럽고 못난 교훈(?)을 한 적이 있었으니 말이다.

이제는 세월의 흐름에 따라 애들이 운동도 잘하고 잘 자라주는 것만으로도 고맙고 감사할 뿐이다. 졸업 때만 되면 교포 신문은 누구 집 아들이 수석으로 졸업하고 어떤 집 따님은 일류대학에 입학하였다고 떠들썩하다.

물론 본인의 영광이고 그 부모에게는 더 없이 보람된 일이며, 젊은이들에게 긍지와 용기를 심어주는 면에서는 좋은 일이지만 수석 졸업이나 일류대 입학이 인생의 모든 것은 아닐 것인 바, 차석이나 이류, 삼류의 다수에게 열등감을 줄 수 있다는 사실을 유념했으면 한다.

자녀들이 학교에서 항상 일등만 하고, 운동도 슈퍼스타처럼 골고루 하고, 악기도 잡히는 대로 연주할 줄 아는 만능 스타가 될 수는 없을 것이다. 친구도 많이 사귀었으면 하는 것이 부모의 소망이고 욕심이겠으나, 한 나무에 사과 열리고, 배 열리고, 단감 열매가 열릴 수 없는 것처럼 헛된 부모의 욕심이 자칫하면 개성 없는 애를 만드는 어리석은 결과를 가져 올 수 있다고 경각심을 가져 본다.

산과 들에 아름답게 불타는 단풍은 키 큰 나무, 작은 나무, 먼저 지는 잎, 나중에 물드는 잎들이 어울려 조화를 이룬다.

나무나 인간이나 위대한 창조주의 한갓 피조물일 뿐, 부질없이 과도한 인간의 욕망은 자연의 순리에 어긋남을 이 가을에 새삼 느껴본다.

11. 27. 1984 한국일보

산토끼

뒷마당 한쪽에 두어 평도 못되는 손바닥만 한 채소밭을 이사 온 후부터 가꾸어 와서 한 여름동안 야채는 자급자족(?)을 하여 온 셈이다.

한 줄에는 파를 심어서 사시절 잘라먹고 다음 고랑에는 부추, 근대, 상추, 토마토 몇 그루, 쑥갓, 아욱, 오이, 서양호박 등등 종류 수로는 시골의 소농만큼이나 많다.

한국에서 부쳐온 고추는 너무 매워서 중단하고 스위트 바나나라는 서양종자의 고추가 맵지는 않아도 그런대로 풋고추 냄새를 풍겨 상추쌈에 곁들여 된장에 찍어 먹으면 그럭저럭 여름미각을 돋군다.

그런데 부추 모종을 하고 난 뒤부터 산토끼들이 찾아와서 새싹을 잘라먹어 보호망을 둘러 주었더니 이제는 입맛에 달큼한 아욱을 다 뜯어 먹기 시작한다. 손님이 오기로 하여 아욱국을 끓여 대접하려고 벼르고 있던 차에 몇 줄 안 되는 아욱을 뜯어먹는 산토끼를 발견하고 여태까지 참아왔던 화가 터져서 큰 소리로 쫓았으나 요리 빙글 저리 빙글 밭이랑에서 맴돌기만 한다.

주먹만한 돌멩이를 던진 것이 명중을 하여 살생을 하고 말았다. 새벽 일찍 창밖을 내려다보면 갈색 털이 난 몸통에 뒤꽁무니에는 유난히 하얀 털이 박힌 산토끼가 뛰어 노는 모습에서 내가 자연 속에 살고 있구나 하는 신선 감을 느끼곤 했는데 이제 그 산토끼가 돌멩이에 맞아 네발을 버둥거리며 죽어 가고 있다.

큰 죄를 저지른 것 같은 자책감에 한 동안 넋 나간 사람처럼 죽어가는 모습을 지켜보고 있었다. 한 생명이 죽어 간다는 것,

아니 한 목숨을 죽이는 것이 이토록 순간적으로 마음에 걸리는 것은 성선설을 빌지 않아도 약한 마음이 있는 연민의 정이 아닐까? 사냥에 취미를 붙이지 않은 것이 다행이라는 안위가 순간적으로 떠오른다.

손바닥만 한 채전이지만 여간 일손 가는 농사가 아니다. 때맞추어 흙을 긁어 올리는 북을 주어야 하고, 좀 가물면 아침저녁으로 물도 주어야 하고, 웬 놈의 잡초는 그리도 끈질기게 자리 잡는지, 쇠비듬, 명아주 이름 모를 잡초가 사흘거리로 뽑아도 뽑아도 올라온다.

이 작은 야채밭을 가꾸기에도 이토록 일손이 가는데 옛날 어머니께서는 수 백 평의 밭농사를 괭이로 고랑을 만들고, 호미로 그 많은 풀을 어떻게 다 매셨을까.

삼베적삼 땀에 밴 채 벌겋게 익은 얼굴로 한 소쿠리 상추를 머리에 이고 집에 돌아와 여름식탁을 꾸며 주시던 그 어머니의 흐뭇한 얼굴을 잊은 지가 십여 년이 지났다. 장남이 아닌 연유로 일 년에 한 번 있는 부모님의 기제사도 여태껏 한 번 참제를 못했으니 불효가 이만저만이 아니다.

긴긴 여름방학에 애들도 서머스쿨에 보내고 모처럼 내외가 한국에 가기로 하였으니 산토끼야 주인 없는 밭에 내려와 먹고 싶은 것 있으면 실컷 뜯어 먹어라.

7. 13. 1988 한국일보

R.S.V.P.

문화와 습관, 정서가 다른 곳에서 생활하다 보면 황당한 경험을 맛보기도 한다. 몇 년 전에 강원도 설악산 단풍구경을 하고 내려오는데 사찰입구에 자리한 산채나물 식당이 눈에 띄었다. 아담한 기와지붕으로 한옥의 멋을 지닌 음식점 간판이라 맛도 정갈스러울 거라는 기대감으로 자리를 잡고 앉았다.

식탁 위에는 젓가락과 수저가 십여 벌 플라스틱 통 속에 누워 있고 분위기는 기대보다 훨씬 못 미치고 소란스럽기만 하였다.

의례 한국의 대중식당은 그러려니 하였지만 맛과 서비스는 한국을 찾는 외국인들에게 추천할 만한 곳이 못되겠다고 생각했다.

식사를 마치고 입술을 훔치려고 냅킨을 달라고 하니 식당의 종업원이 뒤쪽 기둥을 가리킨다. 거기엔 화장실용 휴지가 철사에 꿰어져 걸려있다. 누구든지 필요하면 뜯어다 사용할 수 있는 몇 테이블의 공용 냅킨이다.

넓은 식당의 홀 안에는 화장실용 휴지가 벽이나 기둥에 냅킨을 대신하여 걸려 있는 것이 여러 개 눈에 뛰었다. 아내와 나는 멋쩍어 서로 웃고 마는 것으로 지나쳤지만 두루마리 변소용 화장지를 식당 안에 비치한 문화는 서양인들 상식으로는 화젯거리가 될 만한 일이다.

그 후 어느 친구 집에서 식사대접을 받았다. 의자가 딸린 서양 식탁은 장식용이고 따뜻한 아랫목 한국식 앉은 밥상에서 식사를 하게 되었는데 냅킨을 부탁하였더니 그 집에서도 역시 아랫목 다락방 문고리에 걸린 두루마리 화장지를 잘라다 주었다.

하긴 1960년대 한국에 자가용이 보급되기 시작할 무렵에는 미군 부대에서 흘러나온 두루 마리 화장지를 승용차 뒤 유리창에 비치한 풍경이 부와 세의 상징일 때도 있었으니까.

서양식당에서 영어로 말한답시고 티슈를 달라고 하였다가 옆에 앉은 애들한테서 된통 훈계를 들은 적이 있다. “아빠 그건 휴지가 아니라 냅킨이라고 하여야 맞는 말이야.” 식탁 앞에서 변소 화장지를 달라고 하였으니 망신을 떤 셈이다.

R.S.V.P.: R□pondez s'il vous pla□t(응답하여 주세요) 영어에도 없는 불란서에서 온 외래어이다. 영어도 서투른 판에 프랑스어까지 겹친 이민생활은 혼란스러워 진다.

한 달에도 수십 개씩 날아드는 정크메일 속에서도, 크레딧 카드 가입을 권유하는 서식에도, R.S.V.P. Certificate 신청서를 볼 수 있다.

이보다는 결혼식 청첩장에 함께 오는 R.S.V.P. 응답카드를 더 자주 접한다. 혼사를 치르는 집에서는 예약한 연회장에 참석할 인원수를 알아야 음식 준비나 좌석배치도 거기에 맞게 준비할 수 있기 때문에 꼭 알아야 할 사항이다.

가끔 서울을 방문하는 기회에 친인척의 결혼식에 참석해보면 예식장의 크기에 관계없이 하객이 몰려오고, 접수대에 축의금 전하고, 예식장이 비좁으면 밖의 로비에서 서성이다 안내하는 구내 식당에서 식사하고 떠나는 것이 서민들의 결혼식이다.

한 시간에도 여러 개의 홀에서 여러 가정의 결혼식이 있으나 식당만은 넓어 여러 집의 혼인잔치가 한 홀에서 이뤄진다. 식사가 끝나면 곧 바로 일어서니 한 시간도 채 안되어 끝나게 된다.

이런 풍습에 젖어 사는 우리가 식탁에서 두루마리 화장지로 입술을 훔치거나 R.S.V.P.를 무시하여도 흠 될 일은 아니나 입향순속(入鄕循俗)이라고 로마에 왔으니 로마 풍속을 따르라는 것처럼 미국에 살고 있으니 미국 생활에 적응하는 것이 순리라고 생각된다.

한인이 운영하는 어느 연회장에서는 혼주(婚主)측과 업주 측에서 식탁을 돌며 머릿수를 헤아리는 풍경도 보게 되는데 좀 민망스러운 일이다.

몸은 이 나라에서 살지만 한국적 사고(思考)가 남아 있는 한 미국문화에 적응하는 데는 연륜(年輪)과 경륜(徑輪)이 흘러야 동화될 것이다.

어느 모임에나 R.S.V.P. 초대장을 받을 때는 선택받은 인사에 해당하니 참석 여부를 곧 바로 통보하여 주는 일도 미국문화에 한 발 더 다가가는 일이 될 것이다.

해외동포 포상

매년 본국정부가 해외 동포에게 주는 포상제도는 폐지의 재고가 있어야 하겠다. 이것이 본래의 취지와는 달리 많은 부작용을 낳고 있기 때문이다. 서훈을 받는 사람에게는 개인적으로 영광이겠지만 그 행사가 있고 난 후에는 공정치 못한 심사기준, 적합지 못한 수훈자라는 비난이 항상 따른다.

그렇게 되면 주는 쪽의 권위도 없고, 받은 사람도 심사가 편치 않을 일이다. 훈장감이라고 내심 바라다가 탈락된 사람은 주는 쪽 받는 쪽 다 싸잡아 비난하게 되어 잔잔한 호수에 돌을 던지는 격이다.

해외에 거주하는 동포에게 본국에서 상을 주는 목적 중의 하나는 고국을 잊지 말고 애국 충정하라는 당부요 격려이다. 서훈을 받지 못한 대다수의 동포들도 받은 사람 못지않게 고국을 사랑하고 있다.

그러나 해외 동포들에게 현실에 맞지 않는 포상제도는 본국정부가 해외 동포사회를 제대로 보지 못하기 때문이라고 생각한다.

압록강 이북에 사는 조선족, 두만강 북단 구 소련 땅에 사는 고려인, 적도 이남 남미 제국에 흩어져 있는 꼬레안, 북미 대륙에 아메리칸 드림을 꿈꾸며 살고 있는 코아메리칸 재미동포는 동기야 어떻든 조국을 떠나 사는 해외동포다.

유감스럽게도 조국 대한민국의 통치영역을 벗어나 해당 거주국가의 국민이라는 사실을 상기해야 한다. 남미로 이민을 갔거나, 호주로 갔거나, 미국으로 갔거나, 이들은 이미 주민등록증을 한국정부에 반납하면서 한국인으로서의 권리와 의무를 벗어 버리고 해당 거주국에서 새로운 권리와 의무를 진채 살고 있어 과거의 조국 한국정부로서는 미국 문자로 표현한다면 '아웃 오브 컨트롤' 이다.

이러한 통치권 밖에 있는 사람들을 여러 가지 잡다한 사정으로 내국인 취급 하듯이 본국정부가 조정, 감독, 개입하려고 드니 시행착오가 나지 않을 수 없는 일이다. 이주 동기야 어떻든 기왕에 고국을 떠난 사람들은 그 나라에 적응하여 잘 살도록 간접적으로 도우는 선에서 그쳐야지 여권법이나 주민등록 같은 것으로 묶어 간섭하려들던 과거의 발상에서 대전환을 해야 한다.

미국에 사는 동포들은 이민 역사가 가장 일천하고 지금도 이주가 계속되고 있는 중이라 본국과 유대관계가 다른 나라 이민자들보다 더욱 잦아 고국의 정치, 경제, 사회면에 유난히 민감할 수밖에 없다.

대부분의 동포는 아메리칸 드림을 성취하기 위하여 성실하게 살지만, 일부 인사는 본국의 정치판에 연연하여 본국의 거물 정치인이 오는 날이면 본국 정치에 줄을 대려고 공항에서부터 줄을 서 공항청사는 정치 해바라기 꽃이 만개한다.

문제의 '평통' 같은 관선단체가 또 들어온다면 해바라기 가족은 더 늘어 날 것이고 동포사회 내 각 계층 간 위화감의 골은 깊어만 갈 것이다. 본국에서도 인재가 넘치는 판인데 해외에서 살다가 요행히 줄이 닿으면 한국에 다시 가서 한 자리 얻어 볼까하는 기대 심리도 버려야 할 일이다.

지금의 조국은 일제치하의 압박 받는 상태도 아니고 숨 막히는 군사정권의 계엄 상태도 아니다. 새 한국 건설에 참여하고 싶고 또한 그토록 '한자리' 에 연연한다면 다시 싸 짊어지고 '귀국선' 을 타면 될 일이다.

다 함께 외국에서 힘겹게 사는 동포의 처지로 본국의 거물 정치인하고 악수 한 번, 차 한 잔 한 것을 사진 찍어 가지고 와 교포사회에서 출세로 착각하는 일부 인사들을 동포들은 혐오한다.

새 정부는 동포청 신설을 약속했다하니 해외동포들이 해당 거주국에서 보다나은 입지를 세울 수 있도록 도와 줄 것을 기대한다. 또한 과거 정권들이 겪은 시행착오를 거울삼아 개선할 사안, 폐지하여야 할 기구가 있으면 과감히 처리 하여줄 것도 함께 기대한다. (5. 4. 1993 중앙일보)

제5장

삶을 되돌아보며
읽는 꽁트

어느 부부

김규일은 운전면허증을 따는데 실기 시험에 세 번 낙방하고 네 번째 만에야 가까스로 명함 쪽자보다 조금 더 큰 증명서를 받았다. 운전면허증이 주민등록증 못지않게 중요한 몫을 한다.

은행에서 돈을 찾을 때나 외상물건을 살 때, 모든 신분확인이 이 운전면허증 하나로 통한다. "어휴— 미국 오는 비자 얻기보다 더 힘든 일이군." 하며 주한 미 대사관의 대기실에서 즉심에 걸린 피의자처럼 마음조리며 차가운 대접을 받던 때가 생각난다.

만삭이 다된 아내의 손을 이끌고 J.F.K 공항에 내린지가 엊그제 같건만 어느덧 다섯 번의 크리스마스를 넘기고 나니 그의 생활에 대한 회의가 가끔 솟아오를 적마다 한국을 출발해서부터의 첫 장면이 그의 마음을 무겁게 누른다.

보잘것없는 수입과 아무도 알아주지 않는 그의 존재는 세월이 지남에 따라 그에게 무기력으로 나타나기 시작한 것이다. 운이 좋아서였는지 정력의 과잉공급이었는지 쌍둥이 아들놈을 낳고서 기분 좋고 계면쩍었던 것은 한순간이었고 밤이면 두 놈의 뒤치다꺼리에 단칸방에서 첫돌이 지날 때까지 밤잠을 설치던 곤욕은 그로 하여금 단산의 결심을 내리게 하였다.

중고차나마 마련한 다음부터는 모처럼 일요일 나들이에 남의 차 뒷좌석을 얻어 타던 신세는 면하였다. 폐차직전의 낡은 차라도 그에게는 캐딜락이나 링컨보다 더 대견스러워 시간이 있으면 먼지도 닦고 왁스칠도 자주 하였다.

간밤 꿈에 오래전 돌아가신 규일의 조모님이 나타나더니 그날의 사고가 어이없게 일어났다.

'R' 씨가 경영하는 남자옷가게에 출근 일주일만의 일이었다. 점심 식사 후 커피를 마시며 잡담 중인 'R' 씨의 점포에 흑인 고객 두 사람이 들어와 이것저것 물건을 고르더니 이윽고 주인을 불렀다.

돈이 없으면 몰라도 호주머니에 돈이 있는 날이면 앞뒤 가리지 않고 마음에 드는 옷을 한꺼번에 서너 벌씩 사주는 흑인고객은 까다롭지가 않아서 좋았다. 'R' 씨와 규일은 반가운 마음으로 달려가 시중을 들었다.

그중 건장하게 생긴 흑인청년하나가 호주머니에서 갑자기 소형 권총을 꺼내더니 'R' 씨와 규일을 한쪽 구석에 몰아붙이고 꼼짝 못하게 감시를 하며 다른 한 녀석에게 눈짓으로 금전계산기를 가리킨다.

순간적인 일이라 'R' 씨와 그는 그저 멍청하니 당하고만 있었으나 조금 후 'R' 씨는 창백한 얼굴이 되어 입술이 말라붙은 소리로 사정을 하였다.

"유 테크 에브리씽!"

백여 불도 못되는 현찰을 쓸어 넣더니 두 사람을 뒤돌아서게 한 다음 두 사람의 손을 올려 벽에 세우고 호주머니까지 뒤져 지갑, 손목시계까지 챙겨 넣는다. 힘들게 얻은 운전 면허증, 결혼 기념 시계마저 벗겨갈 때 규일은 앞뒤 생각 없이 뒷발질과 돌려치기로 권총을 든 자의 손을 후려쳤다.

그가 ROTC 임관 후 햇병아리 소위로 일직사령을 할 때 찬 총은 45구경의 묵직한 것이었으나 이자가 들고 있는 것은 한갓 애들 장난감 같은 것에 용기를 더 얻었는지 모른다. 절반쯤 혼이 나간 'R' 씨는 있으나 마나였고 덩치가 그보다 큰 두 건장한 흑인과의 결투에서 그는 코피가 터지고 눈두덩이가 시퍼렇게 멍이 들도록 얻어맞았다.

총 한 방 맞지 않고 살아난 게 다행인줄 알라는 주위사람들의 말을 듣고서야 얼마나 무모한 행위였나 하고 자책하며 가슴을 쓸어 내렸다. 매사를 그런 식으로 단순히 처리한다는 아내의 책망을 듣고서 만사가 마음대로 되지 않는다는 것을 다시 느껴야 했다.

규일의 우유부단한 성격의 이면에는 저돌적인 면도 없지 않았으나 그럴 때면 아내로부터 일차적 브레이크가 걸려오는 것이다. 사사로운 일의 결정까지도 아내의 결단 없이는 엄두도 못내는 타성이 결혼 후부터 생겼다.

그 사건 후 요란스러운 사이렌소리와 함께 경찰차가 달려 왔으나 행차 후의 나팔이었다. 범인의 인상착의와 피해상황을 간단히 조사한 경찰은 얼굴이 일그러진 규일을 보고 병원엘 가야 하지 않겠느냐고 물었으나 괜찮다고 대답한 후 싱거운 웃음을 억지로 지어보이며 아무렇지도 않다는 여유를 보였다. 그리고 그의 명찰에서 '마리오' 라는 이름을 보고서

"당신 이름이 이태리 이름 같은데 이태리인이요?"

"맞았소. 나의 아버지가 이태리에서 왔지. 당신은 중국인? 한국인?"

"나 코리안이지요. 그런데 한 가지 물어봅시다. 왜 미국엔 강도가 많고, 이 뉴욕의 길거리는 지저분하고 더러운지 대답할 수 있겠소?"

그는 웃다가 말며

“강도 절도가 없으면 나는 실직을 하여야하고 거리가 너무 깨끗하면 청소원은 감원되어야 하지요.”

경찰은 상황조서에 싸인을 받고 주의를 주고서는, 바람처럼 떠나버렸다.

대한극장에서 본 영화 남태평양이나 또는 웨스트사이드 스토리에서 그 아름다운 나라의 거리는 영상효과가 첨가되어 그렇게 보였지만 사실은 도둑도 많고 강도, 살인, 강간은 매일 수십 건씩 일어나는 일이니 우리가 부르는 美國(미국)과는 거리가 먼 나라다.

“R형 옛날 일본이 만든 세계지도를 보면 米國이었소. 당시 쌀이 귀했던 일본은 이 나라가 쌀 덩어리로 보였을 거요. 그러나 언제부터였는지 우리는 이 땅을 美國이라고 불렀지요. 아름다운 나라….

“하늘도 아름답고 땅도 아름다운 나라로 착각하고 미국에 오고 싶어 하던 사람 중의 하나가 바로 나였지요.”

“이 나라 자연환경이 아름다운 게 아니라 이 거대한 나라의 물질문명이 아름답게 보였을 것이고 거리낌 없는 정치문명이 아름다워 미국이지, 파라다이스가 아닌 이상 인간이 모여 사는 곳에 사회악은 어디나 있지 않겠소.”

R씨의 말은 점잖았으나 그는 가게를 처분하였고 규일도 본의 아닌 실직에서 또 다른 직업을 찾아야 했다.

규일은 남부의 어느 도시 이름 모르는 거리로 “나이스 윅” 을 외치는 가발행상을 나갔다. P씨와 짝이 되어 싸구려 모텔에 숙소를 두고 흑인 밀집지역을 찾아 이삼일씩 묵고 또 다시 다른 소도시로 떠나는 떠돌이 장사꾼인 것이다.

그러나 그들을 기다려주는 고객은 없고 문간 앞에서 할 일 없는 노인네나 게을러빠지고 몸집이 절구통 같은 여편네를 만나 심심한 말동무로 시간을 뺏기며 일당이나 건지는 날은 재수가 좋은 날이다.

저녁 식사 후 P씨와 맥주깡통을 기울이며 하루를 지난얘기로 잠을 청하다가 전에 없이 처량한 넋두리를 읊어대는 P씨의 옆모습을 측은하게 쳐다보며 규일은 맞장구 칠 말을 찾아야 했다.

"김형 이 장사도 오륙 년 전 선발대가 다 울궈먹은 짓이요. 이번 주말까지만 돌고 되돌아갑시다. 서울의 뒷골목을 누비며 무우사려 배추사려 외치는 신세가 더 낮지 미국까지 와서 이게 뭐요. 그렇다고 떼돈이라도 벌 수 있다면 몰라도…."

맨주먹으로 빈 맥주 깡통을 쭈그려 트려 쓰레기통에 집어던지며 벌렁 뒤로 누어 버렸다. 그의 꿈은 돈을 모으면 모국에서 미모의 신부를 데려오는 일이고 기왕이면 해외동포라면 오금을 못펴는 연예인을 아내로 맞이해 오겠다는 심산이다.

"P형 어느 골빈 연예인이 당신 같은 사람보고 시집오겠소?"

"그래도 일류 배우나 탤런트 아니면 가수와 염문이 나돌면 나도 일약 재미교포 실업인으로 둔갑하여 문화면에 대문짝하게 기사가 날 테니 두고 보라고요."

해외교포라면 무조건 돈 많다는 허상을 이용해 신데렐라 같은 신부를 데려오겠다는 꿈과 맥주 몇 잔에 취해 잠속에 빠지는 P씨에게 나이 값이나 하라고 핀잔하며 잠을 청했다.

그가 집에 돌아 왔을 때 그의 아내는 마치 세계 일주라도 하고 온 남편인양 그를 저녁상에 초대하였으나 두 달 동안의 원정에서 나온 그의 수지계산서는 그녀를 실망시키기에 충분하였다.

무던히 찌는 여름 어느 날 규일은 친구 S로부터 장문의 편지를 받았다. 안부 인사와 함께 미국에 오고 싶다는 말도 있고 어떤 기술을 한국에서 배워 가면 좋겠느냐는 등 온갖 질문과 궁금증으로 지면을 다 메웠다.

그 S라는 친구도 소위 말하는 이민에 열병이 걸린 모양이다. 그리고 그 특유의 농담으로 끝을 맺었다.

"백마도 타보고 흑마도 타 보았느냐?"

영문도 모르는 아내는 그 편지를 보고

"여보 학생시절에 당신 그렇게 승마를 좋아 했었수? 승마는 스포츠 중에 제일 고상한 운동이라던데…."

규일은 대꾸도 없이 피식 웃으며 결혼 전 어떤 실수로 페니실린 신세를 오랫동안 지면서 고생하던 때를 언뜻 떠올렸다. 그는 잠 못 이루는 밤이면 두 가지 일을 하며 지루함을 달랜다. 한 가지는 콜라보다 더 싼 맥주를 마시는 일이고 또 한 가지는 화장실을 드나들 적마다 지나치는 부엌에서 바퀴벌레를 잡는 일이다.

한밤중 부엌 싱크대 위에 맛있는 성찬을 들던 바퀴벌레는 그의 화장실 출입 때 마다 소탕을 당하지만 잡아도 잡아도 계속 나오는 것이 이놈들이다.

스프레이를 뿌리고 붕산가루를 쏟아 부어 놓아도 어디서 나오는지 밤마다 극성을 부리고 나타난다.

월남전에서는 베트콩과 싸웠는데 미국에 와서는 바퀴벌레와 또 싸워야 하는구나 하고 뇌까리며 야행성 바퀴벌레와 베트콩과는 일맥상통 하는바가 있으니 미국이 월남전에 패배하듯 이 최강의 나라가 바퀴벌레 때문에 멸망하지 않을까 걱정이다.

하찮은 벌레 하나를 박멸 못하고 있는 미국의 허실을 그 나름대로 염려 하는 것이다. 그의 아파트에는 또 하나 골치 아픈 문제가 있다. 겉은 멀쩡한 벽돌 건물이나 내부는 목조로 된 구식이어서 위층과 아래층의 음향통제가 어려운 일이었다.

카펫을 깔지 않은 맨 마룻바닥은 그 소리가 더욱 요란스럽다. 그의 두 꼬마 녀석들이 굴리는 발소리 장난감 떨어뜨리는 소리는 참을 수 있지만 두 꼬마 사내 녀석들은 TV에서 본 운동선수 흉내를 내느라 침대 위에서 마룻바닥으로 넓이뛰기, 높이뛰기, 레슬링 흉내들을 하는 날이면 밑에 층에 사는 노인 부부의 불평을 꼭 들어야 했다.

그에게는 귀여운 아들놈의 재롱이지만 밑에 층에서는 그렇지가 않다. 밑에 층에서 기다란 빗자루 막대기로 천정을 툭툭 올려쳐 경고 신호를 보내고 그래도 조용한 반응이 없으면 직접 찾아 올라와 항의하는 꼴이 마치 마귀할멈처럼 보였다

그러노라면 두 꼬마 놈만 고개가 꺾이고 풀이 죽고 만다. 그들 부부에는 그보다 더 큰 문제가 있어 불안한 하루하루를 살얼음 딛듯이 살지 않으면 안 될 일이 있다.

쥐꼬리만한 수입으로서 베비싣까지 하고 나면 한사람의 벌이는 애들 뒷바라지에 다 들어가고 마니 부득불 애들을 집에 놓아두고 다니는 수밖에 없는 일이다. 어린애를 보호자 없이 방치하는 것은 법적으로 허용치도 않지만 만일의 경우 화재라도 나는 날이면 보통 문제가 아닐 수 없다.

사실 화재로 인하여 어린이가 사망하였다는 사고기사가 매일 나는 실정이니 말이다. 이 위험을 무릅쓰고 직장을 나가야 하는 것은 비단 자기들 뿐 아니라고 자위를 하면서 비장한 각오로

출근을 하고 일이 끝나면 황망히 집으로 돌아와야 하니 항상 무엇엔가 쫓기는 심정으로 살아야 한다.

궁여지책으로 규일은 두 녀석들에게 안전 대피 훈련을 시켰다. 네다섯 살 꼬마들에게 안전이라는 개념을 일러줄 수도 없을뿐더러 더더욱 죽음에 대한 공포를 알려준다는 일은 괴로운 일이다. 일요일 늦은 아침을 끝내고 규일은 두 아들놈을 데리고 사태를 설명하였다.

"애들아, 데이빗, 시몬, 지금부터 내 말을 잘 들어봐. 너희들 집에 불나는 거 봤지. TV에서 불이나면 불자동차가 오는 거 알지? 우리 지금 그런 게임을 하는 거다. 만일에 우리 집에 불이나면 이렇게 하여야 한다."

그는 두 꼬마 녀석을 데리고 비상계단 쪽 창문을 열고 밖으로 나와 계단의 난간에 서 있다. 규일이 땅바닥을 내려다보아도 아찔한 현기증이 날만큼 아득한 높이다.

"땅을 쳐다보지 말고 계단만 쳐다보며 밑으로 내려가는 거다. 어때 무섭지 않고 재미있지?"

방으로 모두 들어와 아내와 마주앉아 주의사항을 일러준다. 만일에 불이나면 지금처럼 계단으로 나가서 내려가야 한다는 것과 불이 나서 연기가 찰 때까지 방에 있으면 엄마 아빠를 영영 보지 못할 거라는 말을 하였다.

옆에서 아내는 고개를 돌려 눈물을 닦고서 네 살 난 막내를 꼭 껴안으며 소리 없이 흐느끼고 있다. 두 녀석들은 무슨 말인지 분명히는 모르나 불이 나고 엄마 아빠를 못 보게 된다는 말을 듣고 초롱초롱하고 맑은 눈동자에 불안한 눈빛이 역력히 나타난다.

내년이면 유치원에 가 새 친구가 생기는 것도 반갑지 않고 커서 훌륭한 사람이 되라는 당부도 아랑 곳 없고, 오직 엄마 아빠가 함께 있어주고, 배고프면 먹고, 졸리면 소롯이 잠자는 게 제일의 행복이다.

부모가 그들의 교육과 장래를 위하여 미지의 땅에 왔다는 명분을 알 필요도 없고 위험, 죽음이라는 추상명사는 더욱 의미도 없는 말이다.

"만일에 불이 나서 계단 밑까지 못 내려가겠으면 여기 계단까지만 나와 서 있어도 소방서 아저씨가 긴 사다리차로 올라와 번쩍 안아 내릴꺼야"

"그런데 아빠 내 장난감 불자동차는 여기까지 올라오지 않아?"

"아니야 진짜 불자동차는 여기보다 더 높이 올라갈 수 있어. 걱정마라."

복잡한 문제는 그만두고 기분전환을 할 겸 아이들에게 그네나 타러가자고 공원으로 갔다.

"Topless"라는 네온 간판이 붙은 작은 술집 안은 요란한 음악과 함께 홀 한가운데를 축으로 한 원형무대가 빙그르 돌고 이층으로 된 무대 꼭대기에는 젊은 금발의 여인 하나가 유연한 동작으로 누드쇼를 하고 있다.

홀 안은 작업복 차림의 중늙은이 몇 명이 두어 테이블에 나누어 앉아 있을 뿐 손님은 한산하기 짝이 없다. P씨와 규일은 가장 자리에 자리를 잡고 스카치 잔을 기울이며 지난일로 화제를 삼으며 무료하게 시간을 보내고 있다.

남미 어느 나라를 거쳐 뉴욕에까지 오게 된 P씨는 항상 불안정하게 보였다. 가족이 없는 미혼의 독신이라서 나이에 비하여 더욱 선 머슴애 같은 인상을 풍긴다. 그는 올빼미처럼 밤에만 일을 나가고 낮에는 긴긴 잠으로 하루해를 보낸다.

스물 네 시간 영업을 하는 야채가게에서 "P"씨는 주인을 대신하여 두 사람의 남미계통의 일꾼을 데리고 야간 매니저로 밤 아홉시부터 새벽까지 일 한다.

주인이 새벽 5시경에 실어오는 야채와 과일들을 내려 대형냉장창고에 집어넣고 간밤의 수입을 인계하여 주면 그 뒤부터는 그의 자유시간이다.

“김형 미국생활이 이제 진절머리가 나요. 어디 무슨 좋은 수라도 없을까?”

“소녀 같은 감상적 표현은 아예 집어치우는 게 건강에 좋을지도 모르지… P형이 지금 미국 밖에 어디 한 발자국이나 나갈 줄 알우, 그러지 말고 참한 아가씨라도 있으면 빨리 결혼을 해요. 아무리 날고 기어도 혼자서 산다는 게 얼마나 고독하고 힘든지 알고 있잖아… 마음만 고쳐먹으면 결혼 한다는 것이 그리 큰 어려운 문제가 아니지 않아요.

술집에 나가는 아가씨면 어떻고 마사지 팔러에 나가는 여인이면 어때, 그들도 다 당신보다 원대한 꿈이 있는 여인들이라오.”

P는 규일의 이야기에 흥미가 없다며 마지막 브래지어를 벗는 쇼걸의 동작을 초점 없는 시선으로 바라보며 헤아릴 수 없는 깊은 오뇌 속으로 빠졌다. 슬픔을 모르는 사람은 기쁨의 의미도 찾을 수 없는 것처럼 P는 하루하루를 본능 속에 살아가는 바보

인간이 되어 버렸다. 그가 하여야 할 그의 몫을 수동적으로 할 수밖에 없는 무기력에 몸부림치고 있었다.

부활절 예배를 보러 온 교인들로 교회 앞마당은 다른 일요일보다 더 붐빈다. 석유파동으로 인해 소형차가 많이 늘었으나 돈을 많이 벌었다고 하는 사람들은 아랑곳없이 캐딜락이나 링컨을 타고 와서 목에 힘을 주며 으스대는 것 같아 규일은 메스꺼움을 참을 수 없었다.

하기는 미국에 부자와 가난한 자의 구별은 누가 좋은 차를 타고 으리으리한 사교클럽에 자주 가느냐에 달렸지 부자 먹는 햄버거 따로 없고 가난한 자 먹는 비프스틱이 따로 없다.

여러 사람이 모이는 곳에 부를 과시하는 길은 신형 차와 마누라의 치장에 중점을 둘 수밖에 없을 거라고 생각하면 서푼짜리 반지 한 번도 제대로 끼어볼 날이 없는 마누라의 측은한 처지를 미안하게 여기지 않을 수 없었다.

신의 존재를 긍정도 부정도 못하는 그는 세례 받기도 거부하고 건성으로 아내를 따라 일 년이면 몇 손가락 꼽을 정도로 교회 출석을 하는 판이다.

찬송가가 은은히 퍼지는 교회당으로 빨려 드는 듯 들어선 그에게 모처럼 챙겨 입은 양복의 넥타이가 목을 죄어드는데 갑갑함을 느꼈다.

영문학 강의실에서 "요나기" 를 원문으로 강독하던 영문학계의 원노 "C"교수께서

"성경은 우리가 두 가지로 해석할 수 있습니다. 하나는 종교적 경전으로 절대성을 가지고 받아들일 수 있고 또 하나는 문학적 고전으로 고찰할 수 있습니다." 하던 강의를 되새기며 목사의

설교에 귀를 기울였다. 구원을 받기 위하여서는 인간적 탐욕을 버리고 믿음에 충실하라는 목사의 설교는 어설픈 규일의 신앙심에 갈등만 불어 넣어줄 뿐이다.

규일이 하는 일은 무거운 수입상품의 상자를 창고에 넣거나 트럭에 실어주고, 전표를 정리하며, 때로는 배달까지 하는 일이다. 말이 여덟 시간 근무이지 실지로는 열 시간도 넘는 노동이다. 집에 돌아와 천근 같이 무거운 몸은 샤워하고 누우면 꼼짝도 하기 싫을 정도로 늘어진다. 그러한 그에게 아내의 모임은 고역이 아닐 수 없다. 동창계 모임, 그녀 친구의 딸이 돌날이다 백일 날이다 찾아가야 할 계획이 한 달이 멀다하고 줄 서 있다.

"여보 이번 모임에는 빠지도록 하고 고단 할 테니 집에서 쉬도록 하지."

"무슨 남자가 그토록 내성적으로 생겼어요. 자기처럼 자기만족에 도취되어 직장과 집에만 시계 OO처럼 왔다 갔다 하니 발전이 없어요. 다른 사람 사는 것도 보고 자극을 받아야 하지 않겠어요. 허구한 날 이 아파트에서 살 거예요? 먹고 자고 일 나가고 또 고단하다고 쓰려져 자고, 사는 것이 사는 것 같지 않으니 이게 지옥이지 뭐예요" 속사포처럼 쏘아 대는 그녀의 공격에 그는 말문이 막혔다.

"당신 같은 무능력자는 처음 보았어요."

"말이면 다 말인 줄 알아. 왜 내가 병신이야? 말 잘하는 한국사람 모임에 나가면 죄다 자기 잘났고 제 자랑으로 끝나는 파티에 내가 뭐가 좋아 나가겠어. 나는 나대로 살아갈 테니 간섭하지 말라구."

"잘 됐어요. 이제부터는 당신두 내 간섭일랑 말구 어떤 년을 데리고 살던지 잘 해보구려."

두 사람은 이튿날까지 직성이 풀리지 않아 주미 영사관 문전까지 가서 연장전을 벌였다.

가장 존경받는 철학자 소크라테스도 악처 마누라를 어찌하지 못했다는데 그래도 내 마누라는 그녀보다는 현처 일거라고 싱거운 생각으로 마음을 돌리고 그 자리를 어물어물 피해 버렸다.

감정이 솟구쳐 쉽게 이혼하자는 말이 나왔으나 사실 규일에게는 그렇게 할 용기도 없었으며 그럴 수가 없는 일이었다. 생활의 모든 주도권과 주의 주장은 아내 정혜영으로부터 나왔고 매사의 결정권은 아내가 가졌다. 그는 남들이 공처가란 놀림을 주어도 싫지가 않았으며 차라리 마음이 편하기까지 하였다.

그러한 아내가 한 가지 그에게 매달리며 절실히 요구하는 일이 있었으니 그것은 그녀도 지금부터 당장 운전을 배워야겠다는 것이었다. 규일이 유문 협착증이란 위장병으로 두 달 동안을 입원하고 나와 집에 당도하자마자 아내의 첫 요구였다.

운전을 하지 못하고서는 살아갈 수 없는 사회구조에 남편 없는 두 달 동안 그녀는 남편이상의 운전에 대한 필요성을 실감하였다. 그녀의 사고방식은 이제 점점 실리를 추구하는 실용주의자가 되어가는 것이다.

남편이 없어도 살아갈 수 있는, 그리고 의지할 곳 없는 두 어린 녀석들을 위하여 미리 대비하여야 하는 것이다. 규일은 그녀의 마음을 이해했다.

오히려 늦은 감이 있었다. 수많은 부부가 애정이 없어도 살아간다. 다만 어쩔 수 없이 얽히고설킨 인과 관계 때문에 주어진

숙명처럼 거역하지 못하고 지낸다. 반면에 애정이 있어도 부부간에 결함이 있으면 스스럼없이 자기 갈 길을 선언하고 갈라선다.

이들 부부는 극단적인 실리를 찾지 못하는 윤리관 속에 성장해 온 탓으로 엉거주춤한 상태에서 서로를 의지하며 살아갈 뿐이다.

그러나 규일은 현재의 아내로 만족하고 결코 불행하지 않다고 자부하고 있다. 요란스러운 식탁에 화려한 서양요리보다 된장국에 시래기 넣어 끓인 담백한 식사가 언제 먹어도 질리지 않은 것처럼 동양적이고 고유한 한국 여인상을 그의 아내도 지녔다고 생각한다.

아무리 미국이 넓다하여도 규일에게는 형제도 없고 같이 의논할 오누이도 없다. 뜻을 함께하고 마음을 같이할 사람은 아내 정혜영 밖에 없다. 그래서 아내의 말은 어느 것이라도 함께 따르기로 작정하였다.

"아빠 우리도 집을 삽시다. 남들이 모두 집을 산대서가 아니고 자라는 애들을 위해서도 애들이 마음대로 뛰어놀 수 있는 우리 집을 장만하여야 하지 않겠어요."

크리스마스도 지난 한가한 어느 날 아내는 뜨개질을 하다말고 다정스레 규일을 부르며 하는 말이었다.

"뭐 미국에서 현찰가지고 집 사나요. 한국이나 미국이나 내 집 없는 설움은 애들 때문에 마찬가지 아녜요. 넓은 마당 손바닥 만 한 화단만 있으면 우리는 만족이예요." 집을 사서 이사 간다는 일은 남들이나 하는 일로 알았던 그에게는 커다란 충격과 부담이 아닐 수 없었다. 아내의 말은 옳았고 공감이 가는 일이다.

규일 부부는 오라는 기별이 없어도 아는 집들을 찾아다니며 동네 분위기와 함께 집안 구조를 눈여겨 살펴보았다. 열이면 열 한결같이 자기가 사는 동네가 최고라는 것이었다.

"여기는 뉴욕이 거리상으로 가깝고 교통이 최고로 좋은 지역이지요."

"우리 동네는 교육구가 뉴욕에서 최고래요. 텍스만 해도 년에 오천불이예요. 뉴욕에서 최고이면 미국에서 최고라고요."

"서민이 살기에는 가장 적당한 지역이지요. 우리 동네로 이사와요." 모두 옳은 말씀이고 지당한 이유이다. 단층으로 된 벽돌집을 그들은 골랐다. 좋은 교육구가 아니래도 좋았고 교통이 좀 불편하더라도 상관없다.

그들이 살기에는 크지도 않고 작지도 않은 집이지만 역시 그곳도 사람 사는 동네였다. 어머니날이 지나면 이사를 하기로 날을 잡았다. 싸락눈이 살짝 내린 눈길을 걸으며 그들은 추운 줄도 몰랐다. 그날 밤 그녀는 그녀의 어머님께 편지를 썼다.

"어머니 초청장을 보내겠으니 내년 여름에는 꼭 방문하여 주세요."

자전거를 자동차 지붕에 얽어매 얹고 데이빗, 시몬, 두 아들을 태운 그들은 모처럼 햇살이 따스한 어느 일요일 날 나들이를 나갔다. 어느덧 누런 잔디에도 새싹이 돋아나고 있었다. 서투른 운전 솜씨이나마 그녀는 벌써 하이웨이로 들어서고 운전석 옆에 규일은 지그시 눈을 감았다.

8. 1981 제3권 8호 "The Koreans in America"

청첩장

G사장님의 일과는 아침 6시 기상과 함께 시작된다. 늦어도 6시 반에는 집을 나서야 하고 통상 저녁 8시쯤에나 귀가한다. 옛날에는 낚시를 즐겼으나 골프 붐이 인 이래 요즘은 주로 골프로 주말을 보낸다. 그리고 비가 오는 일요일은 교회에라도 나가야 마누라의 잔소리도 줄어든다.

옛날 쥐구멍만한 그로서리를 운영할 때보다는 서너 시간이나 일찍 집에 들어와 한결 수월한 편이다. 작업복을 걸치고 소다 박스를 나를 때보다 지금은 넥타이도 매고, 정장에다 금테 안경까지 코에 얹고 출퇴근을 하게 되니 신분이 몇 등급 상승한 사장이 되었다.

그의 사무실은 우편번호가 10001이니 뉴욕하고도 노른자 위 중심지인지라 그의 명함을 받아 본 사람은 그가 잘 나가는 비즈니스맨으로 짐작한다. 세 평 반의 사무실에 사무용 책상이 두 개가 있으나 한 개는 다른 회사의 것이고 그의 사무실은 한 개의 책상과 전화기, 팩스머신 그리고 공동으로 사용하는 복사기가 있다.

효신 무역 대표가 그의 공식 직함이고 OO회장, OO회 이사장이 추가로 더 들어 있다. 그의 영업실적이 얼마나 되는지 아무도 모른다. 다만 중고차이지만 메세데쓰 벤츠를 타고 다니고 한인들의 모임에 빠지면 서운할세라 다 참석하여야 한다 그의 비즈니스가 날로 성장하여 그 업계에서는 동업자 누구누구를 능가하였노라는 본인의 흰소리가 그의 실력을 짐작케 할 따름이다.

지난해 여름에는 이 땅에 온지 실로 10년 만에 처음으로 업무차 한국을 다녀온 것이 그의 무용담의 전부다. 어느 모임에나 G사장만 나타나면 그의 입담에 좌중 모두가 웃음을 터뜨린다. 농도 짙은 음담에 본인의 경험을 가미하여 그럴듯한 이야기는 분위기가 한결 부드러워진다. 한마디로 그의 첫 인상은 사람 좋은 호인으로 새겨진다.

세례교인은 아니나 비가 오는 궂은 날씨의 일요일에도 교회에 출석하여 누구보다도 경건한 예배를 드린다. 그가 항상 염원하는 기도는 이번 달에도 돈을 얼마만큼 벌게 하여 주십사 하는 기도인데 꼭 그만큼 돈이 벌리게 된다는 것이 그의 신앙관이다. 담배도 피웠다 하면 줄 담배다.

"와 그러노 이것도 하나님이 주신기라. 성경말씀에도 담배 묵지 말라카는 구절있드노? 미국교회 목사 보레이 목사님도 피고 성당 신부도 피는 기라. 와 교회에서 가끔 술(포도주)도 안 묵노"

워낙 인정 많고 선하게 보여 발이 넓은지라 아는 사람도 많은데 그는 알고 있는 사람들의 가정 사정을 훤히 알고 있다. 인사성 밝기로는 둘째가라면 서운한 사람이다.

"최 회장님, 부인이 입원하셨다고요. 진즉 문병을 가야 하는긴데 원체 바쁘다보니 못 가뵈서 죄송합니다."

"지난주 조카님 돌이였다믄요. 그런 잔치에 나는 빼 놓기요?"

"OO사장은 플로리다에 별장을 샀는데 마당까지 배가 들어오는 기다."

"어제는 OO영사랑 골프를 같이 쳤지. 그 친구 되게 목에 힘 주던데…."

"TOO은행장하고 다음 주에 점심을 함께 하기로 했는데 그 사람 꽤나 깐깐한 기라"

그의 어록을 잠깐 간추려도 이쯤 될 만큼 대인관계가 폭 넓고 다양한지라 한인사회의 유명인사는 모두가 자기의 친구라는 것이다. 그러니 아침 일찍부터 밤늦게까지 일만하는 옛 친구들에게는 그의 출세가 부럽기 그지없는 턱이다.

거기에 G 사장은 또 다른 우월감(?)이 있다.

G 사장이 공항에 손님 영접을 나갈 때는 그의 차를 공항 주차장에 넣는 법이 없다. 항상 출구 문 앞 쪽에 파킹하는 비상한 재주가 있다. 얼마간의 자존심이 있는 사람이면 하지 못할 일이지만 그는 정반대의 생각을 하는 것이다. 남들이 다 지키는 질서를 어겨서 얻는 우월감을 VIP대접 받는 양 어깨에 힘을 주고 고개를 뒤로 곧게 세우고 위풍도 당당하게 걸어 나온다.

그러나 그 비법이란 간단한 일이다. 앞뒤 차가 빵빵대고 항상 복잡하게 붐비는 출구 앞에서 호루라기를 불어대며 교통정리를 하는 교통 정리원에게 쏜살같이 옆으로 차를 세우고 차창 밖으로 주먹을 내밀어 그의 손을 잡는다.

그 손에는 어느새 일 달러짜리 그린 페이퍼가 두세 장 쥐어진다. 그의 민첩한 동작은 소매치기 동작만큼이나 빠르고 또 어찌 생각하면 서울의 추운 겨울밤 연탄재가 군데군데 얼어붙은 어느 뒷골목을 잽싸게 가로 질러가는 새앙쥐 새끼를 보는 것 같은 가엾음이 연상된다.

그런데 어느 날 G사장은 같은 계원인 허 씨네 손녀 돌잔치에서 그의 홈닥터 대머리 정 박사를 만났다.

“어이구…, 정 박사님 뵈온지 오랜만입니다. 참 지난번 조카님 결혼식 청첩장은 받았으나 사업차 서울을 좀 다녀오느라 참석을 못하여 대단히 결례를 하였습니다. 용서해 주시이소. 참 서울 많이 변했던데요.”

“뭐 개안타 이 사람아 그날 사람이 우찌 많이 왔능기라. 그래 요즘 사업은 잘되지?”

“예! 그저 밥 묵을 만치 벌지요. 하느님이 주시는 대로 먹고 살지요. 헤헤…”

“아따, 이 사람 겸손하기는….”

사실은 그날 G 사장은 골프시합에 나가서 큼직한 트로피와 부상으로 비디오를 타 와서 자랑을 하였던 터라 그가 서울에 가지 않은 것을 알고 있는 뒷좌석의 좌중들은 수군수군 욕을 하기 시작하였다.

“저 사람 입술에 침도 안 바르고 거짓말이 거미줄처럼 나오네 그랴. 그날 못가서 저 정도까지 미안할 처지이면 제 여편네라도 좀 보낼 일이지”

하는 소리를 들을 리 없는 G 사장의 넋두리는 계속되고, 그의 넋두리가 계속되는 동안 좌중들의 수군거림은 더욱 높아진다.

“정 박사 둘째 자제분도 약혼하였다면서요, 결혼식 때는 빼놓지 말고 부르셔야 합니다. 허허허”

가을과 함께 결혼 시즌이다. G 사장님의 책상에도 낙엽처럼 청첩장이 날아 들어온다. 그가 소위 새 사업을 시작한 처음 두해

동안에 1천장들이 명함을 세 박스나 뿌리고 다녔으니 그를 기억하는 사람의 수가 적지는 않다.

평균 일 주일에 한번이상은 참석하여야 할 청첩장이 12월까지 밀려 줄을 서고 있다. 그렇다고 하여 매 주일마다 사업차 서울을 간다고 할 수도 없는 일이다. 잔꾀에 밝은 G 사장이라 하여도 난감한 일이 아닐 수 없다.

세평 반짜리 그의 사무실에서 담배를 피워 문 G 사장은 창가에서 대 뉴욕 시가를 내려다보며 서울에서 날아온 꽃봉투의 편지를 뜯고 있다.

'G 사장님께, OO정에서 사장님을 모셨던 미순이에요. -중략- 저의 주소를 겉봉과 같이 옮겼습니다. 한국에 오실 적에는 전화 OOO로 연락주세요. 서울에서 김미순 올림'

이것이야말로 G 사장에게 가장 흐뭇한 청첩장 중의 청첩장이었다.

11. 19. 1986 한국일보

일장춘몽

김치호 사장님은 마냥 바쁘기만 하였다. 몸이 두 개가 더 있어도 부족할 정도로 요즘 일정이 분주하다. 오라는 데는 없어도 찾아가야 할 곳이 하루에도 서너 곳씩 있어서 크고 작은 모임에 얼굴을 내밀어야 할 급박한 상황에 놓여있다.

이미 선거공약은 각 신문에 대문짝만하게 공표가 되었으니 만일에 낙선이라도 된다면 여태까지 봉사하여 온 보람도 물거품처럼 사라질 것이고, 그토록 바라보던 OOO 회장 자리는 또 다시 넘겨볼 기회를 놓쳐버릴 것 같은 안타까움이 항상 불안하게 깔려있는 것이다.

남들에게 너무나 주목받는 언행을 하고 다닌다고 남편의 자제를 당부하던 김치호 사장 사모님도 이제는 지쳤고, 또 남편의 밤낮 없는 모임에 할 수 없이 끌려 다니며 억지 미소를 띠려고 하니 안면 근육도 피로에 지칠 지경이다.

그날도 새벽 한 시가 넘어서야 김 사장은 집에 돌아왔다. 깨알처럼 적어놓은 선거전략 및 일정표를 다시 점검하고 내일 아침 여섯 시에 시계의 알람을 맞추어 놓았다. 오늘만 하여도 OO동창회에 세이코 둥근 벽시계를 증정하였고, 옆 동네 친목계에는 커피 잔 홈 세트 여섯 벌을 들여다 내밀었다.

또 옆 가게 종업원 P군이 아파트를 옮겼으니 시바스 리갈 한 쿼트짜리 싸들고 얼굴이라도 내 비추어야 했었다. 다음 주말에 있을 OO골프대회에는 비디오 1대, TV 3대를 약속하였는데 비망록에 기록하는 것을 깜빡 잊을 뻔하였다.

잠자리에 들기는 하였지만 잠은 멀리 도망가고 옆에 잠든 부인의 코고는 소리만 요란하다. 무슨 놈의 여편네가 코는 저리도 요란하게 곤담 하며 등지고 돌아누워 지난번의 한국방문 회상에 미소를 지으며 깊은 잠에 빠졌다.

두달 전 김 사장의 한국방문은 그의 고향에서 대단한 성과를 올리고 왔다고 자부할 수 있는 것이다. 지금도 그 생각을 하면 피로감이 싹 가시고 가슴이 흐뭇할 뿐아니라 맛 좋은 커피냄새처럼 언제나 향기롭게 머릿속에 남아 있다.

N신보에 실린 그의 인터뷰 기사는 큼직한 사진과 그의 프로필이 고국의 어느 신임장관 못지않게 화려한 경력과 포부를 길게

길게 소개하고 있다. 비행기 삯만 달랑 가지고 청운의 꿈을 안고 십 년 전 미국에 와서 소설의 주인공처럼 갖은 고생 끝에 어찌어찌하여서 현재의 사업기반을 잡았다는 것과 이리저리 하여서 뉴욕시내에 부동산도 몇 군데 장만하였고, 현재 운영하고 있는 사업의 생산 공장을 '롱아일랜드' 에 설립하여 자급자족하고도 남아돌아 남미 쪽으로 수출을 하고 있다는 것도 소개 했다,

앞으로 좀 더 재력이 축적되면 고국에 자선병원을 짓겠으며, 또 불우한 학생들을 위하여 장학재단을 설립할 계획과 지난번 귀국 때 1만여 달러의 현찰을 향리의 불우이웃에 희사하였다는 실적까지 열거하였다.

뿐만 아니라 탁월한 이재능력은 명문 P대학 경영학과를 졸업한 여건이 바탕이 되었다는 대강의 스토리까지 곁들였다.

김 사장은 그의 인터뷰 기사가 인쇄된 N신보를 2백여 장이나 귀국길에 싸 들고 가 그의 고향 H읍에 뿌렸다. 읍 단위의 그의 향리에서는 일약 거부가 되어 금의환향하는 김 사장을 서로 모셔다가 소박한 식사도 대접하고, 신문이나 TV에서나 듣고 보던 미국을 김 사장 내외로부터 직접 듣고 환대하였다. 김 사장은 읍내에서 제일 큰 음식점에 그들을 단체로 모셔다 답례도 하였다.

고향의 유지들, 친지, 동창들의 부러움 속에 그의 목은 점점 힘을 더하여 갔고, 같은 말이라도 톤을 적당히 섞어서 느릿느릿 어투를 만들고 한껏 말을 정중히 하였다.

요즘은 그의 이름 석 자가 도무지 신문에 오르내리지 않으니 속이 탈 지경이다. 소위 매스컴을 타야하는데 드러내놓고 기자들을 붙들고 불평할 수도 없어 고심하던 중 굿 아이디어를 창안하였다.

다음날부터 몇 개의 일간지에 김 사장의 비즈니스 광고가 나오며 그 밑에는 제조 수출입업 OO회사 사장 김치호, 그리고 그의 인물사진, 광각렌즈로 찍은 점포의 내부가 소개되어 꿩 먹고 알 먹고, 도랑치고 가재 잡는 일거양득이었다.

그 전에는 신문사에서 광고 부탁을 하면 자기 사업과는 무관하다고 거들떠보지도 않고, 광고국 사원이 찾아오면 찬물만 먹여 보냈던 때와는 딴판으로 변했다. 이제는 따끈한 커피도 사다가 대접하며

여, 오 기자. 전번 광고는 인쇄가 엉망이야. 왜 그리 먹물이 많이 묻었어? 다음 판에는 사진이 좀 더 잘 나오도록 부탁해. 어때 요즘 힘들지?"

인간미가 철철 흐르는 따뜻한 인사말도 잊지 않는다.

오늘밤도 젊은 선거참모 S군 외 대여섯 명과 함께 불갈비로 저녁을 함께하고 OO헬스클럽으로 일행을 데리고 가 몸을 풀고나와 싸롱식 술집에서 구수전략회의를 하고 있었다.

"그런데 말입니다. 김 이사님, 상대방 H후보 쪽에 이상한 기미가 보입니다."

그전에 몇몇 모임의 단체에서 부회장을 맡아 본 적도 있고, 무슨 준비위원장, 무슨 분과위원장 등 회장 직함만 빼놓고는 대여섯 개의 '장' 자리를 가져본 적이 있지만, 그보다 영향력이나 규모가 큰 OOO회의 현재 이사님이라는 칭호가 더욱 마음에 드는 터이라 그를 따르는 참모들은 김 이사님이라고 불러오고 있다.

위스키 온더록 세 잔을 거푸 비우고 몸속에 신진대사가 활발해져 옆에 앉은 호스티스 미스 염의 허벅지를 주무르며 환상에 빠졌던 김 사장은 한 참모의 조언에 제 정신을 찾았다.

"뭐가 어떻게 되었다는 거야? 뭐 뭐가 어드레?"

잔뜩 멋을 부린다는 말투가 자기도 모르게 어설픈 이북 사투리 한 마디가 튀어나오며 빽 소리를 질렀다. 그의 성미는 직설적이고 참을성이 없어 그 주위 사람들이 알아주는 성깔머리였다.

어느 해였던가 여름이었다. 그의 모친 회갑연을 음식점보다는 자기 집에서 하는 편이 절약된다고 결정되어 뒤뜰에서 가든 파티식으로 하였다. 고국에 있는 형제에게 보인다고 비디오 촬영사까지 불러 거한 잔치를 끝내고 저녁에 부조 들어온 축의금 봉투를 결산하다가 선물로 들어온 술병에 붙은 이름을 발견하고 그의 안색이 시뻘겋게 변하였다.

"아니, 이 작자 봐라. 우리 어머니 회갑연에 술 한 병 달랑 들고 왔어! 내 제깐 놈 누이동생 결혼식에 얼마나 많은 손님을 불러다 주었는데, 그리고 결혼식 사회까지 맡아 고생을 얼마나 했는지 알만한 새끼가 이까짓 술 한 병 사가지고 오는 거야. 얘, 선호야 너 이거 당장 가지고 가서 그 무식한 녀석 집 문 앞에다 박살을 내고 와."

애꿎은 그의 동생을 불러 호통을 치니

"여어보오, 뭐 그런 걸 가지고 신경을 써요. 다른 사람들 들으면 당신 치사하다고 욕해요."

"아니, 이런 무식한 놈한테는 망신을 주어야 정신을 차려. 내가 제 놈한테 부조한 돈만 하여도 얼마인데 이럴 수가 있어."

주위의 만류가 있어 술병은 그 집 앞에 박살나는 것을 면했지만 계산으로 따지면 분명 김치호 사장은 밑진 거래를 그와 한 셈이었다. 이해타산을 가리는 데는 뒤 서라면 서운할 사람이라 그날 밤 부조 들어온 손익계산에 꽤 많은 시간을 보내며 그의 성미는 진정되었다.

그렇지 않아도 김 사장의 심기가 예전만 못하다. 현재 영업하고 있는 점포는 서너 평이 넘을까 말까 한데 내년 임대리스가 끝나면 유대인 건물주인은 틀림없이 월세를 껑충 뛰어 올릴 것이고, 남들이 부동산 투자에 재미를 보았다고 하여 덩달아 뉴욕주 강 건너 타주에 건물이라고 하나 사놓은 것이 월세 나오는 액수가 매월 모기지 지불에도 몇 백 달러씩 부족한데 향리에 사시는 장형님의 편지가 며칠 전 왔다.

"네가 뉴욕에서 가지고와 나에게 준 돈 1만 달러가 어째서 불우이웃 돕는 자선사업이 되겠느냐. 나는 그 돈을 너에게 빌린 돈이지 희사 받을 생각은 조금도 없으니 그리 알아라. 네가 뉴욕에서 찍어가지고 온 신문에서처럼 내가 너의 불우이웃이 아니고 너의 장형이니라…하략."

이러저러한 복잡한 심경을 달래려고 마신 술기운이 오르는 참에 S라는 참모가 말문을 꺼내자 김치호 사장의 신경질이 불쑥 솟아나왔다.

"그래 H후보가 정말 그런 소리를 하고 돌아다닌다는 거야?"

"아, 예, 아니오. H씨가 직접 하였다는 것이 아니고 항간에 그런 소문이 있다고 상대방 측으로부터 들었다 이겁니다."

"피영시인 같은 짜슥들, 저희들 일이나 똑똑히 잘 하라고 해."

누구한테 하는 소리인지 그 건에 대하여서는 이렇게 마무리를 짓고

“오늘밤은 술이나 마음껏 듭시다. 이봐, 미쓰 조! 여기 술 더 가져와.”

선거가 승리로 끝나면 몇몇 수고하였던 참모들을 대동하고 금의환향하는 본인의 모습과 그 전에도 몇 번 들렀던 요릿집 ‘무진장’ 에 들려 성공한 재미교포로 알려진 자신의 위치를 다시 한 번 보여주고 싶었다.

“어이 편 사장”

F트레인 종점에서 캔디스토어를 하고 있는 연하의 미스터 편을 부르며

“요 다음에 서울 가는 기회가 있으면 나한테서 요령을 배우고 가라고, 알겠어?

우선 R호텔에 숙소를 정하고 말이야, 객실담당 매니저 김민수라고 있어. 그치한테 내 이름을 대면 말이야 뉴욕에서는 못 본 영계백숙, 약병아리까지 구해다 줄 테니까 말이야. 알았어?”

알프스를 넘던 한니발 장군이 병사들을 격려하였던 것처럼 선거 참모들의 사기 진작에 필요한 양념을 쳐 놓고는 서울에 어느 곳을 가면 일류급 미희로 풀코스 서비스를 받을 수 있고, 어느 사우나를 가면 연예인들이 많이 오는 곳이라 무슨무슨 서비스가 끝내주고, 영동의 OO를 가면 돈도 많이 들지 않고 재미를 만끽한다는 둥, 들은 풍월도 반반씩 섞어가며 하는 자랑에 젊은 참모들은 알프스를 넘는 고비가 바로 눈앞에 있는 느낌이다.

그렇지 않아도 서울을 떠나 오륙 년이 지나도 한국에 한 번도 다녀오지 못한 젊은이들에게는 일 년에 한 두 차례씩 한국이다 대만이다 드나들며 무역한다고 하는 김 사장이 수완 좋은 기업인으로 보이는 부러운 인물이었다.

S참모의 귀띔 보고가 마음에 걸려 오늘 밤은 술이나 몽땅 취하고 싶은 기분이다.

김 사장의 꿈은 아직 아무도 모른다. 이번 선거에 당선되면 고국에서 오는 정치인도 영접하러 공항 나들이도 자주하게 될 거고 그러자면 자동차도 벤츠 560으로 바꾸어야겠고, 신문에도 사진이 자주 실리겠지. 그리고 공식석상에 나가 짧은 스피치라도 하려면 유식한 용어를 자주 섞어 써야 하니까 남의 연설문도 열심히 읽어 봐야 겠고. 대소 단체장들과 저녁자리, 술 파티 자주하게 될 것이다. 또 그때쯤 한국에 갈려면 체면상 비행기도 2등칸이나 1등석으로 타고 모처에 미리 연락하여 빨간 카펫이 깔려있는 VIP 통과대로 한 손에 007 가방, 한쪽 어깨엔 하얀 골프백이나 메고 세관 검사나 입국 신고대 거치지 않고 빠져나가도록 줄을 놓아야겠지. 그리고 8.15경축식, 국군의 날 행사, 올림픽 개막식 때는 해외교포 지도자 중 한 사람으로 단상 한쪽은 차지할 수 있겠지. 또 발이 넓어지면 모국 정부로부터 공로훈장이라도 하나 받아 목에다 걸어볼 수 있지 않을까.

무지개 다리를 건너는 황홀한 미래가 아른거리는 환상 속에 어느덧 그의 자동차는 집에까지 왔다.

“여보 이번 선거한답시고 돈이 얼마나 나간지 당신 계산이나 하여 보셨어요?”

“그래 알아, 알아. 그렇지만 돈은 쓸려구 버는 거야. 남아가 사십 줄에 들어서면 명예가 있어야 하는 거야. 어이구, 참새가 어이 대붕의 뜻을 알랴.”

“그렇지만 여보, 지금 들어있는 가게 임대리스가 내년이면 끝나는 데요.”

"그런 걱정 하지 마. 내가 이래봬도 한국에 나가면 성공한 재미교포야, 당신은 가게 나가서 장사나 잘 해. 캐시어는 될 수 있는 대로 종업원 맡기지 말고. 참 그리고 내일 저녁 OO회장과 O은행 잭슨하잇 지점개설 기념축하 파티에 가기로 하였으니 당신도 가게 일찍 끝내고 복장은 한복으로 갈아입고 나와야 해."

구두쇠처럼 아껴서 번 돈, 헤프게 쓰고 다니며 모난 성품 때문에 남들로부터 욕도 많이 먹고 다니는 것이 미울 때도 있지만 그래도 남편 따라서 내로라하며 목에 힘깨나 주고 다니는 사람 부인들과 함께 어울려 코트 자랑, 반지 자랑 할 수 있는 기회가 많아 남편 하는 일이 과히 밉지 않은 것만은 사실이라 김 사장 사모님도 별로 고단한 줄을 모르겠단다.

선거를 며칠 앞두고 김치호 사장은 마음도 지치고 몸도 지쳤다. 그날은 몸 컨디션이 불편하여 일찍 들어가 쉬고 싶었다. 이제 막 인쇄되어 나온 각 일간지 서너 부를 가두 판매기에서 뽑아들고 귀가를 서둘렀다. 샤워 후에 맥주 한 캔을 깡통 채 마시며 신문을 펴 든 김 사장의 안색이 점점 하얗게 바래져갔다.

OOO회장 선거 관리위원회의 결정에 의하면 기호 2번 김치호 후보는 후보자 등록서류에 허위사실이 판명되었는데 OOO회 선거규정 정관 몇 호에 위배하는 결과로 후보자격을 상실하였다는 내용과 선거는 경선 없이 기호 1번 조선태 후보가 무투표 당선될 전망이고, 김 후보의 경력 난에 학력 및 경력이 사실과 달리 P대학교 경영학과를 졸업한 사실이 없다는 것과 P대의 입학 및 졸업자 명단에도 김 후보의 이름이 등재된 바 없다는 P대 사무처장의 확인 공문서 사진까지 나왔다.

또 김 후보가 졸업하였다는 P대학의 경영학과는 그때 당시에는 있지도 않은 학과였다고 해설까지 곁들여 있었다.

선거에 매달리다보니 사업이고 장사고 뒷전으로 밀어두고 먼 친척 동생들에게만 맡겨 놓았더니 매상은 눈에 띄게 내려갔고, 밤 낮 없이 뛰다가 부르튼 입술, 핏기 없는 얼굴에 안경까지 자꾸 흘러내린다. 침이 바짝바짝 말라 목구멍에 가래까지 끼어 말하기조차 거북한데

"여보, 미국에 살면서 한국 학력이 뭐 대단하다고 당신 그런 실수를 했우. 내 가만 보니 한국에서 대학까지 나왔다는 사람들도 고등학교만 나온 당신보다 훨씬 영어는 잘 못합디다."

격려인지 칭찬인지 입술이 얄팍한 김 이사님 사모님이 한마디 안 할 수 없는 상황이었다.

12. 9. 1987 한국일보

끝

바람이 머무는 곳에

초 판　　2008년 11월 10일

지 은 이　　윤봉춘
펴 낸 곳　　초록낙타
주　　소　　서울 강북구 수유5동 516-63
출판등록　　제9-001695
전화번호　　02-990-7231
전자우편　　gwk88@yahoo.co.kr

ISBN　　978-89-958709-3-8 03810

책값　12.000